Collana

SCHERMA STORICA ITALIANA

Paolo Tassinari, Marco Rubboli

Dal campo di battaglia allo steccato:

Armi in asta nella tradizione della Scuola Bolognese

EDITORE ACCADEMIA NAZIONALE DI SCHERMA

La realizzazione di tutte le immagini, non direttamente prese dai trattati, è stata curata da Andrea Vincenti. Correzioni e editing dei contenuti a cura di Eleonora Quintavalle.

www.accademianazionaledischerma.it

Editore

Accademia Nazionale di Scherma

Napoli

2022

Ai tempi dei Re dell'antica Roma, prima di inaugurare la stagione della guerra, veniva invocato Marte con la formula "Mars, Vigila!", ovvero "Marte Risvegliati!".

Un'invocazione al dio della Guerra per risvegliare le virtù marziali dell'uomo, assopite durante il lungo inverno.

Ai nostri giorni ha ancora senso parlare di virtù marziali, le quali completamente spogliate da qualsiasi sfumatura di brutalità, richiamano invece i più alti valori dell'individuo: lealtà, disciplina, coraggio, intelletto.

Praticare le arti marziali significa intraprendere un percorso di automiglioramento e sfidare i propri limiti. Ha ancora senso (e sempre ne avrà) risvegliare Marte nel nostro animo!

Per fare ciò è necessario dedicarsi con abnegazione all'arte marziale e padroneggiare le virtù su cui si basa; rappresentate dagli animali di Fiore: Audatia, Prudentia, Celeritas e Fortitudo.

Una volta iniziato questo arduo cammino potremo riscoprirci più coraggiosi, determinati e forti.

Potremo allora dire che Marte si è risvegliato in noi.

E perche oltre dell'esercitio della guerra ciascuno, tiene per propria difesa armi in asta in propria casa, come à dire, Libarda, Parteggiana, Giusso, ed altre armi simili, conviene si sappia il modo di maneggiare dette forti d' armature, che molte volte nelle mani di persone inesperte riescono infauste, quando che, chi non hà esperienza d'armi le crede infallibili

Giuseppe D'Alessandro
Pietra di Paragone, 1723

Indice

Prefazione

Quando confrontiamo l'essere umano con gli altri animali, la prima cosa che salta all'occhio è la disparità fisica che lo posiziona sul gradino più basso rispetto ai suoi avversari. Non possiede armi naturali come zanne o artigli, è incapace di competere nella corsa, nel salto, nella forza o nel nuoto praticamente con qualsiasi altro animale. Sebbene dimostri una certa resistenza nella corsa a velocità moderate, non ha certo le caratteristiche che associamo a un grande predatore, ma più quelle di una facile preda.

Su questi particolari si sono interrogati in molti per spiegare come mai un animale così indifeso abbia potuto sopravvivere, svilupparsi e colonizzare tutte le regioni abitabili della terra. A causa di questi enormi deficit fisici, i nostri cuccioli rimangono completamente inermi per diversi anni dopo la nascita, mentre quelli delle altre specie sono in grado di seguire il proprio branco o attaccarsi ai genitori per sfuggire ad eventuali attacchi. Se non avessimo avuto modo di proteggerli ci saremmo estinti ben presto.

Una delle armi che l'uomo ha sviluppato nella propria evoluzione è meno evidente di tutte quelle che vediamo nel mondo animale, ma non per questo meno efficace. Si tratta di una particolare struttura della spalla e della parte superiore del tronco che ci differenzia da tutti gli altri primati e compare per la prima volta con l'Homo Erectus, all'incirca due milioni di anni fa. La sua anatomia suggerisce che fosse in grado di scagliare oggetti a grande distanza con una discreta precisione. Sassi e lance di legno appuntito dovettero essere le prime rudimentali armi utilizzate da questo antico progenitore che aveva una capacità unica nel regno animale: era in grado di uccidere le prede da lontano.

Questo ominide era capace di pensiero astratto, come dimostra la produzione di strumenti litici simmetrici, probabilmente utilizzava una forma molto primitiva di comunicazione e il dibattito è aperto sul fatto che fosse in grado di governare il fuoco, ma probabilmente questa abilità fu un'acquisizione tardiva nella sua storia evolutiva.

Non si sa esattamente quando sviluppò la tecnologia in grado di produrre veri e propri giavellotti in legno, come quelli rinvenuti nelle miniere di Schöningen risalenti a oltre 300.000 anni fa, ma dovette accorgersi presto che un lungo pezzo di legno appuntito poteva essere scagliato lontano procurando gravi ferite e, nel caso la preda si fosse avvicinata, dava la possibilità di colpirla tenendola comunque a una certa distanza. Anche grazie a una complessa organizzazione sociale che ci ha permesso di attuare strategie di gruppo, siamo diventati i più efficaci predatori del regno animale e le prede più pericolose da affrontare.

Ciò significa che prima del fuoco, del linguaggio, della domesticazione di qualsiasi animale è stata la lancia a determinare la sopravvivenza della nostra specie.

Se la caccia è stata il motore principale di questa evoluzione, permettendo agli uomini di abbattere animali molto più grandi di loro, la difesa da predatori e da altri gruppi di ominidi deve essere stata una naturale conseguenza.

La lancia, sia da getto che come arma manesca, è talmente performante che da quella lontana epoca non è mai stata abbandonata completamente e, nella sua semplicità, la ritroviamo in quasi tutti i periodi storici successivi. A partire dall'organizzazione degli eserciti antichi, passando ovviamente per la falange oplitica che ne aveva fatto lo strumento d'offesa per eccellenza, fino al pilum romano e ai cavalieri catafratti medievali, la lancia non ha mai smesso di essere un'arma estremamente duttile ed efficace; ancora oggi la possibilità di inastare la baionetta sul fucile d'assalto la dice lunga su quale sia l'ultima risorsa quando le armi da fuoco tacciono.

Due milioni di anni di storia e non sappiamo quasi nulla di come siano state utilizzate le armi in asta nel passato. Abbiamo certo i poemi epici, a iniziare dall'Iliade, che ci narrano le azioni eroiche dei protagonisti compiute con lancia e scudo ed esistono migliaia di documenti che descrivono come si svolgevano le battaglie e i singoli combattimenti per i periodi successivi, ma del maneggio praticamente nulla.

Al di là di poche tecniche presenti nei manoscritti medievali come il *Flos Duellatorum*, il corpus più completo per l'istruzione al maneggio delle armi in asta si ritrova in epoca rinascimentale, all'interno della cosiddetta "scuola bolognese", un insieme di autori che esprime i vertici della tecnica delle armi bianche quando l'Italia rappresentava l'apice della cultura (anche bellica) in Europa. All'interno di questi testi non si ritrova la sola lancia che tutti conosciamo, ma altre tipologie di armi inastate che venivano utilizzate per diversi scopi bellici e presentano differenti modalità di maneggio, come la partigiana la cui lunga lama consente anche azioni di taglio e viene utilizzata da sola e in combinazione con lo scudo; lo spiedo di chiara derivazione venatoria che presenta due grandi punte di arresto laterali e infine la ronca e l'azza con il loro singolare maneggio che riunisce azioni di taglio, botta, aggancio e punta, consentendo azioni a distanza variabile.

Forse non sapremo mai come si destreggiava con la lancia il grande Diomede, ma queste sono le uniche fonti in grado di dirci cosa bisognerebbe sapere quando si scende in campo con un'arma inastata in mano. Perché di questo si tratta: i maestri rinascimentali hanno lasciato scritta la loro lezione per quanti si sarebbero dovuti affrontare in duello ad armi pari all'interno di uno steccato. Un tipo di contesa che nelle epoche più antiche era all'ordine del giorno, poi è stata abbandonata in favore di altri tipi di armi bianche come spade e sciabole.

Chiunque abbia praticato entrambe queste discipline vi potrà però confermare che, a livello di efficacia tra le armi, il confronto è assolutamente impari. Nella sua semplicità, la lancia presenta una capacità offensiva superiore a quasi tutte le armi bianche manesche ed è questo il motivo che ne ha fatto la regina dei campi di battaglia.

Per dirla con una battuta: quando un uomo con la spada incontra un uomo con la lancia, quello con la spada è un uomo morto.

Per me è un grande privilegio introdurre un'opera come questa che ritengo di importanza capitale per lo studio delle discipline schermistiche antiche. Si è scritto molto, anche ultimamente, sul maneggio di vari tipi di spade, ma le armi in asta tendono a rimanere un argomento poco trattato, a dispetto della loro enorme importanza storica. Qui potrete trovare i testi originali accompagnati da un notevole apparato critico che introduce i praticanti all'esecuzione delle singole tecniche e ne svela i meccanismi di azione.

Ringrazio ancora una volta Paolo Tassinari, Marco Rubboli e tutti coloro che si sono impegnati nella realizzazione di questo manuale per la loro grande competenza, dedizione e generosità.

Auguro a tutti i lettori di trarne le stesse soddisfazioni che abbiamo avuto noi nello studiare e praticare questa nobile arte.

Luca Cesari

Avvertenze

Nel manuale che state iniziando si considera come acquisita la conoscenza dei principi di base della scherma storica, in particolare della Scuola Bolognese, contenuti nel Volume 1 – Nozioni e Principi Fondamentali della Collana Scherma Storica Italiana, pubblicato da Editore Accademia Nazionale di Scherma.

Presentazione delle Tecniche

Nella pubblicazione vengono descritte le azioni riportate nei trattati, usando una struttura simile a quella utilizzata dalla Sala d'Arme Achille Marozzo nelle dispense dei propri corsi, con l'aggiunta di un testo di presentazione della tecnica.

La disamina è composta da tre elementi:

o   uno scritto introduttivo;

o   la trascrizione del testo originale presente sul trattato. Nei casi in cui una sequenza sia presentata in punti diversi del trattato (es. nella descrizione di tutte le possibili difese da un attacco ed in quella dei relativi contrattacchi), si è scelto di accorpare le parti di testo atte a presentare la sequenza in modo organico e facilmente fruibile.

Azioni particolarmente complesse, o che presentano varianti, sono state scomposte in sotto tecniche o divise in tecniche differenti.

La presentazione indica, volta per volta, quale scelta sia stata fatta;

o   l'interpretazione di ogni singolo movimento presente nelle tecniche descritte nel testo originale, utilizzando la terminologia tecnica schermistica. Vengono indicate guardie di partenza, di passaggio e d'arrivo, colpi sferrati dall'esecutore della tecnica e/o dall'avversario, indicandone la funzione: finta, provocazione, colpo tirato per ferire, passeggio, difese, ecc.

Il formato e le icone adottate sono le seguenti:

1.   azioni eseguite e guardie adottate dall'esecutore della tecnica, prima, durante e al termine della stessa. Ogni azione, singola o composta da più gesti, rappresenta tendenzialmente un tempo schermistico;

2.   azioni eseguite e guardie adottate dall'avversario all'inizio della tecnica o durante l'esecuzione della stessa. Le azioni sono riportate su fondo grigio.

Seguono eventuali note esplicative.

Dove possibile, si è cercato di far corrispondere ad ogni azione un tempo schermistico.

A scopo esplicativo riportiamo al seguente esempio:

Interpretazione
GUARDIA DI PARTENZA DI CHI ESEGUE LA TECNICA (esempio: Porta di Ferro Stretta (piede dx avanti))
GUARDIA DI PARTENZA DELL'AVVERSARIO (esempio: Porta di Ferro Stretta (piede dx avanti))
TEMPO SCHERMISTICO DI CHI ESEGUE LA TECNICA (esempio: Passo obliquo (piede sx), roverso alla testa)
TEMPO SCHERMISTICO DELL'AVVERSARIO (esempio: Para il roverso di filo falso)
TEMPO SCHERMISTICO DI CHI ESEGUE LA TECNICA (esempio: Passo indietro (piede sx), roverso di filo falso)
GUARDIA FINALE DI CHI ESEGUE LA TECNICA (esempio: Porta di Ferro Alta)

Nella disamina vengono utilizzate le abbreviazioni descritte nella seguente legenda.

LEGENDA

- **TX**: tecnica generica
- **OX**: offesa, tecnica di assalto; nella stessa parte del trattato viene descritta anche la difesa
- **CTX**: contraria dell'offesa, segnata con numero coincidente
- **CX**: azioni consigliate all'infuori da una tecnica precisa, ma applicabili, secondo l'autore, a tutta la disciplina
- **I**: introduzione della disciplina a livello storico e/o filosofico
- **F**: riflessioni finali riguardo disciplina a livello storico e/o filosofico
- **Abb.**: abbellimento
- **EaG**: entrata a gioco. Nel caso sia relativo a una tecnica specifica, sarà indicato il numero della tecnica (EaG TX)
- **UdG**: uscita dal gioco. Nel caso sia relativo a una tecnica specifica, sarà indicato il numero della tecnica (UdG TX)
- **TX a./b./…**: alternative o varianti sostanziali di una tecnica
- **a./b./…**: azioni alternative all'interno della stessa tecnica che non comportano variazioni sostanziali

Capitolo 1: Introduzione

Con il termine generico armi in asta *"...si designano tutte le armi che invece di avere un manico di poca lunghezza per ferire da vicino, ne hanno uno lungo da due a più metri, detto asta, che rende possibile colpire un avversario a qualche distanza da sé, oppure per lanciarlo ad imitazione degli antichi, o scagliarlo come il giavellotto..."*

È in questo modo che Jacopo Gelli, nella sua *Guida del Raccoglitore ed dell'Amatore di Armi Antiche* (HOEPLI, 1900), definisce questa antica famiglia di armi, al cui interno vengono annoverate numerose tipologie e forme.

Al di là della foggia, tutte le armi che ricadono in questa categoria sono composte da tre parti principali:

1. **ferro** o **testa** – parte terminale superiore dell'arma, dalla cui tipologia deriva il nome dell'arma stessa ed è composta dal *cuspis*, ovvero la parte appuntita e/o affilata e dalla *gorbia*. Quest'ultima è la parte in cui alloggia l'*asta* e, nelle armi del periodo antico, aveva quasi sempre la forma di un *cono* vuoto; l'asta vi penetrava fino alla sommità e veniva fissata con un perno che, fatto passare per due fori, veniva ribattuto da entrambe le parti. Dal medioevo in poi la gorbia inizia a mostrare forme esagonali oppure ottagonali; da essa si diramano due *bandelle* metalliche, inchiodate all'asta tramite una serie di fori alternati a quelli della bandella opposta.

2. **asta** – parte dell'arma dalla quale prende il nome l'intera categoria; in alcuni testi di oplologia denominata anche *astile*. La lunghezza e la forma variano in base alla classificazione dell'arma alla quale ci si riferisce. Come nel caso della *gorbia*, dal medioevo in poi, inizia a mostrare forme esagonali oppure ottagonali.

3. **calcio**, **puntale** o **pedale** – parte terminale inferiore dell'arma presente in quasi tutte le tipologie, ad eccezione di quelle appositamente pensate per essere lanciate. Si tratta di un piccolo puntale, spesso realizzato in ferro, utilizzato non solo per controbilanciare il peso della testa, ma anche per colpire l'avversario quando si stringe la misura. Talvolta il termine *calcio* viene impiegato per identificare in senso generico la parte finale dell'asta.

1.1 PARTIGIANA

La testa dell'arma è caratterizzata da una lama lunga e larga a due fili simmetrici e rettilinei che terminano, alla base, in due alette ricurve; la lunghezza totale raggiunge quella di una persona con il braccio steso in verticale (circa 2,5 m).

"...La partigiana, pure volgarmente detta, è un'arma d'offesa che sempre fa parte delle armi in asta, e può raggiungere [un'altezza di] poco maggiore di un uomo con la mano sollevata..." (Pietro Monte, Libro I, Capitolo I, traduzione dal latino)

Seppur destinata ad andare lentamente in disuso a partire dalla fine del XVI secolo, fu un'arma largamente impiegata in combattimento durante il Rinascimento italiano e continuò ad essere impiegata come arma di rappresentanza, di rango militare o come porta insegne di reparto fino al secolo XIX.

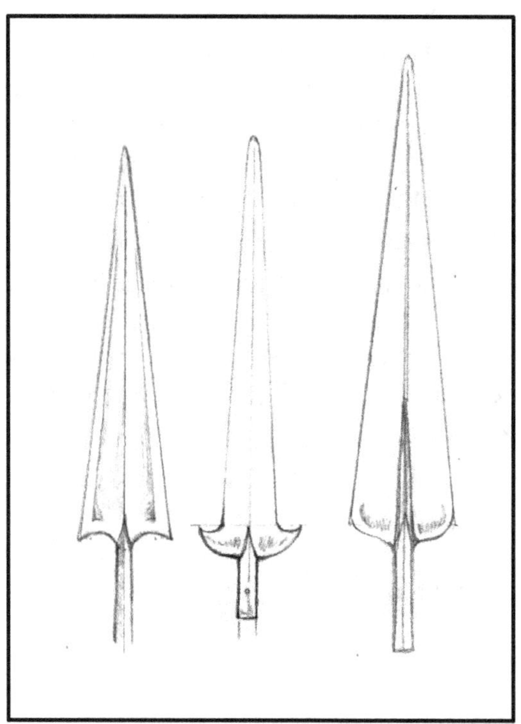

L'ipotesi più accreditata circa l'origine della partigiana è che possa trattarsi di una diretta evoluzione della lancia da cinghiale, utilizzata nel corso dell'Alto Medioevo. Infatti, nel XV secolo, venne impiegata una variante con una punta più lunga in ambito marziale e bellico, chiamata *chiavarina*: *"...PARTIGIANA. s.f. In franc. Pertuisane. Spezie d'arme in asta; ed era propriamente una Mezza Picca, che si chiamò dapprima CHIAVERINA..."* (Giuseppe Grassi, *Dizionario militare italiano, II edizione ampliata dall'autore*, Torino, Società Tipografica Libraria (1833), v. III-IV, p. 173)

Non a caso, la partigiana è anche conosciuta come *spiedo alla bolognese*, collocando la chiavarina nella zona di Bologna, nell'ordine delle armi inastate più rappresentative del Rinascimento italiano.

Dal punto di vista etimologico, il vocabolo "partigiana" iniziò ad essere utilizzato dagli scrittori del XV e XVI secolo per indicare, in modo specifico, un tipo di arma in asta distinta dalla lunghissima *picca*.

Il diffondersi della partigiana nell'armamento delle fanterie della Penisola permise di colmare quella lacuna del vocabolario militare italiano, dovuta ai molteplici significati attribuiti alla parola *lancia*, valida sia per l'arma da mischia che per quella da cavallo e, a volte, per l'arma inastata da lancio.

A scopo prettamente accademico, si segnala l'uso del vocabolo nelle opere dei seguenti autori:

- o Luca Pulci (XV sec.), nel *Ciriffo Calvaneo*, CXXXIX:

   "…E seran fermi in s' uno pianerottolo/Con ronche e partigiane, accette e spiedi,/ E spade…"

- o Pier Francesco Giambulari (XVI sec.), in *Istoria dell'Europa*, edizione del 1827, Milano, Nicolò Bettoni, l. III, p. 73: [parlando delle lotte contro i saraceni al tempo di Papa Giovanni   X]

   "…e non porti nessuno di questi altri che un abito leggerissimo, una piccola targa, una spada ed una partigianetta da lanciare…"

Nel corso del XVI secolo, l'ormai radicatosi utilizzo della parola *partigiana* nel vocabolario italiano ne fece un sinonimo di *lancia*, tanto che il vezzeggiativo *partigianetta* o *partigianetto*, indicante una versione più leggera dell'arma, iniziò ad essere utilizzato per indicare il *giavellotto*. L'usanza divenne talmente radicata da ricorrere al termine *partigianetta* per indicare il *pilum* anticamente adoperato dal legionario romano.

- o Giorgio Vasari (XVI sec.), parlando di una miniatura di Attavante Attavanti:

   "…e alzato il braccio destro, tiene con esso un'asta d'un pilo antico ovvero partigianetta…"

- o Benvenuto Cellini (XVI sec.) ricorre al sostantivo *partigianone*, per distinguere l'arma adatta ad essere lanciata da quella canonicatermine utilizzato anche da Francesco Altoni nel suo trattato di scherma).

- o Ettore Camesaca, *Vita di Benvenuto di Maestro Giovanni Cellini fiorentino*, 1985, Milano, BUR:

   "…appresso a me montava un bravissimo giovane mio servitore con un gran partigianone in mano…".

1.2 RONCA

"...fu che discorrendo s'accorsero che l'huomo con l'armi in mano può far sei moti, ciòe uno verso il capo, uno verso i piedi, uno alla destra, uno alla sinistra, uno inanzi verso l'inimico, & uno indietro verso le stesso, de quali cinque possono benissimo offendere & uno solo vi era che è l'ultimo, il quale né offendeva né diffendeva, però volendo che questo moto ancora non fosse inutile vi aggiunsero un rampino con la punta volta verso il manico, con il quale si può facilmente stracciar l'armi & tirar gli huomini da cavallo. Quelli che formorono la allabarda moderna volsero che questo rampino fosse nel falso. Et quelli che formorono la ronca lo volsero nel taglio, lasciando però il taglio tanto lungo che il rampino non s'impedisse punto il ferir di taglio, anzi perché il taglio havesse maggior effetto volsero che in ogni parte il rampino fosse tagliente. Haveremo dunque per le cose dette che la roncha sia la più perfetta di tutte quest'altre armi, perciò che offende in tutti sei i moti et con il rampino taglia et punge, il che non fa la allabarda moderna, la quale è stata formata in questo modo più per leggerezza commodità & bellezza che perché in essa vi sia molta utilità..."

È con queste parole che Giacomo Di Grassi, nel suo *Ragione d'adoprar sicuramente l'arme* (Venezia,1570), descrive la *ronca* (oppure *roncone italiano*) e il processo che, secondo lui, portò al suo perfezionamento; l'autore ne tesse ampiamente le lodi preferendola alla più moderna *alabarda*.

Sebbene ne esista più di una versione, spesso legata all'area di appartenenza geografica e al periodo storico, nel Rinascimento italiano la *testa* dell'arma era composta da:

- *punta* o *cuspide*: parte terminale superiore lunga circa 30 cm. Poteva presentare o meno bordi taglienti in base a forma e sezione;
- *corno*: detto anche *becco* o, usando un termine più moderno, *raffio*; il nome dell'arma deriva da questa parte tipica, caratteristica dell'attrezzo rurale costituito da una lama ricurva a un taglio, con un manico più o meno lungo;
- *becco di falco*: piccolo *becco* posto sul dorso della *testa*, il cui nome deriva dalla somiglianza con quello dell'omonimo volatile. Alcuni esemplari di arma ne sono privi;
- *alette di arresto*: piccole alette poste in prossimità della *gorbia*. Se presenti, sono in genere affilate solo nella parte interna;
- *gorbia*: parte dove alloggia l'asta.

Le dimensioni totali della *ronca* sono pressoché identiche a quelle della *partigiana*.

"...La ronca è quasi come una partigiana..." (Pietro Monte, Libro I, Capitolo I, traduzione dal latino)

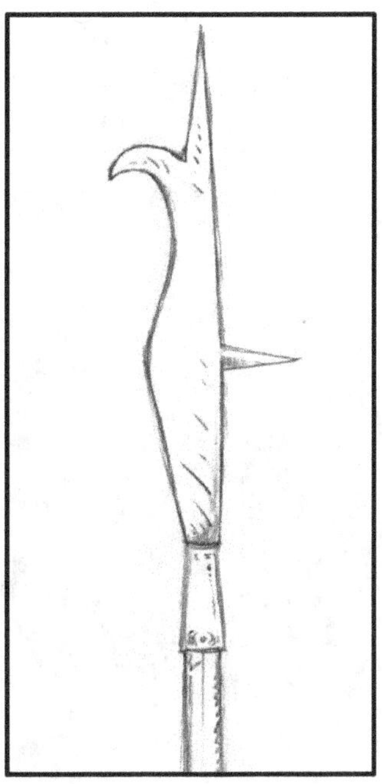

Secondo Lodovico Antonio Muratori (*Delle antichità estensi ed italiane*, 1717), la ronca compare sui campi di battaglia già all'epoca di Carlo Magno, in una forma più arcaica rispetto a quella rinascimentale e molto più simile all'attrezzo agricolo originale.

Una delle prime testimonianze circa la presenza dell'arma, trova riscontro nell'affresco *Il Bacio di Giuda,* dell'Abbazia Sant'Angelo in Formis presso Capua, dove viene mostrata nella forma tipica dell'attrezzo contadino, ma montato come arma in asta.

1.3 SPIEDO

La *testa* dell'arma si sviluppa dalla gorbia in forma di lama lunga e acuminata di larghezza variabile; dai due lati dipartono due *rebbi*, chiamati anche *ali*, le cui forme più comuni sono in foggia di "falce di luna" oppure ad "ala di pipistrello". Quest'ultimo, raffigurato nelle illustrazioni dell'*Opera Nova* di Achille Marozzo, viene anche chiamato *corsesca,* mentre il primo è più conosciuto come *brandistocco* (L. G. Boccia e E. T. Coelho, *Armi Bianche Italiane*, Bramante, Milano, 1975).

Francesco Altoni riporta come le dimensioni totali di spiedo e partigiana siano più o meno equivalenti: *"...Lo spiede è un'utilissima arme, imperrche la {ha} maggior difesa che nessuna dell'altre, et ha tanto lunghezza dell'aste quanto il partigianone, e tiensi nel medesimo modo..."* (Capitolo XIIII del Libro II)

Così come per la partigiana, anche quest'arma si sviluppa partendo dallo spiedo da caccia alla selvaggina di grossa taglia.

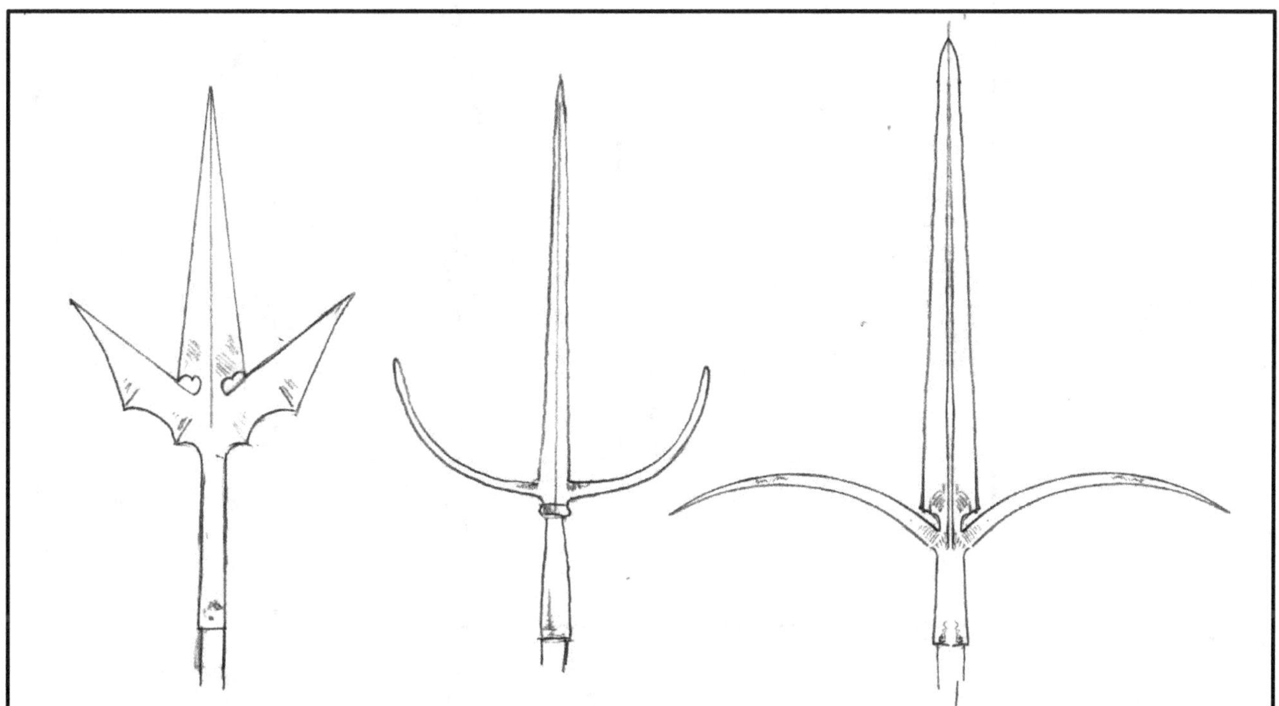

1.4 PICCA

Così la definisce Jacopo Gelli nella sua *Guida del Raccoglitore e dell'Amatore di Armi Antiche* (HOEPLI, 1900):

"...Arma che per la lunghezza della sua asta somigliava al contus e alla sarissa degli antichi. Tornò in uso nella seconda metà del secolo XV, e fu l'arma propria dei fanti ai quali fu dato appunto il nome di picchieri. Secondo il Machiavelli la lunghezza della picca era di nove braccia (m. 5,247) e secondo il Montecuccoli di quindici piedi (m. 7,845) e più..."

La differenza fra picca e lancia, o dei derivati come il *lanciotto* o la *mezza picca*, è principalmente legata alla lunghezza dell'asta.

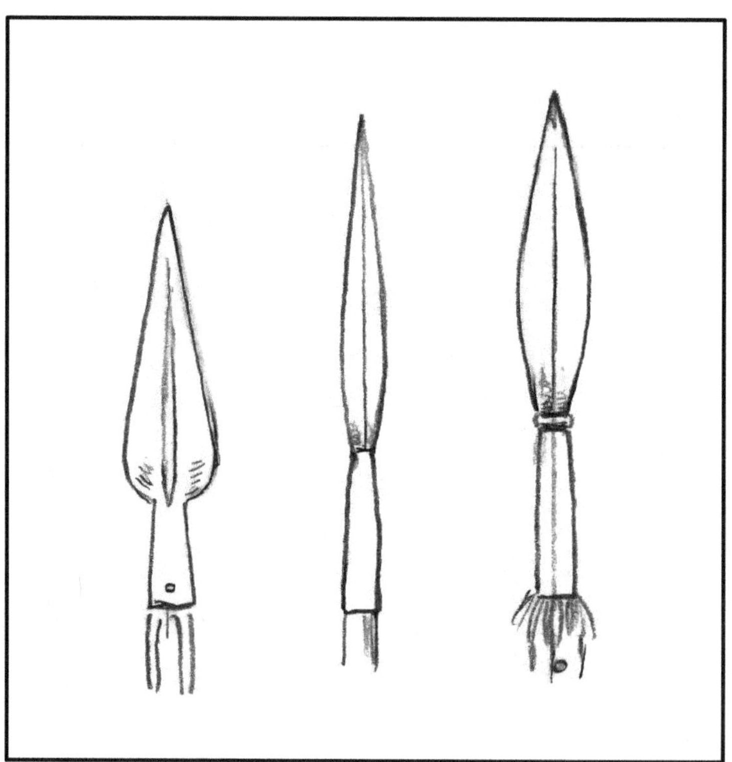

1.5 AZZA

È un'arma in asta diffusasi in Europa verso la fine del XIV secolo, quando iniziarono a svilupparsi le prime forme di armature a piastre e si avvertì la necessità di poter disporre di un'arma efficace contro questo nuovo tipo di panoplia difensiva.

Sebbene ne esista più di una versione, la testa dell'arma è così composta:

- o *punta* o *cuspide*: parte terminale superiore lunga circa 20 cm, solitamente realizzata a forma di sezione romboidale;
- o *martello*: presente nella versione detta "all'italiana" o "alla tedesca", spesso dotato di piccoli dentini in grado di aumentare il danno da impatto. Nella versione dell'arma detta "all'inglese" il martello è sostituito da una lama d'ascia;
- o *becco*: posto sul dorso della testa, dalla forma leggermente uncinata.

Pietro Monte, alla fine del XV secolo, fornisce indicazioni relative al fatto di come l'azza sia poco più alta di una persona: *"...L'azza, volgarmente chiamata, è composta di ferro e legno e così viene considerata tra le armi in asta. In lunghezza è poco più alta di un uomo..."* (Pietro Monte, Libro I, Capitolo I, traduzione dal latino).

Il nome "azza" deriverebbe dalla deformazione di *ascia* (in inglese *axe*), in quanto accomunate da una configurazione affine. Inoltre, dalla medesima versione potrebbe derivare la più moderna alabarda.

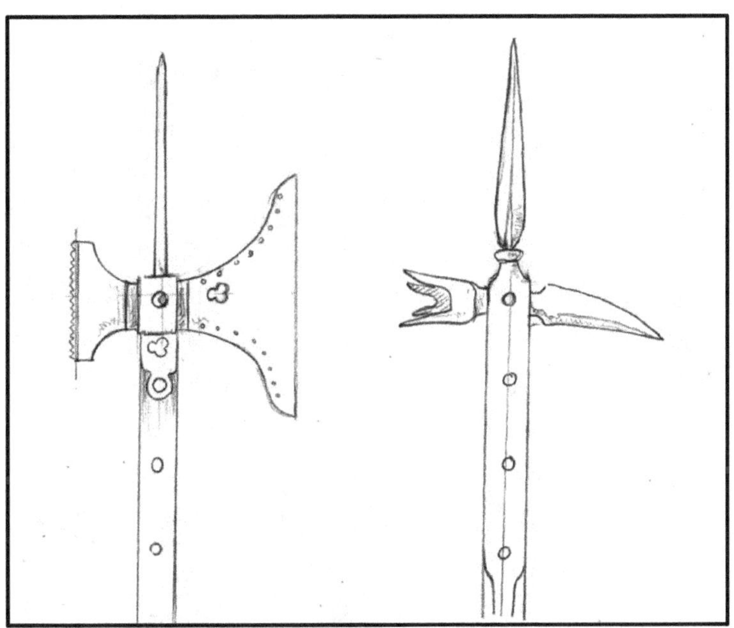

Le armi a confronto

Capitolo 2: Achille Marozzo – Dello abatimento de Partesana sola a corpo per corpo

2.1 TRASCRIZIONE

Cap.180 Dello abatimento de Partesana sola a corpo per corpo.

IO voglio comenciare al nome de Dio uno abatimento de Partesana sola manesca, da solo a solo, facendote intendere, che avendo da insegnare a homo alcuno, che havesse per sua differentia da combattere della detta Partesana, io voglio che tu li daghi de queste cose lequale tu troverai qui de sotto in questo, adonque ponili fantasia, perche io voglio comenciare la prima parte al nome de Dio.

Prima Parte.

ADonque in questo principio per galantaria tu te assetterai con la gamba dritta a presso della mancha pur quatro dita inanci el calze della Partesana tua, apresso della ponta del tuo pie dritto, mettendo la mano tua dritta a megio lasta, & a questo modo la ponta sopradetta sera di sopra, e de qui voglio che tu faci una volta mancha con la mano dritta, caciando la ponta de la partesana tua verso terra: cioe verso le tue parte manche, e in caciare de tal ponta e fare de detta volta mancha tu farai una reventia con la tua gamba dritta drieto per traverso, pigliando lasta con la mano tua mancha, e facendo de fatto sencia fermare la ditta asta una volta dritta, passando in fare de tal volta della tua gamba mancha verso le tue parte dritte per modo che essendo li tu piglierai la Partesana tua con tutte due le mane, ma la dritta sera apresso del calzo, e la mancha dinanci non te fermando niente che tu passi della tua gamba mancha uno gran passo inanci apresso del nimico, e li voglio che tu sie paciente, cioe tu starai a vedere quello che vorra fare el sopradetto tuo inimico:

Seconda Parte.

HOra essendo arrivato apresso del tuo inimico per farte avertito, che quando te trovasse a uno simile parangone, io voglio che sempre mai tu pigli la Partesana tua manescamente: cioe li nodi della tua mano dritta seranno alinsuso el polso della detta alingioso volto, e li nodi della mano mancha seranno volti alingioso,el polso sera volta alinsuso al contrario luno de laltro, e farai che volendo tu essere paciente, io voglio per migliore tuo parato, che tu abassi la tua mano mancha, e la dritta voglio che tu lalci per modo, che la ponta della sopradetta sera a presso terra, e li anderarai astregiando il tuo inimico: cioe fa chel pie dritto caci il mancho per fino a tanto che lui tirera, o d'alto o da basso. Ma io voglio prima supponere, che lui te tirre da basso una ponta a quella gamba mancha, e tu presto con l'asta tua tu la butterai inentro verso le tue parte dritte, e si li darai a lui de una ponta, passando un poco del tuo pie mancho inanci in el petto, o in la facia non lassando mai la Partesana tua con la mano mancha, e pure aritornando in quella medesima Guardia, e li serai un'altra volta paciente.

Tertia Parte.

MA sappi che essendo tornato in quella Guardia come prima te dissi in nella parte precedente, tu te metterai con la Partesana tua, pure come io te amaiestrai in la prima parte di questo, e de qui voglio che tu abassi forte la ponta della tua sopradetta inverso terra, acio che le tue parte disopra sieno discoperte, e questo facio solo ad effetto, acio che lui habia causa legitima de tirarti alla bande sopradette desopra. ma sappi che tragandote in quello luoco de ponta, o de taglio, tu li darai de l'asta tua in la botta che lui tirera, cioe inentro verso le tue parte dritte, faciandoti intendere che quando tu farai tali parato, le dibisogo, che tu abassi la tua mano dritta tirandola a te, per fino alla cintura non movendo la mancha, e parato che tu haverai la detta botta, tu li darai a lui de una ponta, dove tu vederai il discoperto suo passando in tal tempo uno poco della tua gamba mancha inanci lassando giocare lasta tua sempre per la mano mancha non labandonando mai, fatto questo tu te tirerai dui, o tri passi indietro, e si te assetterai con la tua gamba dritta inanci ben polito per traverso con le tue bracie ben disteso per lo dritto, tenendo pure la ponta della detta Partesana inverso terra, e li serai agiente, e paciente come a te piacera.

Quarta Parta.

ESsendo rimaso con la gamaba dritta inanci, io voglio che tu sie paciente, perche le tue bande manche seranno discoperte, e impero le forcia che lo inimico te tirre al ditto descoperto, ma sappi che tragandoti lui de botta alcuna da basso, o da alto, tu te reparerai con l'asta tua, fermo le tue gambe, sentende che tu butti la Partesana del nimico inverso le tue parte dritte, e parato che tu haverai la botta sua, tu crescerai della gamba tua mancha per lo dritto del nimico, e si li darai de una ponta per la facia, ma guarda ben che quando lui buttara per paura della detta ponta, via la Partesana tua infuora verso alle tue parte manche tu li darai de uno taglio, o ponta in nella sua gamba mancha, o dritta che sera inanci, e per tuo areparo tu tirerai presto la tua gamba mancha apresso della dritta, e si andarai in guardia polito con la ponta della Partesana tua a terra, buttando in uno tempo presto la gamba mancha tua de drieto dalla dritta, in tal buttare io voglio che tu scambi le tue mane per tua utilitade: cioe tu butterai dinanci la dritta a l'asta tua e la mancha de drieto, & a questo modo tu serai de dentro, el tuo nimico sera di fuora, e de qui tu puoi essere agiente, e paciente secondo li acadera.

Quinta Parte.

HOra guarda bene che per amore del scambiare delle mane che tu hai fatto tu te aritroverai scontro al tuo nimico con la gamba tua dritta inanci, & de qui tu puoi essere agiente, e paciente, ma infine a questo tratto, io voglio che tu sia agiente, perche egli e uno bel tratto da fare, e pero per questo tu li caciarai una ponta per la facia da lato suo de fuora de sopra dalla sua asta, ma io voglio che tu sappi che lui per paura della detta sua ponta uscira con la asta sua infuora verso le tue parte manche per pararla la sopradetta, ma in questo parato, io non voglio che tu te lassi trovare lasta della Partesana tua per niente, faciandoti intendere, che quando lui uscira fuora con lasta sua per parare la ponta, che tu li tirerai, io voglio che tu la tirri presto per desotto dalla sua detta asta, e in tal tirare tu li caciarai una ponta per la facia, o in lo petto (di) dentro via fra la partesana sua, e la persona, e sappi che quando tu li haverai dato la detta ponta in tel tirare che tu farai indrieto le tue bracie, tu li segarai de uno taglio dritto con la Partesana tua perlo suo bracio mancho, e in tempo del detto segare tu tirerai la tua gamba dritta apresso della mancha, ma guarda bene che se lui alhora te tirasse de una ponta a quello tuo fianco dritto dalla coregia insuso voglio che con lasta tua tu la butti inverso le tue parte dritte, & a questo modo tu lo haverai parato la sua ponta, e si li segarai a lui de uno taglio dritto in la sua mano mancha che lavera lui dinanci, e per tuo reparo tu te tirerai dui, o tre passi indrieto, e si tornerai la mano tua mancha dinanci dalla dritta, e la dritta de drieto apresso del calze della Partesana tua, e si te assetterai con la tua gamaba mancha inanci, con la ponta della sopraditta inance per lo dritto del nimico, alinscontro della facia sua, e tenerai le tue bracie ben distese e polite.

Sesta Parte.

ESsendo con la Partesana in mano scontro al tuo inimico, tu fai ch'io te dissi in nella quinta parte, che tu haveressi la tua mano mancha dinanci dalla dritta, e la tua gamba dritta seria de drieto dalla tua mancha, e impero sapendo tu che la detta tua gamba mancha è dinanci dalla dritta, tu fingierai una ponta con malicia in la facia del tuo inimico per desopra dalla sua asta, e questo tu lo farai solo ad effetto che lui habia cagione de parare la detta tua ponta: cioe butteralla lui inverso le tue parte manche. Ma io credo veramente che lui non potra fare se non come tu desideri, perche facendo lui altramente, tu li potresti dare in la facia della detta ponta. Ma io te dico bene cossi che in el tempo che lui spingiera la Partesana sua verso le tue parte manche per parare la ponta tua sopradetta, tu tirarai la Partesana tua sopradetta per desotto dalla sua, e si li caciarai in tal tempo de una ponta in la gola tra la sua asta, e la persona per desopra del suo brazo mancho. E sappi se tu non li volesse dare in nella detta gola, tu ti puoi dare in tel sopradetto bracio suo mancho, sapendo tu che ogni volta che tu vai a ferire, le dibisogno che tu cresci sempre un poco della tua gamba mancha inanci, & anchora tirandote lui la resposta come debitamente il debbe fare da lato tuo dritto, o dal mancho tu butterai tirandoli lui da lato dritto con lasta tua la Partesana sua, verso le sue parte manche, tirando in tal parare la tua mano dritta a te, e la mancha non movendo, e parato che tu haverai tu li renderai la resposta di quella natura che a te piacera. Ma sappi che se lui te tirasse alle bande tue manche, tu farai solamente una meggia volta de pugno per ciascuna man: cioe la mancha voltara il suo polso verso le tue parte manche, e la dritta se voltara il ditto polso alinsuso, e a questo modo tu haverai parato sicuramente la botta del tuo inimico, e si li darai a lui de una ponta dove el sera piu discoperto, faciandoti intendere che tenendo tu la Partesana tua in questo modo come io t'ho detto, maxime havendo la tua gamba mancha inanci, voglio che tu usi sempre questo parato, perche le uno bello parato, e securo.

Cap.181 Della finitione de Partesana sola.

IO non voglio piu componere in questa arte de Partesana sola manescha, cosa alcuna perche sapendo tu che in ne l'armi dasta, e non gli è troppe botte, perche generalmente el non se tra quasi se non de ponta dalla Roncha, e Alabarda infuora, & ancho qualche volta de Partesana, ma poche volte se tra de taglio, e per questo io faro fine alla sopradetta.

FINIS.

LAUS DEO.

AMEN.

QUI E FINITO LO ABATIMENTO DELLA PARTESANA SOLA MANESCHA, DA SOLO A SOLO.

2.2 DISAMINA DELLE TECNICHE

2.2.1 GUARDIE

Nel trattato vengono utilizzate tre guardie, alle quali non viene attribuito alcun nome; è però descritto in maniera dettagliata come ci si debba agiare in esse, con particolare attenzione alla posizione di braccia e gambe. Inoltre, in base all'esecuzione di parate e colpi, è possibile estrapolare dal testo molto di quello che manca per poter ricostruire una vera e propria posizione di guardia.

Per rendere il tutto maggiormente fruibile al lettore è stato scelto di riferirsi a dette guardie utilizzando la cronologia con la quale vengono impiegate: Prima, Seconda e Terza Guardia di partigiana.

2.2.1.1 Prima Guardia di partigiana

Si giunge in questa guardia dopo aver eseguito l'*Entrata a Gioco*, descritta nella Prima Parte del capitolo 180; al termine della medesima, ci si ritrova con il piede sinistro in posizione avanzata e la mano destra in prossimità del calcio dell'arma, mentre la sinistra impugna l'asta circa a metà della lunghezza:

> *"...lì tu pigliarai la Partesana tua con tutte due le mane, ma la drita serà apresso del calzo, e la mancha dinanci non te fermando niente che tu passi della tua gamba mancha uno gran passo inanci apresso del nimico..."*

Un'ulteriore indicazione, relativa all'impugnatura corretta, viene fornita nella Seconda Parte dello stesso capitolo:

> *"...cioè li nodi della tua mano dritta seranno alinsuso el polso della detta a lingioso volto, e li nodi della mano mancha seranno volti a lingioso, el polso serà volto a linsuso al contrario luno de laltro, e farai che volendo tu essere paciente, io voglio per migliore tuo parato, che tu abbassi la tua mano mancha e la dritta voglio che tu lalci per modo, che la ponta della sopradetta serà apresso terra..."*

È inoltre possibile desumere il resto della postura in maniera da poter completare la guardia.

Per ricapitolare, il piede sinistro è in posizione avanzata, il braccio destro è flesso e forma un angolo di circa 90°, in cui mano e spalla si trovano pressappoco alla stessa altezza. La mano destra impugna l'asta in prossimità del calcio, con il palmo rivolto verso terra. Il braccio sinistro è ben attillato davanti alla figura e la mano corrispondente è presso la metà dell'asta, con il palmo rivolto verso l'alto. La posizione è di tre quarti, ossia leggermente profilato a sinistra, col busto rivolto verso destra.

L'arma è davanti alla figura con la lama spostata verso la propria sinistra, non alla presenza dell'avversario, in una sorta di guardia larga, con la punta della partigiana rivolta verso terra.

Agiati in Prima Guardia, si potrà essere pazienti (T1 e T2), parando i colpi dell'avversario, oppure agenti (T5), attaccando di punta. A tal proposito si noti che, al termine della T4, l'autore utilizza una versione stretta della guardia, con la punta dell'arma alla presenza dell'avversario e rivolta al viso di quest'ultimo.

Marozzo - I Guardia di partigiana

2.2.1.2 Seconda Guardia di partigiana

La differenza tra Prima e Seconda Guardia consiste principalmente nel fatto che quest'ultima viene eseguita con il piede destro in posizione avanzata, a seguito del passeggio conclusivo descritto nella T2:

"...fatto questo tu te tirerai dui, o tri passi indrieto, e sì te assetterai con la tua gamba dritta inanci ben polito per traverso con le tue bracie ben disteso per lo dritto, tenendo pure la ponta della detta Partesana inverso terra...".

Questo conduce ad una posizione del busto più frontale rispetto alla Prima Guardia, che risulta essere del tutto identica per quanto riguarda gli altri aspetti.

L'autore utilizza questa guardia in una sola sequenza, nella quale si è pazienti (T3).

Marozzo - II Guardia di partigiana

2.2.1.3 Terza Guardia di partigiana

Al termine della *Quarta Parte* (T3), dopo essersi agiati in Prima Guardia, si compie un passo indietro con il piede sinistro, portando la mano sinistra presso il calcio e la destra in posizione avanzata, eseguendo dunque un cambio di impugnatura dell'arma:

> *"...tu tirerai presto la tua gamba mancha apresso della dritta, e sì andarai in guardia polito con la ponta della Partesana tua a terra, buttando in uno tempo presto la gamba mancha tua de drieto dalla dritta, in tal buttare io voglio che tu scambi le tue mane per utilitade: cioè tu butterai dinanci la dritta a lasta tua e la mancha de drito, & a questo modo tu serai de dentro, el tu nimico serà di fuora, e de qui tu puoi essere agiente, e paciente secondo che li acaderà..."*

In questo modo si raggiunge una guardia del tutto speculare alla Prima, con il piede destro in posizione avanzata, il braccio sinistro flesso a formare un angolo di circa 90°, in cui mano e spalla si trovano pressappoco alla stessa altezza. La mano sinistra impugna l'asta, in prossimità del calcio, con il palmo rivolto verso terra. Il braccio destro è ben attillato davanti alla figura e la mano corrispondente è presso la metà dell'asta, con il palmo rivolto verso l'alto. La posizione è di tre quarti, ossia leggermente profilato a destra, col busto rivolto verso sinistra.

L'arma è davanti alla figura con la lama spostata verso la propria destra, non alla presenza dell'avversario, in una sorta di guardia larga, con la punta della partigiana rivolta verso terra.

Agiati in Terza Guardia si potrà essere agente oppure paziente (*"...de qui tu puoi essere agiente, e paciente secondo che li acaderà..."*). Qui però è descritta solo la sequenza relativa alla prima possibilità (T4).

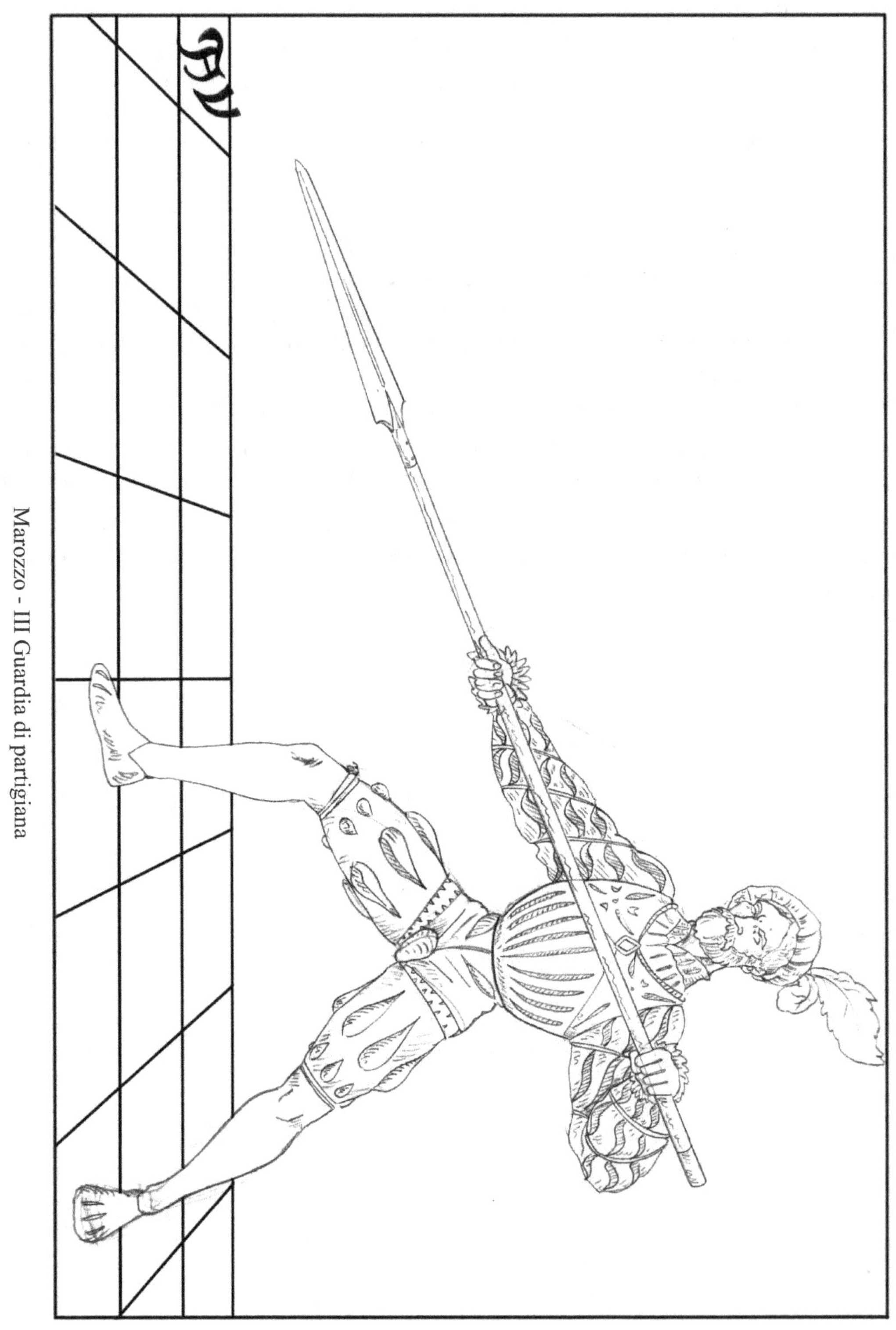

Marozzo - III Guardia di partigiana

2.2.2 PRIMA PARTE: INTRODUZIONE ED ENTRATA A GIOCO – I, EAG

Tralasciando le poche righe iniziali, nelle quali l'autore presenta la disciplina, il testo introduce la parte che nella disamina è stata definita *Entrata a Gioco*: una forma di saluto che gli avversari si scambiano vicendevolmente prima di iniziare il combattimento.

"…in questo principio per galantaria…"

<table>
<tr><td>I</td><td>

Cap.180.Dello abatimento de Partesana sola a corpo per corpo

Io voglio comenciare al nome de Dio uno abatimento de Partesana sola manesca, da solo a solo, facendote intendere che havendo da insegnare a homo alcuno, che havesse per sua differentia da combattere della detta Partesana, io voglio che tu li daghi de queste cose le quale tu troverai qui de sotto in questo, adonque ponili fantasia, perché io voglio comenciare la prima parte al nome de Dio.

</td></tr>
</table>

<table>
<tr><td>EaG</td><td>

Prima Parte

Adonque in questo principio per galantaria tu te assetterai con la gamba dritta apresso della mancha pur quatro dita inanci el calze della Partesana tua, apresso della ponta del tuo piè dritto, mettando la mano tua dritta a megio lasta, & a questo modo la ponta sopradetta serà di sopra, e de qui voglio che tu faci una volta mancha con la mano dritta, caciando la ponta della Partesana tua verso terra: cioè verso le tue parte manche, e in caciare de tal ponta, e fare de detta volta mancha tu farai una reverentia con la tua gamba dritta drieto per traverso, pigliando l'asta con la mano tua mancha, e facendo de fatto sencia fermare la ditta asta una volta dritta, passando in fare de tal volta della tua gamba mancha verso le tue parte dritte per modo che essendo lì tu pigliarai la Partesana tua con tutte due le mane, ma la drita serà apresso del calzo, e la mancha dinanci non te fermando niente che tu passi della tua gamba mancha uno gran passo inanci apresso del nimico, e li voglio che tu sie paciente, cioè tu starai a vedere quello che vorrà fare el sopradetto tuo inimico.

</td></tr>
</table>

INTERPRETAZIONE

- 🛡 Piede dx avanzato (vedi **Nota 1**), calcio della partigiana a circa quattro dita di distanza dalla punta del piede dx (vedi **Nota 2**), mano DESTRA – impugna l'arma a circa metà dell'asta con la punta rivolta verso l'alto (vedi **Nota 3**)

- ✕ Passo incrociato indietro (piede dx), mano DESTRA – *volta manca* (vedi **Nota 4**)

- ✕ Ritrarre il piede (sx), mano SINISTRA – *volta dritta* (vedi **Nota 5**)

- ✕ ENTRAMBE le mani – impugnano la partigiana (vedi **Nota 6**)

- ✕ Accrescere (piede sx), andare in

- 🛡 Prima Guardia di partigiana (piede sx avanzato)

Nota 1: il testo specifica quale piede sia in posizione avanzata rispetto all'altro:

"...tu te assetterai con la gamba dritta apresso della mancha..."

Si tende a preferire l'interpretazione in base alla quale il piede destro sia in posizione avanzata e con la punta sulla linea direttrice, in modo da formare un angolo approssimativo di 90° con il piede sinistro.

Nota 2: il calcio della partigiana va collocato a circa quattro dita di distanza dalla punta del piede destro:

"...pur quatro dita inanci el calze della Partesana tua, apresso della ponta del tuo piè dritto..."

Nota 3: la mano destra impugna la partigiana circa a metà dell'asta, con la punta rivolta verso l'alto:

"...mettando la mano tua dritta a megio lasta, & a questo modo la ponta sopradetta serà di sopra..."

Nota 4: questa parte potrebbe essere riassunta nell'azione che l'autore definisce *reverentia* (riverenza):

"...de qui voglio che tu faci una volta mancha con la mano dritta, caciando la ponta della Partesana tua verso terra: cioè verso le tue parte manche, e in caciare de tal ponta, e fare de detta volta mancha tu farai una reverentia con la tua gamba dritta drieto per traverso..."

Si tratta di una *volta manca* (qui intesa come una rotazione antioraria eseguita con la mano destra, che impugna l'arma, in modo da portare la punta di quest'ultima verso terra) eseguita mentre si compie un passo incrociato all'indietro; con il piede destro e col busto ci si china in avanti verso l'avversario.

Il passo incrociato all'indietro è estremamente raro, utilizzato perlopiù (oltre che in questo caso) quando si sferra un mandritto arretrando in Cinghiara Porta di Ferro.

Nota 5: il testo recita quanto segue:

"...pigliando l'asta con la mano tua mancha, e facendo de fatto sencia fermare la ditta asta una volta dritta, passando in fare de tal volta della tua gamba mancha verso le tue parte dritte..."

Mentre si ritrae il piede sinistro verso il proprio lato destro, si passa l'arma nella mano sinistra e si esegue una *volta dritta*; quest'ultima da intendersi come una rotazione oraria della mano sinistra che impugna la partigiana, in modo da portarla in verticale oppure sul lato destro. Questa seconda ipotesi è da preferirsi, in quanto permette di eseguire agevolmente la presa successiva con entrambe le mani (Nota 6), senza dover spostare ulteriormente l'arma.

Nota 6: di seguito viene illustrato il modo di impugnare la partigiana, grazie alla quale ci si agia nella Prima Guardia alla fine della sequenza:

"...essendo lì tu pigliarai la Partesana tua con tutte due le mane, ma la drita serà apresso del calzo, e la mancha dinanci..."

2.2.3 SECONDA PARTE – T1

Dopo aver fornito il corretto invito affinché l'avversario sferri un colpo *da basso*, si esegue una *parata e risposta* per poi agiarsi nella guardia di partenza.

T1	***Seconda parte.*** *Hora essendo arrivato apresso del tuo inimico per farte avertito, che quando te trovasse a uno simile parangone, io voglio che sempre mai tu pigli la Partesana tua manescamente: cioè li nodi della tua mano dritta seranno alinsuso el polso della detta a lingioso volto, e li nodi della mano mancha seranno volti a lingioso, el polso serà volto a linsuso al contrario luno de laltro, e farai che volendo tu essere paciente, io voglio per migliore tuo parato, che tu abbassi la tua mano mancha e la dritta voglio che tu lalci per modo, che la ponta della sopradetta serà apresso terra, e lì anderai astrengiando il tuo inimico: cioè fa chel piè dritto caci il mancho per fino a tanto che lui tirerà, o dalto, o da basso. Ma io voglio prima preponere, che lui te tirre da basso una ponta a quella gamba mancha, e tu presto con lasta tua tu la butterai inentro verso le tue parte dritte, e sì li darai a lui de una ponta, passando un poco del tuo piè mancho inanci in el petto, o in la facia non lassando mai la Partesana tua con la mano mancha, e pure aritornando in quella medesima Guardia, e lì serai un.altra volta paciente.*

INTERPRETAZIONE

- Prima Guardia di partigiana (piede sx avanzato, vedi **Nota 1**)
- *Stringere* l'avversario (vedi **Nota 2**)
- Punta alla gamba avanzata (vedi **Nota 1**)
- Parata verso il proprio lato destro (vedi **Nota 3**)
- Accrescere (piede sx), punta al petto **Oppure** al volto (vedi **Nota 3**), andare in
- Prima Guardia di partigiana (piede sx avanzato)

Nota 1: il testo sottolinea un aspetto importante relativamente all'invito che si debba offrire all'avversario, affinché quest'ultimo sferri una punta alla gamba avanzata:

"...io voglio per migliore tuo parato, che tu abbassi la tua mano mancha e la dritta voglio che tu lalci per modo, che la ponta della sopradetta serà apresso terra..."

Alzando la mano destra, che si trova presso il calcio dell'arma, e abbassando la sinistra, che impugna l'arma circa a metà dell'asta, si scopre *da basso* il bersaglio (la punta dell'arma resta rivolta verso terra sul proprio lato sinistro e non alla presenza), in modo che l'avversario sferri una punta alla gamba sinistra avanzata:

"...io voglio prima preponere, che lui te tirre da basso una ponta a quella gamba mancha..."

Nota 2: si tratta di un passeggio tipico della Scuola Bolognese con il quale, tramite dei mezzi passi (*piede-scaccia-piede*), si incalza l'avversario allo scopo di fargli sferrare un colpo:

"...lì anderai astrengiando il tuo inimico: cioè fa chel piè dritto caci il mancho per fino a tanto che lui tirerà, o dalto, o da basso..."

Nota 3: viene descritta una *parata e risposta*:

"...tu presto con lasta tua tu la butterai inentro verso le tue parte dritte, e sì li darai a lui de una ponta, passando un poco del tuo piè mancho inanci in el petto, o in la facia..."

La parata avviene intercettando con l'asta della propria arma il colpo dell'avversario, ribattendolo verso il proprio lato destro; la mano sinistra funge da fulcro attorno al quale avviene lo spostamento dell'arma, eseguito alzando repentinamente la mano destra. In questo modo si crea il varco centrale necessario per rispondere velocemente con un colpo di punta al petto o al volto ad arma libera, mentre si compie un accrescere con il piede sinistro avanzato. La risposta, come indicato nella tecnica successiva, va portata facendo scorrere l'asta in avanti attraverso la mano destra, allungando così la misura, e al tempo stesso non abbandonando mai l'asta con la mano. Si consiglia di fare attenzione nel rispondere, interponendo il più possibile la propria asta fra l'arma dell'avversario e il proprio corpo.

Il testo sottolinea che nel rispondere con il colpo di punta è necessario che la mano sinistra mantenga la presa sull'asta della partigiana (si veda anche T2, Nota 3):

"...non lassando mai la Partesana tua con la mano mancha..."

2.2.4 TERZA PARTE – T2

Dopo aver fornito il corretto invito affinché l'avversario sferri un colpo alle *bande de sopra*, si esegue una *parata e risposta* per poi togliere misura arretrando ed agiarsi in Seconda Guardia.

T2	**Tertia parte.** *Ma sappi che essendo tornato in quella Guardia come prima te dissi in nella parte precedente, tu te metterai con la Partesana tua, pure come io te amaiestrai in la prima parte di questo, e de qui voglio che tu abassi forte la ponta della tua sopradetta, in verso terra, aciochè le tue parte di sopra sieno discoperte, e questo facio solo ad effetto, aciochè lui habia causa legitima de tirarti alle bande sopradette de sopra. Ma sappi che tragandote in quello luoco de ponta, o de taglio, tu li darai de lasta tua in la botta che lui tirerà, cioè inentro verso le tue parte dritte, faciandoti intendere che quando tu farai tali parato, lè di bisogno, che tu abassi la tua mano dritta tirandola a te, per fino alla cintura non movendo la mancha, e parato che tu haverai la detta botta, tu li darai a lui de una ponta, dove tu vederai il discoperto suo passando in tal tempo uno poco della tua gamba mancha inanci lassando giocare lasta tua sempre per la mano mancha non labandonando mai, fatto questo tu te tirerai dui, o tri passi indrieto, e sì te assetterai con la tua gamba dritta inanci ben polito per traverso con le tue bracie ben disteso per lo dritto, tenendo pure la ponta della detta Partesana inverso terra, & lì serai agiente, e paciente come a te piacerà.*

INTERPRETAZIONE

- 🛡 Prima Guardia di partigiana (piede sx avanzato, vedi **Nota 1**)
- ✕ *Stringere* l'avversario (vedi **Nota 2**)
- ✦ Punta *Oppure* taglio alle parti alte (vedi **Nota 1**)
- ✕ Parata verso il proprio lato destro (vedi **Nota 3**)
- ✕ Accrescere (piede sx), punta al bersaglio scoperto (vedi **Nota 3**)
- ✕ Due o tre passi indietro, andare in
- 🛡 Seconda Guardia di partigiana (piede dx avanzato)

Nota 1: il testo sottolinea un aspetto importante relativamente all'invito che si debba offrire all'avversario affinché quest'ultimo sferri una punta al bersaglio alto:

"...voglio che tu abassi forte la ponta della tua sopradetta, in verso terra, aciochè le tue parte di sopra sieno discoperte, e questo facio solo ad effetto, aciochè lui habia causa legitima de tirarti alle bande sopradette de sopra..."

Tenendo ferma la mano sinistra, che impugna l'arma circa alla metà dell'asta, e alzando la mano destra, che si trova presso il calcio dell'arma, si scoprono *le parte di sopra*, in modo che l'avversario sferri una punta oppure un colpo di taglio:

"...tragandote in quello luoco de ponta, o de taglio..."

Quest'ultimo va inteso più come un *mezzo colpo* che come un *colpo intero*, ovvero privo della fase di caricamento, e da sferrarsi in foggia di mandritto *segato*; altrimenti l'avversario si esporrebbe troppo ad una eventuale *uscita in tempo*.

Nota 2: si tratta di un passeggio tipico della Scuola Bolognese con il quale, tramite dei mezzi passi (*piede-scaccia-piede*), si incalza l'avversario allo scopo di fargli sferrare un colpo:

"...lì anderai astrengiando il tuo inimico: cioè fa chel piè dritto caci il mancho per fino a tanto che lui tirerà, o dalto, o da basso..."

Nota 3: viene descritta una *parata e risposta*:

"...tu li darai de lasta tua in la botta che lui tirerà, cioè inentro verso le tue parte dritte, faciandoti intendere che quando tu farai tali parato, lè di bisogno, che tu abassi la tua mano dritta tirandola a te, per fino alla cintura non movendo la mancha, e parato che tu haverai la detta botta, tu li darai a lui de una ponta, dove tu vederai il discoperto suo passando in tal tempo uno poco della tua gamba mancha inanci..."

Il colpo dell'avversario viene intercettato con l'asta della propria arma e ribattuto verso il proprio lato destro; la mano sinistra funge da fulcro attorno al quale avviene lo spostamento dell'arma, eseguito abbassando repentinamente la mano destra. In questo modo si crea il varco centrale necessario per rispondere velocemente con un colpo al bersaglio scoperto dell'avversario, mentre si compie un accrescere con il piede sinistro avanzato.

A differenza della T1 (Nota 3), il testo sottolinea che nel rispondere con il colpo di punta non solo è necessario che la mano sinistra mantenga la presa sull'asta della partigiana, ma che nel portare il colpo l'asta debba scorrere all'interno della mano sinistra stessa:

"... lassando giocare lasta tua sempre per la mano mancha non labandonando mai..."

Il fatto che venga utilizzato il termine *sempre*, lascia intendere che questa peculiarità possa essere applicata anche alla T1 ed in generale al modo di sferrare i colpi di punta con questo tipo di arma.

2.2.5 QUARTA PARTE – T3

Viene proposta una sequenza non troppo dissimile dalle precedenti, ma eseguita partendo dalla Seconda Guardia piuttosto che dalla Prima. Nel momento in cui l'avversario tenta di colpire sferrando una punta o un taglio, si para il colpo rispondendo a propria volta con una punta. Se a sua volta l'avversario tenta di parare il colpo o effettivamente lo para, si sferra rispettivamente una punta oppure un taglio alla gamba avanzata. La sequenza si conclude arretrando ed agiandosi in Terza Guardia.

| T3 | ***Quarta parte***
Essendo rimaso con la gamba dritta inanci, io voglio che tu sie paciente, perché le tue bande manche seranno discoperte, e imperò lè forcia che lo inimico te tire al ditto descoperto, ma sape che tragandoti lui de botta alcuna da basso, o da alto, tu te reparerai con lasta tua, fermo le tue gambe, sentende che tu butti la Partesana del nimico inverso le tue parte dritte, e parato che tu haverai la botta sua, tu crescerai della gamba tua mancha per lo dritto del nimico, e sì li darai de una ponta per la facia, ma guarda ben che quando lui butterà per paura della detta ponta, via la Partesana tua infuora verso alle tue parti manche tu li darai de uno taglio, o ponta in nella sua gamba mancha, o dritta che serà inanci, e per tuo areparo, tu tirerai presto la tua gamba mancha apresso della dritta, e sì andarai in guardia polito con la ponta della Partesana tua a terra, buttando in uno tempo presto la gamba mancha tua de drieto dalla dritta, in tal buttare io voglio che tu scambi le tue mane per utilitade: cioè tu butterai dinanci la dritta a lasta tua e la mancha de drito, & a questo modo tu serai de dentro, el tu nimico serà di fuora, e de qui tu puoi essere agiente, e paciente secondo che li acaderà. |

INTERPRETAZIONE
Seconda Guardia di partigiana (piede dx avanzato)
Punta ***Oppure*** taglio al lato destro (vedi **Nota 1**)
Parata di *mezza contro* verso il proprio lato destro (vedi **Nota 2**)
Passo avanti (piede sx), punta alla faccia (vedi **Nota 2**)
Parata verso il proprio lato destro (vedi **Nota 3**)
Punta ***Oppure*** taglio alla gamba avanzata (vedi **Nota 3**)
Prima Guardia di partigiana (piede sx avanzato, vedi **Nota 4**)
Passo indietro (piede sx), andare in (vedi **Nota 5**)
Terza Guardia di partigiana (piede dx avanzato, vedi **Nota 5**)

Nota 1: l'attacco avversario, oltre ad essere portato sul lato sinistro, può essere sferrato sia al bersaglio basso che a quello alto: *"...Essendo rimaso con la gamba dritta inanci, io voglio che tu sie paciente, perché le tue bande manche seranno discoperte, e imperò lè forcia che lo inimico te tire al ditto descoperto, ma sape che tragandoti lui de botta alcuna da basso, o da alto..."*

A tal proposito, anche se non esplicitato nel testo, vale quanto già descritto nelle due sequenze precedenti, relativamente al corretto modo di fornire l'invito e a come eseguire la parata.

Nota 2: viene descritta una *parata e risposta*: *"...parato che tu haverai la botta sua, tu crescerai della gamba tua mancha per lo dritto del nimico, e sì li darai de una ponta per la facia..."*

Ai fini pratici si tratta di una parata simile alla *mezza contro* della scherma olimpica.

Nota 3: sebbene l'azione sia chiara, altrettanto non si può dire per quanto riguarda la *scelta di tempo* durante la quale avviene l'offesa (punta o taglio); se avviene al seguito della parata avversaria (come parrebbe indicare il testo, che però sulla tempistica esatta delle azioni può a volte essere fuorviante, come si vedrà anche nella T5.1) oppure se in qualche modo si sferra il colpo eludendo quest'ultima: *"...guarda ben che quando lui butterà per paura della detta ponta, via la Partesana tua infuora verso alle tue parti manche tu li darai de uno taglio, o ponta in nella sua gamba mancha, o dritta che serà inanci..."*

La pratica in sala dimostra che, se la parata avversaria viene elusa, si sferra direttamente il colpo successivo, di punta o di taglio, nel momento in cui l'avversario tenta di parare il colpo di punta (eseguito mentre si avanza col piede sinistro), mandando così a vuoto la parata. Nel caso in cui l'avversario sia effettivamente riuscito ad eseguire la parata, risulta agevole sferrare solo un colpo di taglio segato, direttamente dalla posizione in cui l'asta si trova dopo la parata dell'avversario.

Seppur il testo non specifichi la natura completa del colpo di taglio, si tratta di un roverso.

Nota 4: il testo recita quanto segue: *"...per tuo areparo, tu tirerai presto la tua gamba mancha apresso della dritta, e sì andarai in guardia polito con la ponta della Partesana tua a terra..."*

La descrizione del passeggio parrebbe descrivere una guardia eseguita a *piedi pari*. A tal proposito, si ricorda al lettore cosa si intende con tale definizione.

Antonio Manciolino, *Opera Nova*, Libro I: *"...Tutto che gentile & profittevole sia nel giocare parimente passeggiar quando con l'uno & quando con l'altro piede secondo il tempo & bisogno non di meno per quanto a me ne paia il passeggiar sempre a pie' pari è di maggior utile, perché cosi si puote & crescer innanzi & ritornar indietro sanza disagiamento della persona. Aggiunge ancho questa: che l'huomo così giuoca più forte: che in altra guisa. & quando dico a pie' pari: io intendo che gli piedi non siano lontani più di qualche cosa oltre a mezzo braccio accompagnando sempre la mano con il piede & il piede con la mano..."*

Nota 5: nel passare dalla Prima alla Terza Guardia, oltre al passeggio, il testo descrive un cambio di impugnatura sull'asta della partigiana: *"...buttando in uno tempo presto la gamba mancha tua de drieto dalla dritta, in tal buttare io voglio che tu scambi le tue mane per utilitade: cioè tu butterai dinanci la dritta a lasta tua e la mancha de drito..."*

La mano destra, impugnando l'asta a circa metà della lunghezza, passa in posizione avanzata, mentre la sinistra arretra presso il calcio dell'arma.

2.2.6 QUINTA PARTE – T4

Dalla Terza Guardia, dopo aver eseguito una finta di punta al volto dell'avversario, si effettua una cavazione per poi sferrare nuovamente una punta al viso oppure al petto. Fatto questo e ritraendo il piede destro avanzato, si ferisce l'avversario al braccio sinistro con un mandritto *segato* che scopre il proprio fianco dritto, in modo che l'avversario tenti di colpirlo di punta. Se questo avviene, si esegue una *parata e risposta*, per poi togliere misura ed agiarsi in Prima Guardia.

<table>
<tr><td>T4</td><td>

Quinta Parte

Hora guarda bene che per amore del scambiare delle mane che tu hai fatto tu te aritroverai scontro al tuo nimico con la gamba tua dritta inanci, & de qui tu puoi essere agiente, e paciente, ma infine a questo tratto, io voglio che tu sie agiente, perché egli è un bel tratto da fare, e però per questo tu li caciarai una ponta per la facia da lato suo de fora de sopra dalla sua asta, ma io voglio che tu sappi che lui per paura della detta sua ponta uscirà con lasta sua in fuora verso le tue parte manche per pararla la sopradetta, ma in questo parato, io non voglio che tu te lassi trovare lasta de la Partesana tua per niente, faciandoti intedere, che quando lui ussirà fuora con lasta sua per parare la ponta, che tu li tirarai, io voglio che tu la tirri presto per de sotto della sua detta asta, e in tal tirare tu li caciarai una punta per la facia, o in lo petto dentro via fra la partesana sua, e la persona, e sappi che quando tu li haverai dato la detta ponta in tel tirare che tu farai indriето le tue bracie, tu li segarai de uno taglio dritto con la Partesana tua per lo suo braccio mancho, e in tempo del detto segare tu tirerai la gamba dritta apresso della mancha, ma guarda che se lui alhora te tirasse de una ponta a quello tuo fianco dritto dalla coregia in suso voglio che con lasta tua tu la butti inverso le tue parti dritte, & a questo modo tu lo haverai parato la sua ponta, e sì li segarai a lui de uno taglio dritto in la sua mano mancha che laverà lui dinanci, e per tuo reparo tu te tirerai dui, o tre passi indriето, e sì tornerai la mano tua mancha dinanci dalla dritta, e la dritta de drieto apresso del calze della Partesana tua, e sì ti assetterai con la tua gamba mancha inanci, con la ponta della sopraditta inance per lo dritto del nimico, a linscontro della facia sua e tenerai le tue bracie ben distese e polite.

</td></tr>
</table>

INTERPRETAZIONE

- Terza Guardia di partigiana (piede dx avanzato, vedi **Nota 1**)
- Prima Guardia, ***Oppure*** Seconda Guardia (vedi **Nota 1**)
- Finta di punta *di fuori* al viso (vedi **Nota 2**)
- Parata verso il proprio lato sinistro (vedi **Nota 2**)
- *Cavazione*, punta *di dentro* al viso ***Oppure*** al petto asta e braccio (vedi **Nota 3**)
- Ritrarre il piede (dx), mandritto *segato* al braccio sinistro (vedi **Nota 4**)
- Punta al fianco destro (vedi **Nota 5**)
- Parata verso il proprio lato destro, mandritto *segato* alla mano destra (vedi **Nota 6**)
- Due o tre passi indietro, andare in (vedi **Nota 7**)
- Prima Guardia di partigiana (piede sx avanzato, vedi **Nota 7**)

Nota 1: al termine della T2, una volta agiati in Terza Guardia, il testo riporta la seguente indicazione: *"...a questo modo tu serai de dentro, el tu nimico serà di fuora..."*

L'avversario deve quindi essere agiato in Prima Guardia (di gran lunga la più usuale), oppure in Seconda Guardia.

Nota 2: viene descritta una finta di *punta di fuori*, ossia al lato dell'avversario, a sinistra della sua arma:

"...tu li caciarai una ponta per la facia da lato suo de fora de sopra dalla sua asta, ma io voglio che tu sappi che lui per paura della detta sua ponta uscirà con lasta sua in fuora verso le tue parte manche per pararla la sopradetta, ma in questo parato, io non voglio che tu te lassi trovare lasta de la Partesana tua per niente..."

Nota 3: una volta effettuata la finta, la sequenza prosegue con una *cavazione* seguita da un colpo di punta al viso oppure al petto, sferrato fra partigiana dell'avversario e il suo braccio sinistro:

"...quando lui ussirà fuora con lasta sua per parare la ponta, che tu li tirarai, io voglio che tu la tirri presto per de sotto della sua detta asta, e in tal tirare tu li caciarai una punta per la facia, o in lo petto dentro via fra la partesana sua, e la persona..."

Sebbene il testo non ne faccia menzione, è molto plausibile che il colpo sia accompagnato da un piccolo accrescere del piede destro avanzato; a tal proposito si veda il suggerimento descritto nella Sesta Parte (**T5, Nota 2**) relativo al corretto passeggio da eseguirsi mentre si sferra un colpo: *"...sapendo tu che ogni volta che vai a ferire, lè di bisogno che tu cresci sempre un poco della tua gamba mancha inanci..."*

Nota 4: ritraendo il piede destro e tirando a sè le braccia, si sferra un mandritto *segato* al braccio sinistro avversario:

"...quando tu li haverai dato la detta ponta in tel tirare che tu farai indrieto le tue bracie, tu li segarai de uno taglio dritto con la Partesana tua per lo suo braccio mancho, e in tempo del detto segare tu tirerai la gamba dritta apresso della mancha..."

Nota 5: l'azione precedente porta a scoprire il proprio fianco destro, che diventa bersaglio del colpo avversario:

"...se lui alhora te tirasse de una ponta a quello tuo fianco dritto dalla coregia in suso...".

Si tratta di un colpo di punta sferrato non solo al fianco destro scoperto, ma dalla vita in su (*"...dalla coregia in suso..."*)

Nota 6: viene descritta una *parata e risposta* alla mano avanzata:

"...voglio che con lasta tua tu la butti inverso le tue parti dritte, & a questo modo tu lo haverai parato la sua ponta, e sì li segarai a lui de uno taglio dritto in la sua mano mancha che laverà lui dinanci..."

Nota 7: mentre si toglie misura arretrando di qualche passo, si inverte la presa sull'asta della partigiana portando la mano sinistra in posizione avanzata e la destra presso il calcio dell'arma:

"...per tuo reparo tu te tirerai dui, o tre passi indrieto, e sì tornerai la mano tua mancha dinanci dalla dritta, e la dritta de drieto apresso del calze della Partesana tua, e sì ti assetterai con la tua gamba mancha inanci, con la ponta della sopraditta inance per lo dritto del nimico, a linscontro della facia sua..."

2.2.7 SESTA PARTE – T5

Si tratta di una sequenza particolarmente articolata che prevede alcune varianti.

- **T5.1 – V1**   Finta di punta alla faccia che non viene parata dall'avversario;
- **T5.1 – V2**   Finta di punta alla faccia parata dall'avversario;
- **T5.2A**   Finta di punta alla faccia parata dall'avversario con risposta al lato destro;
- **T5.2A**   Finta di punta alla faccia parata dall'avversario con risposta al lato sinistro.

Relativamente alla corretta esecuzione, si rimanda il lettore alla disamina.

T5.1	**Sesta parte.** *Essendo con la Partesana in mano scontro al tuo inimico, tu sai chio te dissi in nella quinta parte, che tu haveressi la tua man mancha dinanci dalla dritta, e la tua gamba dritta seria de drieto della tua mancha, e imperò sapendo tu che la detta tua gamba mancha, è dinanci dalla dritta, tu fingerai una ponta con malicia in la facia del tuo inimico per de sopra dalla sua asta, e questo tu lo farai solo ad effetto che lui habia cagione de parare la detta tua ponta: cioè butteralla lui inverso le tue parte manche. Ma io credo veramente che lui non potrà fare se non come tu desideri, perché facendo lui altramente, tu li potresti dare in la facia della detta ponta. Ma io te dico bene cossì che in el tempo che lui spingierà la Partesana sua verso le tue parte manche per parare la ponta tua sopradetta, tu tirerai la Partesana tua sopradetta per de sotto dalla sua, e sì li cacierai in tal tempo de una ponta in la gola tra la sua asta, e la persona per de sopra del suo brazo mancho. E sappi se tu non li volesse dare in nella detta gola, tu li puoi dare intel sopradetto bracio suo mancho, sapendo tu che ogni volta che vai a ferire, lè di bisogno che tu cresci sempre un poco della tua gamba mancha inanci,*

INTERPRETAZIONE

T5.1 – V1

Prima Guardia di partigiana (piede sx avanzato)

Finta di punta alla faccia (vedi **Nota 1**)

Nessuna parata

Accrescere (piede sx), punta alla faccia (vedi **Nota 2**), andare in

Prima Guardia di partigiana (piede sx avanzato)

T5.1 – V2

- Prima Guardia di partigiana (piede sx avanzato)
- Finta di punta alla faccia (vedi **Nota 1**)
- Parata verso il proprio lato destro
- *Cavazione*, accrescere (piede sx), punta alla gola tirata sopra il suo braccio sinistro all'interno della sua asta, tra arma e corpo ***Oppure*** colpo al braccio sinistro (vedi **Nota 3**), andare in
- Prima Guardia di partigiana (piede sx avanzato)

Nota 1: la finta di punta deve essere eseguita sferrando il colpo sopra l'asta dell'avversario:

"...tu fingerai una ponta con malicia in la facia del tuo inimico per de sopra dalla sua asta..."

Si noti l'uso colorito dell'espressione *"con malicia"*, riferito alla finta.

Nota 2: in questa parte del testo non viene fatta alcuna menzione al passeggio, mentre al termine della sequenza viene riportato quanto segue:

"...sapendo tu che ogni volta che vai a ferire, lè di bisogno che tu cresci sempre un poco della tua gamba mancha inanci..."

È quindi molto plausibile che, non solo in questo caso, si possa compiere un piccolo accrescere della gamba avanzata allo scopo di raggiungere la corretta misura per ferire (si veda anche T4, Nota 3).

Nota 3: il testo recita quanto segue:

"...tu li puoi dare intel sopradetto bracio suo mancho..."

Non è chiaro se si faccia riferimento ad un colpo di punta oppure ad un taglio; se si tratta di un taglio si ritiene debba essere mandritto.

T5.2A	*& anchora tirandote lui la resposta come debitamente il debbe fare da lato tuo dritto, o dal mancho tu butterai tirandoli lui dal lato dritto con lasta tua la Partesana sua, verso le sue parte manche, tirando in tal parare la tua mano dritta a te, e la mancha non movendo, e parato che tu haverai tu li renderai la resposta di quella natura che a te piacerà.*

INTERPRETAZIONE

- Prima Guardia di partigiana (piede sx avanzato)
- Finta di punta alla faccia
- Parata verso il proprio lato destro
- *Cavazione*, accrescere (piede sx), punta alla gola tirata sopra il suo braccio sinistro all'interno della sua asta, tra arma e corpo, **Oppure** colpo al braccio sinistro
- Parata di *contro* verso il proprio lato destro e risposta all'esterno verso il lato destro (**Nota 1**)
- Parata verso il proprio lato destro e risposta a piacere (**Nota 2**)
- Prima Guardia di partigiana (piede sx avanzato)

Nota 1: dopo tutte le azioni già descritte, l'avversario potrà parare la punta alla gola con parata diretta o *di contro*. Marozzo esamina per primo il caso della parata *di contro*. L'avversario, parando in questo modo, ribatterà la nostra asta alla propria destra e in questo caso la sua risposta sarà per forza interna, diretta al nostro lato destro.

Nota 2: viene descritta una *parata e risposta*:

"...butterai (…) dal lato dritto con lasta tua la Partesana sua, verso le sue parte manche, tirando in tal parare la tua mano dritta a te, e la mancha non movendo, e parato che tu haverai tu li renderai la resposta di quella natura che a te piacerà..."

La parata è quella descritta ed utilizzata fino a questo momento per difendersi da un colpo alle parti alte (es. T2, Nota 3), mentre per quanto concerne la risposta l'autore si limita a suggerire di colpire a piacimento; potrebbe quindi trattarsi di una punta, oppure di un taglio.

Come sottolineato in precedenza, il colpo di risposta sarà di norma accompagnato da un piccolo accrescere del piede sinistro avanzato.

T5.2B	*Ma sappi che se lui tirasse alle bande tue manche, tu farai solamente una meggia volta de pugno per ciascuna man: cioè la mancha voltarà il suo polso verso le tue parte manche, e la dritta se voltarà il ditto polso al.insuso, e a questo modo tu haverai parato sicuramente la botta del tuo inimico, e sì li darai a lui de una ponta dove el serà più discoperto, faciandoti intendere che tenendo tu la Partesana tua in questo modo come io t.ho detto, maxime havendo la tua gamba mancha inanci, voglio che tu usi sempre questo parato, perché l.è uno bello parato, e securo.*

INTERPRETAZIONE

Prima Guardia di partigiana (piede sx avanzato)

Finta di punta alla faccia

Parata verso il proprio lato destro

Cavazione, accrescere (piede sx), punta alla gola tirata sopra il suo braccio sinistro all'interno della sua asta, tra arma e corpo, ***Oppure*** colpo al braccio sinistro

Parata diretta verso il proprio lato sinistro e risposta all'interno verso il nostro lato sinistro (**Nota 1**)

Parata verso il proprio lato sinistro e risposta di punta (**Nota 2**)

Nota 1: dopo tutte le azioni già descritte, Marozzo prende in esame il caso in cui l'avversario risponda all'esterno, al nostro lato sinistro. Questo può avvenire solo se egli ha parato la punta alla gola (o azione alternativa) con una parata diretta, in questo caso verso il proprio lato sinistro.

Nota 2: anche in questo caso viene descritta una *parata e risposta*:

"…, tu farai solamente una meggia volta de pugno per ciascuna man: cioè la mancha voltarà il suo polso verso le tue parte manche, e la dritta se voltarà il ditto polso al.insuso, e a questo modo tu haverai parato sicuramente la botta del tuo inimico…"

Si tratta dell'unica parata eseguita sul proprio lato sinistro utilizzata nella disciplina della partigiana, che l'autore descrive utilizzando le *volte di mano*: entrambe le mani compiono una rotazione oraria in modo che il dorso della sinistra sia rivolto verso l'alto e quello della destra verso il basso.

La risposta che segue è una punta al bersaglio scoperto:

"…li darai a lui de una ponta dove el serà più discoperto…"

Come sottolineato in precedenza, non è da escludere che il colpo di risposta sia accompagnato da un piccolo accrescere del piede sinistro avanzato.

2.2.8 DELLA FINITIONE DE PARTESANA SOLA - C

Parte conclusiva della trattazione della partigiana dove l'autore specifica che, a differenza di ronca e alabarda, il colpo preferenziale da utilizzare con quest'arma è la punta.

<table>
<tr><td rowspan="2">C</td><td>

Cap 181. Della finitione de Partesana sola

Io non voglio più componere in questa arte de Partesana sola manescha, cosa alcuna perché sapendo tu che in ne l'armi dasta, e non gli è troppe botte, perché generalmente el non se tra quasi se non de ponta dalla Roncha, e Alabarda in fuora, & ancho qualche volta de Partesana, ma poche volte se tra de taglio, e per questo io farò fine alla sopradetta.

FINIS.

LAUS DEO.

AMEN.

QUI E FINITO LO ABATIMENTO DELLA PARTESANA SOLA MANESCHA, DA SOLO A SOLO.

</td></tr>
</table>

Capitolo 3: Achille Marozzo – Dello abatimento de Picha, o vero Lancioto da solo a solo

3.1 Trascrizione

ABATIMENTO DE PICHA O VERO LANCIOTO

Cap.182 Dello abatimento de Picha, o vero Lancioto da solo a solo.

Prima Parte.

ADonque per dare principio alla prima parte del combattere della Picha, o vero Lanciotto da fante a piede, a homo per homo, in prima essendo contra a uno che havesse una Picha, o vero Lanciotto contra de te tu te metterai con la gamba mancha inanci, e la tua Picha in su le bracie con la mano mancha inanci, e la dritta de drieto con la ponta tua della sopradetta alinscontro per lo dritto del petto del tuo nimico, e de qui tu serai paciente in aspettare il tuo nimico che te tire de una lancionata in la persona, e te sempre mai tu haverai lochio al fatto tuo perche in quel tempo che lui te tirera la detta lancionata tu passerai della tua gamba dritta uno gran passo forte per traverso, verso le tue parte dritte alquanto inanci, e si li cacierai a lui de una lancionata sotto la mano in tel petto, o in lo corpo, aritirandote per tuo reparo presto con la tua gamaba dritta indrieto, tornando la mano mancha a luoco suo, e li voglio che tu sia agente: cioe voglio che tu sie el primo a ferire.

Seconda parte.

HOra essendo con la tua gamba mancha inanci scontro al tuo inimico, tu sai che nella prima parte io te dissi che io voleva che tu fossi agiente, cioe el primo a ferire, e pero per questo tu passarai con la tua gamba dritta inanci verso le parte manche del nimico, e si li tirerai de una lancionata sopra mano per la facia, la quale fermera a posta ferma, perche lui te tire, ma sappi che tirandote lui la resposta tu camufferai il tuo Lanciotto per desotto al suo, passando in tal tempo de camuffare della tua gamba mancha verso le tue parte manche, per traverso, pigliando in tal passare el tuo Lanciotto con la tua mano mancha, non fermando che tu li traghi de una lanciata per lo fianco dritto con la detta tua mano mancha, passando della gamba dritta, e mancha forte inanci verso le sue dritte parte, e se alhora il tuo nimico te tirasse a quelle parte manche che seranno descoperte, tu la urterai con la detta tua Picha, o vero Lanciotto infuora, verso le tue parte manche, passando in tempo del detto urtare con la tua gamba dritta inanci verso le tue parte dritte, buttando la tua mano dritta dinanci dalla mancha in un medesimo tempo, tu li tirerai passando con la gamba mancha inanci de una lanciata per la facia, non te fermando per tuo reparo che tu camuffi la tua mano dritta de drieto dalla mancha all pedale, e si li tirerai una lancionata, fugiendo della tua gamba mancha indrieto, per modo che tu serai con la tua gamba dritta inanci, e perche io voglio che adesso tu sie paciente, tu butterai la detta tua gamba dritta de drieto dalla manca, e si piglierai con la tua mano mancha el lanciotto al luoco suo: cioe dinanci dalla dritta, e li darai el galon mancho discoperto al tuo inimico, tenendo la ponta del lanciotto a terra fermo, e li aspetterai che lui te tire al detto tuo galon mancho.

Tertia Parte.

TU sai che in tella seconda parte, io te feci tornare della tua gamba dritta de drieto dalla mancha, con la ponta del tuo lanciotto fermo a terra, acio che tu fussi paciente, maxime sel tuo nimico te tirasse a quello galon mancho che io te dissi in la detta seconda parte del precedente come io credo veramente che lui tirerra, ma preponiamo che lui tire al sopradetto galon mancho, tu alciarai le bracie tue alaera tutte due desopra dalla testa alindrieto urtando del Lanciotto tuo in la botta sua de drieto alla tua schiena piegandote in su la detta schiena e testa in drieto, el corpo alinanci per modo che a questo modo tu parerai la lancionata che lui havera tratto, e presto in tel tempo che tu farai el ditto parato tu butterai la tua gamba dritta inanci forte pirlando in su la mancha con la mano dritta tua dinanci dala mancha presto buttandola a megio al tuo detto lanciotto, & questo modo el tuo nimico non potra fugire che tu non li dagi a lui percossa, o vorrai andare con lui alle strette, ma nota che se tu non volissi andare con lui alle dette strette, tu te tirerai dui, o tri passi indrieto, con la tua gamba dritta e mancha fugiendo voltando el tuo lanciotto con la tua mano mancha sopra da la testa, e in tal voltare tu lo piglierai con la mandritta al pedale al luoco suo, & de qui tu puoi essere agiente e paciente secondo che l'acadera.

Quarta Parte.

ADonque essendo assettato con la tua gamba mancha inanci, scontro al tuo inimico, de qui voglio che tu sie paciente: cioe tu liverai el tuo lanciotto con la ponta da terra driciandola al dritto del petto del nimico stagando con lochio aperto, perche tragandote lui botta alcuna tu passarai della tua gamba mancha, & dritta inanci per traverso verso le sue parte manche, e in questo passare de gamba mancha, e dritta tu li darai de una lancionata per li fianchi sopra mano con uno squillo drieto, e per tuo riparo tu butterai la detta gamba dritta de drieto uno gran passo dalla mancha inanci ben polito, perche tirandote lui resposta alcuna drieto, tu sai ben che glie sempre el suo parato, & impero per questo respetto io faro fine al detto gioco, o vero combattere del lanciotto, o vero picha.

FINIS.

LAUS DEO.

Qui e finito el Combattere della Picha, o vero Lanciotto da fante a pie.

3.2 Disamina delle Tecniche

3.2.1 Guardie

Per quanto concerne il combattimento con picca o lanciotto, nel trattato viene descritta ed utilizzata una sola guardia.

3.2.1.1 Guardia di picca o lanciotto

La descrizione della guardia si trova all'inizio della *Prima Parte* del Capitolo 182:

> *"...Adonque per dare principio alla prima parte del combattere della Picha, overo Lancioto da fante a piede, a homo per homo, in prima essendo contra a uno che havesse una Picha, overo Lanciotto contra de te tu te metterai con la tua gamba mancha inanci, e la tua Picha in su le bracie con la mano mancha inanci, e la dritta de drieto, con la ponta tua della sopradetta a l'inscontro per lo dritto del petto del tuo nimico..."*

Si tratta di una guardia con il piede sinistro in posizione avanzata, entrambe le braccia pressoché stese, la mano destra presso il calcio dell'arma e la sinistra in posizione avanzata, ad una lunghezza di poco superiore all'ampiezza delle spalle. Il busto è profilato, offrendo un chiaro invito alle parti sinistre. Di conseguenza l'arma è davanti alla figura con la punta rivolta al lato destro dell'avversario (*"...con la ponta tua della sopradetta a l'inscontro per lo dritto del petto del tuo nimico..."*), in una sorta di versione sinistra della Porta di Ferro Stretta, simile alla guardia usata dall'Anonimo Bolognese nella disciplina di azza in armatura (T5); mentre nella T3, con la punta dell'arma verso terra, viene descritta una versione sinistra della Porta di Ferro Larga.

Marozzo - Guardia di picca

3.2.2 PRIMA PARTE – T1

La disciplina dedicata a quest'arma inizia con una sequenza molto semplice: non appena l'avversario sferra un colpo, lo si evita compiendo un passo obliquo e si ferisce al petto o al corpo grazie ad una punta sotto mano; la punta in questione può essere eseguita facendo scorrere l'asta nella mano sinistra avanzata (come visto nella parte dedicata alla partigiana).

T1	**_Prima parte._** _Adonque per dare principio alla prima parte del combattere della Picha, overo Lancioto da fante a piede, a homo per homo, in prima essendo contra a uno che havesse una Picha, overo Lanciotto contra de te tu te metterai con la tua gamba mancha inanci, e la tua Picha in su le bracie con la mano mancha inanci, e la dritta de drieto, con la ponta tua della sopradetta a l'inscontro per lo dritto del petto del tuo nimico, e de qui tu serai paciente in aspettare il tuo nimico che te tire de una lancionata in la persona, e sempre mai tu haverai l'ochio al fatto tuo, perché in quel tempo che lui te tirerà la detta lancionata tu passerai della tua gamba dritta uno gran passo forte per traverso, verso le tue parte dritte alquanto inanci, e sì li caciarai a lui de una lancionata sotto mano int'el petto, o in lo corpo, aritirandote per tuo reparo presto con la tua gamba dritta indietro, tornando la mano mancha a luoco suo, e lì voglio che tu sie agiente: cioè voglio che tu sie il primo a ferire._

INTERPRETAZIONE

- Guardia di picca o lanciotto versione stretta (piede sx avanzato)

- Colpo di punta (vedi **Nota 1**)

- Passo obliquo (piede dx), punta sotto mano al petto *Oppure* al corpo (vedi **Nota 2**)

- Passo indietro (piede dx), andare in

- Guardia di picca o lanciotto versione stretta (piede sx avanzato)

Nota 1: il colpo sferrato dall'avversario viene definito *lancionata*:

"*...il tuo nimico che te tire de una lancionata in la persona (…) in quel tempo che lui te tirerà la detta lancionata...*"

Nota 2: si tratta di un *tempo insieme*:

"*...lancionata tu passerai della tua gamba dritta uno gran passo forte per traverso, verso le tue parte dritte alquanto inanci, e sì li caciarai a lui de una lancionata sotto mano int'el petto, o in lo corpo...*"

Con il passo obliquo si evita il colpo dell'avversario e, contemporaneamente, lo si ferisce con una punta dal basso verso l'alto al petto oppure al corpo.

Il colpo potrebbe essere sferrato facendo scorrere l'asta nella mano sinistra avanzata. Difatti, alla fine della sequenza, il testo recita quanto segue:

"*...tornando la mano mancha a luoco suo...*"

3.2.3 SECONDA PARTE – T2

La sequenza è molto articolata, offre contenuti tecnici di alto livello e numerosi spunti di riflessione.

Partendo dalla guardia canonica si esegue una punta sopra mano in modo tale che l'avversario, dopo aver parato, tenti una risposta: la prima azione è quindi una *provocazione*. Si esegue pertanto una *parata di contro* in maniera tale da spostare l'arma avversaria sul proprio lato destro; tale parata potrebbe essere vista come un semplice svincolo con una chiusura della linea di attacco, che impedisce al nemico di iniziare il movimento di risposta. Si sferra poi un colpo di risposta al lato destro scoperto mentre ci si sposta sul lato destro dell'avversario; dopo il primo passo a sinistra del piede sinistro, ne seguono ancora uno del piede destro e uno ulteriore del piede sinistro. Tale azione potrebbe essere eseguita impugnando la propria arma con la sola mano sinistra; nonostante questa scelta possa suscitare qualche perplessità, soprattutto trattandosi di un'arma molto lunga e pesante, nella letteratura tecnica se ne trova ampio riscontro: basti guardare quanto scritto in proposito da Manciolino. In alternativa, il testo potrebbe essere letto in un altro modo: non si deve più lasciar scorrere l'asta nella mano sinistra, ma ripristinare una presa salda di tale mano.

Nel caso in cui l'avversario tenti di ferire il fianco sinistro, scoperto a seguito del colpo precedente, si cambierà l'impugnatura dell'asta eseguendo una parata verso la propria sinistra e rispondendo con una punta al volto.

Si toglie misura a scopo difensivo e, impugnando l'asta dell'arma con entrambe le mani presso il calcio, si sferra un colpo di punta per poi agiarsi nella guardia finale.

T2	*Seconda parte.* *Hora, essendo con la tua gamba mancha inanci scontro al tuo inimico, tu sai che nella prima parte io te dissi che io voleva, che tu fossi agiente, cioè el primo a ferire, e però per questo tu passarai con la tua gamba dritta inanci verso le parte manche del nimico, e sì li tirerai de una lancionata sopra mano per la facia, la quale fermerà a posta ferma, perché lui te tire, ma sappi che tirandote lui la resposta tu camufferai il tuo Lanciotto per de sotto al suo, passando in tal tempo de camuffare della tua gamba mancha verso le tue parte manche, per traverso, pigliando in tal passare el tuo Lanciotto con la tua mano mancha, non fermando che tu li traghi de una lanciata per lo fianco dritto con la detta tua mano mancha , passando della gamba dritta, e mancha forte inanci verso le sue dritte parte, e se alhora il tuo nimico te tirasse a quelle parte manche che seranno descoperte, tu la urterai con la detta tua Picha, overo Lanciotto in fuora, verso le tue parte manche, passando in tempo del detto urtare con la tua gamba dritta inanci verso le tue parte dritte, buttando la tua mano dritta dinanci della mancha, in un medesimo tempo, tu li tirerai passando con la tua gamba mancha inanci de una lanciata per la facia, non te fermando per tuo reparo che tu camuffi la tua mano dritta de drieto della mancha al pedale, e sì tirerai una lancionata, fugiendo della tua gamba mancha indrieto, per modo che tu serai con la tua gamba dritta inanci, e perché io voglio che tu adesso sie paciente, tu butterai la detta tua gamba dritta de drieto della mancha e sì piglierai con la tua mano mancha, e lanciotto al luoco suo: cioè dinanci dalla dritta, e li darai el galon mancho discoperto al tuo inimico, tenendo la ponta del lanciotto a terra fermo, e lì aspetterai che lui te tire al detto tuo galon mancho.*

INTERPRETAZIONE

🛡 Guardia di picca o lanciotto versione stretta (piede sx avanzato)

✕ Passo obliquo (piede dx), punta sopra mano alla faccia (vedi **Nota 1**)

🗡 Parata verso il proprio lato sinistro, punta (vedi **Nota 2**)

✕ Passo obliquo (piede sx), *parata di contro* **Oppure** *cavazione e parata* (vedi **Nota 3**)

✕ Passo incrociato (piede dx), passo obliquo (piede sx), punta al fianco destro (vedi **Nota 4**)

🗡 Parata, punta al fianco sinistro (vedi **Nota 5**)

✕ Passo obliquo (piede dx), parata verso il proprio lato sinistro (vedi **Nota 6**)

✕ Passo avanti (piede sx), punta al volto portando la mano destra davanti alla sinistra (vedi **Nota 6**)

✕ Passo indietro (piede sx), punta (vedi **Nota 7**)

✕ Passo indietro (piede dx), andare in (vedi **Nota 8**)

🛡 Guardia di picca o lanciotto versione larga (piede sx avanzato, vedi **Nota 8**)

Nota 1: il testo recita quanto segue: *"...e sì li tirerai de una lancionata sopra mano per la facia, la quale fermerà a posta ferma, perché lui te tire..."*

È possibile asserire che la *lancionata sopra mano* venga sferrata a mo' di provocazione per fare sì che l'avversario, vedendosi minacciato, esegua una prima parata e poi tenti un colpo di risposta: *"...ma sappi che tirandote lui la resposta..."*

La punta sopra mano viene sferrata facendo scorrere l'asta nella mano sinistra avanzata; difatti, quando si esegue la parata, si riporta la mano nella posizione iniziale (volendo, con una presa leggermente più larga per facilitare sia la parata che il colpo successivo eseguito da una distanza inferiore, alla luce dei passi compiuti nel frattempo): *"...pigliando in tal passare el tuo Lanciotto con la tua mano mancha..."*.

Per poter eseguire una buona risposta verso il fianco destro dell'avversario, tenendo l'asta con entrambe le mani e portandola sul proprio lato sinistro, cambiare impugnatura con la mano sinistra, portando il pollice verso il pedale e il mignolo verso la punta dell'arma (il che potrebbe essere una spiegazione del testo). Una possibile interpretazione alternativa è che in questa fase si brandisca la picca con la sola mano sinistra, soluzione che renderebbe più semplice spostarla da una parte all'altra, ma che convince poco date le dimensioni raguardevoli dell'arma.

Nota 2: sebbene non venga descritta nel testo, a rigor di logica, la parata viene eseguita urtando l'asta avversaria e spostandola verso il proprio lato sinistro, per poi abbassare la punta dell'arma e rispondere.

Nota 3: sulla parata dell'avversario, anticipandone la risposta e compiendo un passo obliquo con il piede sinistro, si esegue una cavazione e probabilmente si urta l'arma del nemico verso il proprio lato destro, eseguendo quindi una *parata di contro*: *"...tu camufferai il tuo Lanciotto per de sotto al suo, passando in tal tempo de camuffare della tua gamba mancha verso le tue parte manche, per traverso, pigliando in tal passare el tuo Lanciotto con la tua mano mancha..."*

In questo modo si porta la punta della propria arma sul lato destro scoperto dell'avversario.

In alternativa, la presunta *parata di contro* potrebbe essere invece una *cavazione*, seguita dalla chiusura della linea di attacco dell'avversario, impedendo così che quest'ultimo sferri qualsivoglia colpo in risposta. Come già sottolineato nella Nota 1 eseguendo la cavazione si ripristina l'impugnatura iniziale sull'asta.

Nota 4 la sequenza procede facendo nuovamente scorrere l'asta nella mano sinistra e ferendo il fianco destro dell'avversario, mentre con un passo incrociato del piede destro e un ulteriore passo del sinistro ci si porta sul suo lato destro: *"...non fermando che tu li traghi de una lanciata per lo fianco dritto con la detta tua mano mancha , passando della gamba dritta, e mancha forte inanci verso le sue dritte parte..."*

Nota 5: il colpo sferrato in precedenza ha la peculiarità di scoprire il fianco sinistro. Inoltre, se l'avversario avesse parato verso il proprio lato sinistro con una parata diretta, quello stesso lato sarebbe esposto alla risposta avversaria più normale e diretta. Il che è altamente probabile trattandosi della reazione più semplice e naturale, anche se non viene specificato nel testo (l'autore potrebbe darlo per scontato): *"...e se alhora il tuo nimico te tirasse a quelle parte manche che seranno descoperte..."*

In alternativa, l'avversario potrebbe aver eseguito una *difesa di misura* per poi riguadagnare velocemente la stessa e sferrare il colpo.

Nota 6: il testo recita quanto segue:

"...tu la urterai con la detta tua Picha, overo Lanciotto in fuora, verso le tue parte manche, passando in tempo del detto urtare con la tua gamba dritta inanci verso le tue parte dritte, buttando la tua mano dritta dinanci della mancha..."

La struttura della frase è abbastanza criptica e può dare adito ad interpretazioni errate. Al fine di guidare il lettore verso la corretta interpretazione, l'azione andrebbe ricostruita nel seguente modo:

1. si para il colpo avversario verso il proprio lato sinistro: *"...tu la urterai con la detta tua Picha, overo Lanciotto in fuora, verso le tue parte manche, (...) buttando la tua mano dritta dinanci della mancha..."*
2. si esegue un passo obliquo con il piede destro, in modo da togliere il bersaglio dalla traiettoria del colpo: *"...passando in tempo del detto urtare con la tua gamba dritta inanci verso le tue parte dritte..."*
3. si esegue un cambio di impugnatura sull'asta, portando in posizione avanzata la mano destra arretrata: *"...buttando la tua mano dritta dinanci della mancha..."*
4. con un passo avanti del piede destro, si sferra un colpo di punta al volto e si esegue una parata e risposta: *"...in un medesimo tempo, tu li tirerai passando con la tua gamba mancha inanci de una lanciata per la facia..."*

Nota 7: il colpo di punta viene eseguito non solo arretrando, ma portando la mano destra avanzata dietro alla sinistra che si trova presso il calcio dell'arma; entrambe le mani sono in posizione arretrata (con la destra dietro alla sinistra) permettendo un colpo di punta con un allungo considerevole: *"...non te fermando per tuo reparo che tu camuffi la tua mano dritta de drieto della mancha al pedale, e sì tirerai una lancionata, fugiendo della tua gamba mancha indrieto, per modo che tu serai con la tua gamba dritta inanci..."*

Nota 8: al fine di agiarsi nella guardia di arrivo, oltre a dover compiere un ulteriore passo indietro, è necessario ripristinare l'impugnatura canonica sull'asta, spostando la mano sinistra in posizione avanzata e lasciando la destra più vicina al calcio: *"...io voglio che tu adesso sie paciente, tu butterai la detta tua gamba dritta de drieto della mancha e sì piglierai con la tua mano mancha, e lanciotto al luoco suo: cioè dinanci dalla dritta, e li darai el galon mancho discoperto al tuo inimico, tenendo la ponta del lanciotto a terra fermo, e lì aspetterai che lui te tire al detto tuo galon mancho..."*

L'autore avvisa di tenere la punta verso terra nella versione larga della guardia.

3.2.4 TERZA PARTE – T3

A seguito di un attacco esterno al fianco sinistro, lasciato volutamente scoperto, ci si difende con un particolare tipo di parata eseguita alzando l'arma indietro sopra la testa e spostando il colpo sul medesimo lato, in modo che la punta dell'arma si trovi dietro la propria schiena; questo dà modo di eseguire una rotazione sulla gamba sinistra mentre si avanza con la destra e si cambia impugnatura sull'asta della propria arma, portando la mano destra avanti in modo da poter ferire l'avversario dove scoperto, oppure andare alle prese. Si torna indietro con un molinello di copertura eseguito con la mano sinistra, dopo il quale la mano destra torna indietro disponendosi nella guardia di partenza.

T3	***Tertia parte.*** *Tu sai che in tella seconda parte, io te feci tornare della tua gamba dritta de drieto della mancha, con la ponta del tuo lanciotto fermo a terra, aciochè tu fussi paciente, maxime s'el tuo nimico te tirasse a quello galon mancho che io te dissi in la detta seconda parte del precedente come io credo veramente che lui tirerà, ma preponiamo che lui tire al sopradetto galon mancho, tu alciarai le bracie tue al'aera tutte due de sopra dalla testa al'indrieto urtando del Lanciotto tuo in la botta sua de drieto alla tua schina piegandote in su la detta schiena e testa indrieto, e 'l corpo al'inanci per modo che a questo modo tu parerai la lancionata che lui haverà tratto, e presto in tel tempo che tu farai el ditto parato tu butterai la tua gamba dritta inanci forte pirlando in su la mancha con la mano dritta tua dinanci da la mancha presto buttandola a megio al tuo detto lanciotto, & questo modo el tuo nimico non potrà fugire che tu non li dagi a lui percossa, o vorrai andare con lui alle strette, ma nota che se tu non volissi andare con lui alle dette strette, tu te tirerai dui, o tri passi indrieto, con la tua gamba dritta e mancha fugiendo voltando el tuo lanciotto con la tua mano mancha sopra da la testa, e in tal voltare tu lo pigliarai con la man dritta al pedale al luoco suo & de qui tu puoi essere agiente e paciente secondo che l'acaderà.*

INTERPRETAZIONE

- Guardia di picca o lanciotto versione larga (piede sx avanzato, **vedi Nota 1**)

- Punta al fianco sinistro

- Parata alta verso sinistra dietro alla propria schiena (vedi **Nota 2**)

- Passo avanti (piede dx), mano DESTRA – lasciare la parte posteriore dell'asta e impugnarla a circa metà davanti alla mano sinistra, colpire a piacimento ***Oppure*** *andare alle strette* (vedi **Nota 3**)

- Due o tre passi indietro, andare in (vedi **Nota 4**)

- Guardia di picca o lanciotto versione larga (piede sx avanzato, vedi **Nota 4**)

Nota 1: si tratta della versione larga della guardia, eseguita tenendo la punta verso il basso:

"...Tu sai che in tella seconda parte, io te feci tornare della tua gamba dritta de drieto della mancha, con la ponta del tuo lanciotto fermo a terra, aciochè tu fussi paciente..."

Nota 2: il testo descrive minuziosamente come eseguire la parata:

"...tu alciarai le bracie tue al'aera tutte due de sopra dalla testa al'indrieto urtando del Lanciotto tuo in la botta sua de drieto alla tua schina piegandote in su la detta schiena e testa indrieto, e 'l corpo al'inanci per modo che a questo modo tu parerai la lancionata che lui haverà tratto..."

Alzando le braccia in alto, sopra la testa e all'indietro, inarcando la schiena e portando avanti il corpo, si esegue un vero e proprio "arco dorsale" in modo da parare il colpo verso sinistra, con la punta dell'arma avversaria dietro alla propria schiena.

Nota 3: il testo recita quanto segue:

"...e presto in tel tempo che tu farai el ditto parato tu butterai la tua gamba dritta inanci forte pirlando in su la mancha con la mano dritta tua dinanci da la mancha presto buttandola a megio al tuo detto lanciotto..."

Non si tratta della *pirlata* (*inquartata*) canonica della Scuola Bolognese, ma di un particolare tipo di passo avanti del piede destro arretrato, eseguito facendo perno sul sinistro avanzato. Da qui nasce l'utilizzo del verbo *pirlare* a cui il testo fa riferimento. Così facendo, portando la mano destra in posizione avanzata a metà dell'asta e cambiando tipo di impugnatura, si può colpire l'avversario a piacimento in base a dove si trovi scoperto, oppure *andare alle strette*.

Nel secondo caso, l'autore non specifica come comportarsi né che tipo di presa eseguire. La pratica in sala dimostra che, se ben eseguito, al termine del passeggio ci si troverà sul lato sinistro dell'avversario; sarà quindi più conveniente lavorare su quel lato.

Nota 4: nel caso in cui si decida di non *andare alle strette* (questo aspetto può essere motivato da un'infinità di ragioni: da una posizione finale svantaggiosa fino alla stazza dell'avversario), l'autore suggerisce di compiere qualche passo indietro e, facendo volteggiare l'arma sopra la testa, ripristinare la posizione canonica sull'asta con la mano destra arretrata ed in prossimità del calcio:

"...ma nota che se tu non volissi andare con lui alle dette strette, tu te tirerai dui, o tri passi indrieto, con la tua gamba dritta e mancha fugiendo voltando el tuo lanciotto con la tua mano mancha sopra da la testa, e in tal voltare tu lo pigliarai con la man dritta al pedale al luoco suo & de qui tu puoi essere agiente e paciente secondo che l'acaderà...".

L'inizio della tecnica successiva chiarisce che la guardia finale, a cui questo capitolo fa riferimento, è con la punta bassa verso terra; si tratta quindi della seconda versione della guardia di picca o lanciotto, simile a una Porta di Ferro Larga versione sinistra, con mano sinistra e piede sinistro avanzati.

3.2.5 QUARTA PARTE & ULTIMA – T4

Sequenza conclusiva della disciplina dove, a seguito di un colpo di punta dell'avversario, si esegue una particolare azione schivando il colpo ed interponendo l'asta della arma, mentre a propria volta si sferra una punta sopra mano ai fianchi.

<table>
<tr><td>T4</td><td>Quarta parte & ultima

Addonque essendo assettato con la tua gamba mancha inanci, scontro al tuo inimico, de qui voglio che tu sie paciente: cioè tu liverai el tuo lanciotto con la ponta da terra driciandola al dritto del petto del nimico stagando con l'occhio aperto, perché tragandote lui botta alcuna tu passarai della tua gamba mancha, & dritta inanci per traverso verso le sue parte manche, e in questo passare de gamba mancha, e dritta tu li darai de una lancionata per li fianchi sopra mano con uno squillo drieto, e per tuo reparo tu butterai la detta gamba dritta de drieto uno gran passo della mancha, e sì te assetterai pure con la tua gamba, e mano mancha inanci ben polito, perché tirandote lui resposta alcuna drieto, tu sai ben che gli è sempre el suo parato, & imperò per questo respetto io farò fine al detto gioco, overo combattere del lanciotto, overo picha.</td></tr>
</table>

INTERPRETAZIONE

- Guardia di picca o lanciotto versione larga (piede sx avanzato, vedi **Nota 1**)
- Alzare la punta dell'arma nella direzione dell'avversario passando alla
- Guardia di picca o lanciotto versione stretta (piede sx avanzato, vedi **Nota 1**)
- Colpo di punta (vedi **Nota 2**)
- Accrescere incrociato (piede sx), passo obliquo (piede dx), punta sopra mano ai fianchi, *squillo* (piede sx, vedi **Nota 3**)
- Passo indietro (piede dx), andare in
- Guardia di picca o lanciotto versione stretta (piede sx avanzato)

Nota 1: alzando la punta, si passa dalla versione larga della guardia (con piede sinistro e mano sinistra avanzati) alla versione canonica stretta (con piede sinistro e mano sinistra avanti), eseguita tenendo la punta alla presenza dell'avversario:

"...tu liverai il tuo lanciotto con la ponta da terra driciandola al dritto del petto del nimico..."

Nota 2: viene descritto un colpo di punta generico:

"...tragandote lui botta alcuna...".

Nota 3: il testo recita quanto segue:

"...tu passarai della tua gamba mancha, & dritta inanci per traverso verso le sue parte manche, e in questo passare de gamba mancha, e dritta tu li darai de una lancionata per li fianchi sopra mano con uno squillo drieto..."

La sequenza è particolarmente artificiosa e deve essere scomposta per poterla eseguire correttamente:

1. mentre l'avversario sferra il colpo di punta, si esegue un accrescere incrociato in maniera da uscire dalla traiettoria:

   "...tu passarai della tua gamba mancha (…) inanci per traverso verso le sue parte manche..."

2. in questa fase si sferra un colpo di punta sopra mano ai fianchi, in maniera da interporre l'asta della propria arma alla traiettoria del colpo avversario:

   "...tu li darai de una lancionata per li fianchi sopra mano...".

3. si prosegue completando il passeggio con un passo obliquo del piede sinistro, in maniera da poter colpire agevolmente il fianco dell'avversario:

   "...e in questo passare de gamba (…) dritta tu li darai de una lancionata per li fianchi sopra mano..."

4. la sequenza si conclude con il seguente passaggio:

   "...con uno squillo drieto..."

Non è ben chiaro cosa si intenda qui con il termine *squillo*. Un'ipotesi è che si possa trattare di una sorta di rapido seguito, effettuato con il piede sinistro arretrato. In alternativa, potrebbe trattarsi di una piccola rotazione verso l'esterno del piede arretrato, eseguita facendo perno sulla punta del piede stesso; un movimento non troppo dissimile da quello utilizzato nella boxe per imprimere forza al colpo. In questo caso, dato che si sta sferrando una punta sopra mano con un'arma che può raggiungere una notevole lunghezza, lo scopo è quello di fornire stabilità e controllo.

Capitolo 4: Achille Marozzo – Dello abattimento de Spedo da persona a persona

4.1 TRASCRIZIONE

ABATIMENTO DE SPIEDO

Cap.183 Dello abattimento de Spedo da persona a persona.

Prima Parte.

HOra guarda che io te componero uno abatimento de spiedo breve, e galante, e sera utile, si che adonque tu farai in lentrata del stechato una legiadra reverentia con la ta gamba dritta a laude, e nome dello eterno idio, e della sua madre vergine Maria, e con altre parole come ate parera, voltandote in fare de detta reverentia verso al signore del campo a uno tempo, levandate suso honestamente con animo ridendo piglierai il Spiedo in mano assettandote contra el nimico generosamente con la gamba tua mancha inance, el petto contra el detto voltando a lui, ma con la facia tu guardarai indrieto tenendo la ponta del tuo spiedo a terra, e le tue mane a luoco consueto, e cossi starai per fino a tanto che la Trombetta sona, sapendo tu che la facia voltata alcontrario d'lo nimico, io el face per questo affetto, che tu non fusse con parole incantato. Adonque sentendo la Trombetta tu te nanderai balciando contra altuo inimico assettato con gratia tu te metterai al contrasto, de lui con la gamba tua mancha inanci, animosamente, e qui aspetterai che lui tire una spiedatta, o d'alto, o da basso sempre guardando con lochio iocondo al Spiedo del nimico: cioe al ferro suo galante e polito.

Seconda Parte.

ADonque essendo scontro le tuo inimico armato, o disarmato tu te aressetterai con la tua gamba mancha inanci come disopra dissi sapendo tu che in questo luocho tu poi essere agiente, e paciente secondo che la cadera, ma per questo principio tu serai paciente in aspettare el nimico che te tire d'una spedata per li fianchi, o per la facia, ma volendo tu che lui habia causa licita de tirarte alla detta facia, tu piegarai el spiedo tuo un poco verso le tue parte dritte, e le corne del sopradetto sempre tignendone una alinsuso volta, e laltra aligioso, al contrario luna de laltra, e cossi apetterai el detto inimico che tire prima di te.

Tertia Parte.

HOra guarda che tragandote lui alla supradetta facia, tu parerai buttando la tua gamba mancha un poco inanci, e la dritta li acocerai de drieto, spingiendo lo spiedo del nimico forte verso le tue parte manche, tirando el detto un poco a te, ma sappi che in el tirare del detto tuo spiedo, tu li darai crescendo della tua gamba mancha de una spedata in te la tempia mancha, o in lo fianco suo detto non telassando mai scappare el spiedo tuo de mano alcuna, e fatto che tu haverai el detto ferire tu te arassetterai tirandote dui passi indrieto per tuo areparare in tella Guardia de prima.

Capitolo 4: Achille Marozzo –
Dello abattimento de Spedo da persona a persona

Quarta Parte.

TU sai che in nella precedente parte tu rimanesti con la gamba tua mancha inanci. Adonque de qui serai agiente in atrovare el nimico de una spedata per lo bracio suo il quale havera lui inanci arecogliendo subito la gamba tua mancha apresso della destra, e li tragandotte lui la resposta el tuo nimico ,tu butterai la tua gamba dritta per traverso forte verso le sue parte manche, e li tirerai una spedata sopra mano o sotto in la facia, o dove a te parera a lui seguendo in lo detto tirare la gamba tua mancha de drieto a luoco suo alla destra, ma presto per tuo reparo tu butterai la tua gamba dritta, e mancha, e dritta in drieto arecogliendote in tale buttare il spiedo tuo in mano, e voltegiando inverso le parte manche del tuo inimico, e qui lo aticiarai assettandote in questa tertia parte con lo pie dritto per traverso verso le parte manche del sopradetto.

Quinta Parte.

SApendo tu che in nella tertia parte tu rimanisti con la gamba dritta per traverso. Adonque per discoperta tu darai al tuo nimico le parte manche facendo tu el gioco largo a lui de quella sopradetta parte discoperta tenendo tu la sagacita tua con lochio aperto, perche tragandote lui a le dette bande tue manche tu crescerai parando della forbice dello spiedo tuo della tua gamba mancha inanci, & urtando forte lo spiedo del nimico verso le tue parte manche passando in questo medesimo urtare della tua gamba dritta verso le parte manche del nimico, e li darali del calzo del tuo spiedo in nella facia, e venirai alle prese se ate piacera, ma non volendo venire alle dette prese tu cacerai in el passare della detta tua gamba dritta mano alla spada tua, o vero pugnale, e si li darai al tuo nimico de uno roverso per le gamba, o vorrai una ponta per li fianchi non abandonando mai el spiedo tuo con la mano mancha, & a uno tempo se a te parera de havere el meglio tu lassarai el spiedo tuo, e pigliarai el suo essendo tu piu forte de lui, tu anderai alle prese con lui, e non essendo piu forte del detto fatto che tu haverai el debito tuo tu livarai uno salto allo indrieto tirandote, e arassettandote con lo spiedo tuo come te dissi in nella prima parte, e li te daro el modo, e la via di venire alle prese se a te parera, quanto che no, io te daro el modo de diffenderte da uno che volesse con te venire alle dette prese, siche per questo non havere paura, e starai atento.

Sexta & ultima parte.

Notificandote che in nella quarta parte tu rimanisti con la gamba mancha inanci, ma adonque le da considerare in questa sesta, & ultima parte del precedente quale e piu forte stare, o con lo pie dritto, o con lo mancho inanci, ma per tanto in questo dubio la oppinione mia tengo che essendo tu dritto, & operando el spiedo con la mano mancha ianci, che tu debbi tenere per piu fortezza la detta gamba mancha inanci, perche se tu non sapesse la cagione te la chiariro, che tutta volta che uno tenera el spiedo con la man dritta sua dinanci verso el ferro per sua piu comoditade e fortecia de tenere anchora la medesima gamba, e sel tegnita per lo contrario lui debbe tenere per lo contrario anchora el piede, maxime se la mano dritta sera dinance, anchora li sera la gamba, e cossi se la gamba mancha sera dinance dalla dritta, anchora li serala detta man mancha, maxime per volere fare presa, o per vetare presa al tuo nimico, ma se tu volesse fare presa facilmente tu li andarai con questi parati che tu trovarai qui in questo el modo, de intrare, e de uscire delle dette prese.

Adonque essendo con la gamba mancha inanci tu starai atento, che volendo tu andare alle prese con el tuo inimico tu te inscontrarai con el tuo ditto inimico a forbisa per forbisa storciando le mane tue al contrario di quelle del ditto inimico per modo che lui non possa tirare el sipedo suo assi,e faciendo tu questo, tu potra affondarlo a terra, o voi alciarlo alinsuso, o da lato, e potrai alhora andare con lui alle sopradette prese, ma se tu non volesse consentire alle prese del nimico ogni volta che lui vorra inforchare el spiedo suo con el tuo, alhora tu camuffalo tirandolo uno poco a te, e poi rispondeli de una spedata, ma se lui te cargasse forte adosso per farte perdere terreno, o per sforciarte alle prese, e tu alhora volteza verso le sue parte manche sempre con malicia de robarli qualche tempo, e lassalo tirare lui sempre prima de te, e se cossi farai egli sera pocho dubio de prese, notificandote, che in combattere de detto spiedo, o voi gioco, el non acade troppe cose, perche non se tira se non de ponta, e solo per questo effetto faremo fine al sopradetto combattere de spiedo, a homo per homo.

QUI SIE FINITO LO ABATIMENTO DEL SPIEDO, DA PERSONA A PERSONA:

FINIS.

LAUS DEO.

AMEN.

4.2 Disamina delle Tecniche

4.2.1 Guardie

Nella disciplina del combattimento con lo spiedo vengono descritte ed impiegate due guardie.

Nella Sesta e ultima parte, dove vengono fornite alcune regole generali sottoforma di consigli che riguardano il combattimento con quest'arma, l'autore sostiene sia più conveniente avere il piede sinistro avanzato quando la mano sinistra impugna l'asta in posizione avanzata (posizione usuale più per il destrorso che non per il mancino), e viceversa:

> *"...quale è più forte stare, o con lo piè dritto, o con lo mancho inanci, ma pertanto in questo dubio la oppinione mia tiengo che essendo tu dritto, & operando el spiedo con la mano mancha inanci, che tu debbi tenere per più forteza la detta gamba mancha inanci, perché se tu non sapesse la cagione te la chiarirò, che tutta volta che uno tenerà el spiedo con la man dritta sua dinanci verso el ferro per sua più comoditade e fortecia de tenere anchora la medesima gamba, e s.el tegnita per lo contrario lui debbe tenere per lo contrario anchora el piede, maxime se la mano dritta serà dinance, anchora lì serà la gamba, e cossì se la gamba mancha serà dinance dalla dritta, anchora lì serà detta man mancha..."*

È quindi ipotizzabile che l'autore reputi più efficace la Prima Guardia rispetto alla Seconda; inoltre non è possibile escludere l'uso di una Terza Guardia, speculare alla prima, con piede e mano destra in posizione avanzata, ma non descritta nel trattato.

4.2.1.1 Prima Guardia di Spiedo

Si arriva in questa guardia dopo aver eseguito un'*Entrata a Gioco* particolare, descritta nella Prima Parte del capitolo 183.

In realtà, in questa parte, viene detto ben poco che permetta di ricostruire la postura corretta della guardia; il testo si limita a descrivere quanto segue:

> *"...tu te metterai al contrasto de lui con la gamba tua mancha inanci, animosamente, e qui tu aspetterai che lui tire una spedatta, o d'alto, o da basso sempre guardando con lochio iocondo al Spiedo del nimico: cioè al ferro suo galante e polito..."*

Grazie al consiglio citato precedentemente, e descritto nella parte finale della disciplina, è possibile dedurre che la mano sinistra impugni l'asta in posizione avanzata e la destra sia presso il calcio; una conferma in tal senso viene fornita anche dalla tavola illustrata presente nel trattato. Inoltre, a circa metà della *Prima Parte*, il testo riporta il seguente passaggio, con l'ovvio riferimento a quanto descritto nelle discipline precedenti: *"...le tue mane a luoco consueto..."*

Riassumendo, il piede sinistro è in posizione avanzata, il braccio destro è flesso e forma un angolo di circa 90°, in cui mano e spalla si trovano pressappoco alla stessa altezza. La mano destra impugna l'asta in prossimità del calcio, con il palmo rivolto verso terra. Il braccio sinistro è ben attillato davanti alla figura e la mano corrispondente è presso la metà dell'asta, con il palmo rivolto verso l'alto. Il busto è leggermente profilato verso sinistra.

A differenza di quanto visto nelle discipline precedenti di partigiana e di picca o lanciotto, sebbene l'arma sia davanti alla figura, il testo descrive solo una versione *larga* della guardia, ovvero con la punta rivolta verso terra e un invito ottenuto spostando la lama verso la propria destra. I rebbi dello spiedo, definiti *corne* nel testo, sono perpendicolari al terreno, per evitare che vengano facilmente intrappolati da parte dell'avversario: *"...le corne del sopradetto sempre tignendone una alinsuso volta, e laltra alingioso, al contrario luna de laltra..."*

Agiati in Prima Guardia, si potrà essere pazienti (T3) parando i colpi dell'avversario, oppure agenti (T2) attaccando di punta.

Marozzo - I Guardia di spiedo

4.2.1.2 Seconda Guardia di spiedo

Nella Seconda Guardia non si è più allineati sulla linea direttrice, bensì spostati verso il lato sinistro dell'avversario *"...con lo piè dritto per traverso verso le parte manche del sopradetto..."*

Sebbene il piede destro si trovi in posizione avanzata, a differenza di quanto consigliato nella parte conclusiva della disciplina, è ancora la mano sinistra a impugnare l'asta a circa metà della lunghezza, mentre la destra è arretrata presso il calcio.

Lo spiedo è davanti alla figura, la lama spostata verso la propria destra con i rebbi perpendicolari al terreno, in maniera da evitare che vengano intrappolati dall'avversario.

Agiati in Seconda Guardia, si potrà essere pazienti (T3) parando i colpi dell'avversario.

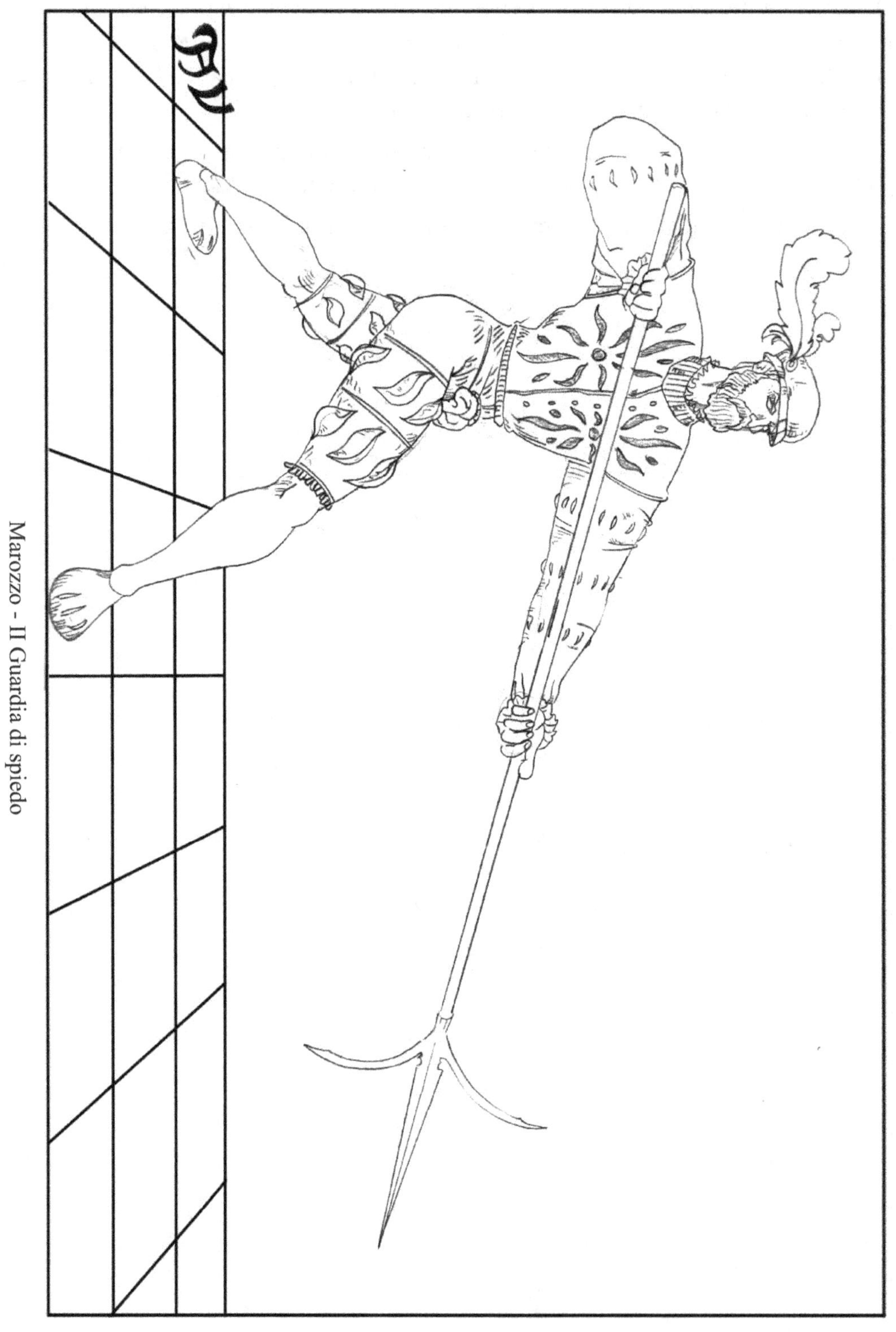
Marozzo - Il Guardia di spiedo

4.2.2 PARTE PRIMA: ENTRATA A GIOCO (EaG)

Sebbene si sia scelto di codificare questa parte come un'*Entrata a Gioco*, in realtà il testo descrive non tanto una serie di azioni atte a mostrare l'abilità nella disciplina, bensì il corretto modo di entrare nello steccato del duello e in che maniera comportarsi. Da questa parte si deducono aspetti e usanze che caratterizzavano un duello pubblico nel '500 italiano.

Il primo saluto, *"...a laude, e nome dello eterno idio, e della sua madre vergine Maria..."*, da eseguirsi tramite *leggiadra reverentia*, era rivolto al *signore del campo* (probabilmente colui che aveva concesso campo franco per il regolare svolgimento del duello).

Non si entrava armati nello steccato, le armi dovevano già trovarsi al suo interno, probabilmente poste al suolo dato che una volta eseguito il saluto si doveva, *"...con animo ridendo..."*, prendere lo spiedo in mano.

Peculiare, se non addirittura folkloristico, il suggerimento di agiarsi in guardia con il petto verso l'avversario ma la faccia rivolta all'indietro; questo per non essere distratti o, peggio, abbindolati da eventuali discorsi o possibili "incantesimi" (ai quali Marozzo fa riferimento nel Quinto Libro): *"...el petto contra al detto voltando a lui, ma con la facia tu guardarai indrieto (...) sapendo tu che la facia voltata al contrario de lo nimico, io el face per questo affetto, che tu non fusse con parole incantato..."*

Viene dunque suggerito di rimanere in quella posizione fintanto che, tramite uno squillo di tromba, non venga dato il segnale d'inizio: *"...e cossì starai per fino a tanto che la Trombetta sona (...) Adonque, sentendo la Trombetta tu te anderai balciando contra al tuo inimico..."*

In chiusura viene indicato di agiarsi nella Prima Guardia di spiedo con il piede sinistro in posizione avanzata, dalla quale si attenderà che l'avversario attacchi, prestando attenzione alla sua arma: *"...tu te metterai al contrasto de lui con la gamba tua mancha inanci, animosamente, e qui tu aspetterai che lui tire una spedatta, o d'alto, o da basso sempre guardando con lochio iocondo al Spiedo del nimico: cioè al ferro suo galante e polito..."*

EaG	***Prima parte.*** *Hora guarda che io te componerò uno abatimento de spiedo breve, e galante, e serà utile, sichè adonque tu farai in lentrata del stechato una leggiadra reverentia con la tua gamba dritta a laude, e nome dello eterno idio, e della sua madre vergine Maria, e con altre parole come a te parerà, voltandote in fare de detta reverentia verso al signore del campo a uno tempo, levandate suso honestamente con animo ridendo pigliarai il Spiedo in mano assettandote contra el nimico generosamente con la gamba tua mancha inance, el petto contra al detto voltando a lui, ma con la facia tu guardarai indrieto tenendo la ponta del tuo spiedo a terra, e le tue mane a luoco consueto, e cossì starai per fino a tanto che la Trombetta sona, sapendo tu che la facia voltata al contrario de lo nimico, io el face per questo affetto, che tu non fusse con parole incantato. Adonque, sentendo la Trombetta tu te anderai balciando contra al tuo inimico assettato, con gratia tu te metterai al contrasto de lui con la gamba tua mancha inanci, animosamente, e qui tu aspetterai che lui tire una spedatta, o d'alto, o da basso sempre guardando con lochio iocondo al Spiedo del nimico: cioè al ferro suo galante e polito.*
	INTERPRETAZIONE
✕	Andare in
🛡	Prima Guardia di spiedo (piede sx avanzato

4.2.3 SECONDA E TERZA PARTE – T1

La prima sequenza racchiude i brani che il trattato indica come Seconda e Terza Parte, che riportano come eseguire l'invito corretto affinché l'avversario *"...habia causa licita de tirarte alla (…) facia..."* (T1.1) e la sequenza vera e propria (T1.2).

Relativamente a quest'ultima, viene descritta una *parata e risposta* nella quale, dopo la parata, si tira leggermente indietro il proprio spiedo per evitare che venga trattenuto dai rebbi dell'arma avversaria.

T1.1	***Seconda parte.*** *Adonque essendo scontro el tuo inimico armato, o disarmato tu te aressetterai con la tua gamba mancha inanci come di sopra disse sapendo tu che in questo luocho tu poi essere agiente, e paciente secondo che lacaderà, ma per questo principio tu serai paciente in aspettare el nimico che te tire d'una spedata per li fianchi, o per la facia, ma volendo tu che lui habia causa licita de tirarte alla della facia, tu piegarai el spiedo tuo un poco verso le tue parte dritte, e le corne del sopradetto sempre tignendone una alinsuso volta, e laltra alingioso, al contrario luna de laltra, e cossì aspetterai el detto inimico che tire prima di te.*

INTERPRETAZIONE

 Prima Guardia di spiedo (piede sx avanzato, vedi **Nota 1**)

Nota 1: viene spiegato come eseguire l'invito corretto in modo che l'avversario sferri una *spedata* alla faccia.

Per fare questo basterà spostare ulteriormente l'arma verso il proprio lato destro, mantenendo la punta rivolta a terra:

"...per questo principio tu serai paciente in aspettare el nimico che te tire d'una spedata per li fianchi, o per la facia, ma volendo tu che lui habia causa licita de tirarte alla della facia, tu piegarai el spiedo tuo un poco verso le tue parte dritte..."

<table>
<tr><td rowspan="2">**T1.2**</td><td>

Tertia parte.

Hora guarda che tragandote lui alla supradetta facia, tu parerai buttando la tua gamba mancha un poco inanci, e la dritta li acocerai de drieto, spingiendo lo spiedo del nimico forte verso le tue parte manche, tirando el detto un poco a te, ma sappi che in el tirare del detto tuo spiedo, tu li darai cresendo della tua gamba mancha de una spedatta in te la tempia mancha, o in lo fianco suo detto non te lassando mai scappare el spiedo tuo de mano alcuna, e fatto che tu haverai el detto ferire tu te arassetterai tirandote dui passi indrieto per tuo areparare in tella Guardia de prima.

</td></tr>
</table>

INTERPRETAZIONE

- Prima Guardia di spiedo (piede sx avanzato)

- Colpo di punta alla faccia

- Accrescere (piede sx), parata verso il proprio lato sinistro, tirare indietro il proprio spiedo (vedi **Nota 1**)

- Accrescere (piede dx), colpo di punta alla tempia sinistra **Oppure** al fianco sinistro (vedi **Nota 1**)

- Due passi indietro, andare in

- Prima Guardia di spiedo (piede sx avanzato)

Nota 1: l'azione è ben descritta, ma sarà di seguito scomposta nelle sue parti principali, al fine di renderla maggiormente fruibile:

1. mentre si esegue il primo accrescere con il piede sinistro, si effettua una parata spostando, in maniera decisa, la propria arma (e non quella dell'avversario, come chiarito subito dopo) verso il proprio lato sinistro. Nel momento in cui il piede destro arretrato viene portato avanti, in modo da recuperare la distanza *mezzana* oppure *stretta*, si dovrà tirare leggermente a sè la propria arma (e non quella dell'avversario, come potrebbe sembrare; l'azione viene chiarita subito dopo: *"…in el tirare del detto tuo spiedo…"*, e nella frase *"…tirando el detto un poco a te…"*, dove *el detto* si riferisce non allo spiedo dell'avversario appena nominato ma al proprio). Il movimento viene effettuato in questa maniera per evitare che le due armi si possano incastrare, rallentando o impedendo del tutto la risposta: *"…tu parerai buttando la tua gamba mancha un poco inanci, e la dritta li acocerai de drieto, spingiendo lo spiedo del nimico forte verso le tue parte manche, tirando el detto un poco a te…"*

   La seconda parte del passeggio viene descritta nel testo con *"…li acocerai de drietro…"*. Dato che da questa posizione si dovrà compiere un secondo accrescere con il piede sinistro, si consiglia di portare il piede destro a distanza *stretta;*

2. compiendo la seconda parte del passo con l'avanzamento del piede dx, si ferisce l'avversario alla tempia sinistra oppure al fianco, senza entrare in contatto con la sua arma:

   "…sappi che in el tirare del detto tuo spiedo, tu li darai cresendo della tua gamba mancha de una spedatta in te la tempia mancha, o in lo fianco suo detto non te lassando mai scappare el spiedo tuo de mano alcuna…"

4.2.4 QUARTA PARTE – T2

Il testo procede mostrando come, essendo agiati nella Prima Guardia di spiedo, si possa essere agenti sferrando un colpo al braccio che l'avversario tiene in posizione avanzata, retrocedendo e ritirando indietro il piede sinistro. Nel caso l'avversario eseguisse una *parata* (o *schivata*) e *risposta,* evitando il colpo con un passo obliquo e successivamente un seguito, ci si porterà sul lato sinistro avversario e, sferrando una punta al volto oppure al bersaglio scoperto, sopra mano o sotto mano si effettua un *tempo insieme.*

La sequenza termina sciogliendo misura, agiandosi in Seconda Guardia di spiedo.

T2	***Quarta parte*** *Tu sai che in nella precedente parte tu rimanesti con la gamba mancha inanci. Adonque de qui tu serai agiente in atrovare el nimico de una spedata per lo bracio suo il quale haverà lui inanci arecogliendo subito la gamba tua manca apresso della destra, e lì tragandote lui la risposta el tuo nimico, tu butterai la tua gamba dritta per traverso forte verso le sue parte manche, e li tirarai una spedata sopra mano o sotto in la facia, o dove a te parerà a lui seguendo in lo detto tirare la gamba tua mancha de drieto a luoco suo alla destra, ma presto per tuo reparo tu butterai la tua gamba dritta, e manca, e dritta indrieto arecogliendote in tale buttare il spiedo tuo in mano, e voltegiando inverso le parte manche del tuo inimico, qui lo aticiarai assettandote in questa tertia parte con lo piè dritto per traverso verso le parte manche del sopradetto.*

INTERPRETAZIONE

⬤ Prima Guardia di spiedo (piede sx avanzato)

✕ Colpo di punta al braccio avanzato dell'avversario (vedi **Nota 1**)

✕ Ritirare il piede (sx, vedi **Nota 1**)

⚔ Parata ***Oppure*** schivata, colpo di punta (vedi **Nota 2**)

✕ Schivata con passo obliquo (piede dx), punta sopra mano ***Oppure*** sotto mano alla faccia ***Oppure*** alle parti scoperte, seguito (piede sx, vedi **Nota 3**)

✕ Passo indietro (piede dx), passo indietro (piede sx), passo indietro (piede dx), andare in (vedi **Nota 4**)

⬤ Seconda Guardia di Spiedo (piede dx avanzato, vedi **Nota 4**)

Nota 1: dopo aver sferrato il colpo di punta al braccio avanzato dell'avversario, il testo suggerisce di raccogliere il piede sinistro presso il destro in posizione arretrata:

"...tu serai agiente in atrovare el nimico de una spedata per lo bracio suo il quale haverà lui inanci arecogliendo subito la gamba tua manca apresso della destra..."

Sebbene nella disamina l'azione sia stata riportata nel tempo successivo al colpo di punta, è possibile che l'inizio del passo venga eseguito già nell'ultima parte del tempo schermistico precedente, ovvero immediatamente dopo aver portato il colpo. Questo allontanamento permette di effettuare la schivata successiva. In genere, ritrarre il piede avanzato facendo seguire istantaneamente un passo avanti, oppure obliquo, di quello arretrato, viene definito *cammuffo di piedi.*

Nota 2: il testo recita quanto segue:

"...e lì tragandote lui la resposta el tuo nimico..."

Non viene menzionata alcuna parata; l'avversario potrebbe difendersi da questo attacco semplicemente tirando le braccia a sé, oppure togliendo rapidamente misura con un passo indietro. Il termine *resposta,* che potrebbe far pensare ad un'azione preceduta da una parata, nella Scuola Bolognese viene associato anche ad altre dinamiche (a tal proposito si veda C3).

In questa sede si è optato per indicare un'azione di parata, in quanto ritenuta più pertinente alla situazione proposta.

Nota 3: ai fini pratici, la punta va sferrata mentre si compie il passo obliquo con il piede destro; il colpo giunge a bersaglio mentre si effettua il seguito con il piede sinistro:

"...tu butterai la tua gamba dritta per traverso forte verso le sue parte manche, e li tirarai una spedata sopra mano o sotto in la facia, o dove a te parerà a lui seguendo in lo detto tirare la gamba tua mancha de drieto a luoco suo alla destra..."

Nel complesso si tratta di un *tempo insieme.*

Nota 4: la serie di passi indietro si esegue sul lato sinistro dell'avversario:

"...per tuo reparo tu butterai la tua gamba dritta, e manca, e dritta indrieto arecogliendote in tale buttare il spiedo tuo in mano, e voltegiando inverso le parte manche del tuo inimico..."

L'ultimo passo porta ad avere il piede sinistro in posizione avanzata; per agiarsi correttamente nella Seconda Guardia di spiedo sarà quindi necessario compiere un passo ulteriore (avanti o indietro), in modo da trovarsi con il piede destro in posizione avanzata.

4.2.5 QUINTA PARTE – T3

Si tratta di una sequenza articolata che prevede le seguenti varianti:

- o **T3 – V1**   Parata seguita da un colpo effettuato con il calcio dello spiedo al volto dell'avversario, andando successivamente *alle prese*;
- o **T3 – V2**   Parata seguita dall'estrazione dell'arma secondaria, con la quale effettuare un roverso alle gambe o una punta al fianco, andando successivamente *alle prese*;
- o **T3 – V3**   Parata seguita dall'estrazione dell'arma secondaria, con la quale effettuare un roverso alle gambe o una punta al fianco, togliendo misura successivamente con un salto indietro.

Relativamente alla corretta esecuzione, si rimanda il lettore alla disamina.

<table>
<tr><td rowspan="2">T3</td><td>

Quinta Parte

Sapendo tu che in nella tertia parte tu rimanisti con la gamba dritta per traverso. Adonque per discoperta tu darai al tuo nimico le parte manche facendo tu el gioco largo a lui de quella sopradetta parte discoperta tenendo tu la sagacità tua con lochio aperto, perché tragandote lui a le dette bande tue manche tu crescerai parando della forbice dello spiedo tuo della tua gamba mancha inanci, & urtando forte lo spiedo del nimico verso le tue parte manche passando in questo medesimo urtare della tua gamba dritta verso le parte manche del nimico, e lì darali del calzo del tuo spiedo in nella facia, e venirai alle prese se a te piacerà, ma non volendo venire alle dette prese tu cacerai in el passare della detta tua gamba dritta mano alla spada tua, overo pugnale, e si lì darai al tuo nimico de uno roverso per le gambe, o vorrai una ponta per li fianchi non abbandonando mai el spiedo tuo con la mano mancha, & a uno tempo se a te parerà de havere el meglio tu lassarai el spiedo tuo, e pigliarai il suo essendo tu più forte de lui, tu anderai alle prese con lui, e non essendo più forte del detto fatto che haverai el debito tuo tu livarai uno salto allo indrieto tirandote, e arassetandote con lo spiedo tuo come te dissi in nella prima parte, e lì te darò el modo, e la via di venire alle prese se a te parerà, quanto che no, io te darò el modo de diffenderte da uno che volesse con te venire alle dette prese, sichè per questo non havere paura, e starai atento.

</td></tr>
<tr><td align="center">**INTERPRETAZIONE**</td></tr>
</table>

T3 – V1

- Seconda Guardia di spiedo (piede dx avanzato, vedi **Nota 1**)
- Colpo di punta al lato sinistro
- Passo avanti (piede sx), parata verso il proprio lato sinistro (vedi **Nota 2**)
- Passo obliquo (piede dx), colpo con il calcio dell'arma alla faccia (vedi **Nota 3**)
- Andare *alle prese* (vedi **Nota 4**)

T3 – V2

- Seconda Guardia di spiedo (piede dx avanzato, vedi **Nota 1**)

- Colpo di punta al lato sinistro

- Passo avanti (piede sx), parata verso il proprio lato sinistro (vedi **Nota 2**)

- Passo obliquo (piede dx), mano SINISTRA – mantiene la presa sullo spiedo, mano DESTRA – estrae la spada o il pugnale, roverso alle gambe *Oppure* punta ai fianchi (**Nota 5**)

- Andare *alle prese* (vedi **Nota 6**)

T3 – V3

- Seconda Guardia di spiedo (piede dx avanzato, vedi **Nota 1**)

- Colpo di punta al lato sinistro

- Passo avanti (piede sx), parata verso il proprio lato sinistro (vedi **Nota 2**)

- Passo obliquo (piede dx), mano SINISTRA – mantiene la presa sullo spiedo, mano DESTRA – estrae la spada o il pugnale, roverso alle gambe *Oppure* punta ai fianchi (**Nota 5**)

- Salto indietro, andare in

- Prima Guardia di spiedo (piede sx avanzato)

Nota 1: avendo la massima cura nel restare vigili (*"...tenendo tu la sagacità tua con lochio aperto..."*), si deve fornire all'avversario un marcato invito al proprio lato sinistro, agiati in questa guardia: *"...Sapendo tu che in nella tertia parte tu rimanisti con la gamba dritta per traverso. Adonque per discoperta tu darai al tuo nimico le parte manche facendo tu el gioco largo a lui de quella sopradetta parte discoperta..."*

Nota 2: si esegue una parata spostando in maniera decisa l'arma avversaria verso il proprio lato sinistro e grazie alla forma dello spiedo, che il testo definisce *forbice* (la parte dell'arma che si trova tra la lama centrale e i rebbi laterali), si blocca l'arma avversaria mentre si compie un passo avanti: *"...tu crescerai parando della forbice dello spiedo tuo della tua gamba mancha inanci, & urtando forte lo spiedo del nimico verso le tue parte manche..."*

Sebbene il tempo schermistico che racchiude parata e passo sia uno solo, è di particolare importanza dare precedenza alla parata e iniziare il passo dopo aver avuto la certezza che la parata sia stata eseguita correttamente.

Nota 3: dopo aver parato il colpo dell'avversario verso sinistra avanzando con il piede destro, si compie un altro passo, questa volta obliquo verso destra, in modo da spostare ulteriormente l'arma avversaria verso il proprio lato sinistro; dunque si sferra un colpo al volto con il calcio del proprio spiedo: *"...passando in questo medesimo urtare della tua gamba dritta verso le parte manche del nimico, e lì darali del calzo del tuo spiedo in nella facia..."*

Nota 4: il testo suggerisce di andare *alle prese* a proprio piacimento: *"...venirai alle prese se a te piacerà..."*

Un suggerimento in tal senso viene fornito successivamente: *"...tu lassarai el spiedo tuo, e pigliarai el suo essendo tu più forte de lui, tu anderai alle prese con lui..."*

Nota 5: nel caso in cui l'avversario sia più forte (o per qualsiasi altro motivo), l'autore suggerisce di estrarre la spada oppure il pugnale e, invece di colpire l'avversario con il calcio dello spiedo, sferrare un roverso alle gambe oppure una punta al fianco: *"...ma non volendo venire alle dette prese tu cacerai in el passare della detta tua gamba dritta mano alla spada tua, overo pugnale, e si lì darai al tuo nimico de uno roverso per le gambe, o vorrai una ponta per li fianchi..."*

Mentre con la mano destra si estrae la seconda arma (probabilmente in base alle disponibilità dettata dalle regole del duello in essere), la mano sinistra mantiene la presa sullo spiedo: *"...non abbandonando mai el spiedo tuo con la mano mancha..."*

Nota 6: anche in questo caso il testo contempla la possibilità di andare alle prese, lasciando il proprio spiedo e afferrando quello dell'avversario con entrambe le mani.

4.2.6 SESTA & ULTIMA PARTE – C1, C2, C3, C4

La trattazione relativa al combattimento con lo spiedo si conclude con una serie di consigli generali.

<table>
<tr><td>C1</td><td>

Sesta & ultima parte.

Notificandote che in nella quarta parte tu rimanisti con la gamba mancha inanci, ma adonque le da considerare in questa sesta, & ultima parte del precedente quale è più forte stare, o con lo piè dritto, o con lo mancho inanci, ma pertanto in questo dubio la oppinione mia tiengo che essendo tu dritto, & operando el spiedo con la mano mancha inanci, che tu debbi tenere per più forteza la detta gamba mancha inanci, perché se tu non sapesse la cagione te la chiarirò, che tutta volta che uno tenerà el spiedo con la man dritta sua dinanci verso el ferro per sua più comoditade e fortecia de tenere anchora la medesima gamba, e sel tegnita per lo contrario lui debbe tenere per lo contrario anchora el piede, maxime se la mano dritta serà dinance, anchora lì serà la gamba, e cossì se la gamba mancha serà dinance dalla dritta, anchora lì serà detta man mancha, maxime per volere fare presa, o per vetare presa al tuo nimico, ma se tu volesse fare presa facilmente, tu li andarai con questi parati che tu troverai qui in questo el modo, de intrare, e de uscire delle dette prese.

</td></tr>
</table>

	INTERPRETAZIONE
✕	Assettandosi in una guardia con il piede sinistro avanzato, è più conveniente che sia la mano sinistra ad impugnare l'asta dell'arma, in posizione avanzata, a circa la metà della lunghezza; viceversa, posizionandosi in guardia con il piede destro avanzato, sarà la mano destra ad impugnare l'arma.

<table>
<tr><td>C2</td><td>

Adonque essendo con la gamba mancha inanci tu starai atento, che volendo tu andare alle prese con el tuo inimico tu te inscontrarai con el tuo ditto inimico a forbisa per forbisa storciando le mane tue al contrario di quelle del ditto inimico per modo che lui non possa tirare el spiedo suo assì, e faciendo tu questo, tu potrà affondarlo a terra, o voi alciarlo alinsuso, o da lato, e potrai andare con lui alle sopradette prese,

</td></tr>
</table>

	INTERPRETAZIONE
✕	Volendo andare alle prese, è conveniente intrappolare con i rebbi del proprio spiedo (*"...forbisa per forbisa..."*), quelli dell'arma avversaria, *"...storciando le mane tue al contrario di quelle del ditto inimico per modo che lui non possa tirare el spiedo suo assì..."*. Questa rotazione deve essere eseguita in maniera tale che, oltre ad impedire all'avversario di tirare verso di sé il proprio spiedo, si sia in grado di spingere quest'ultimo verso terra (*"...tu potrà affondarlo a terra..."*), alzarlo in alto (*"...o voi alciarlo alinsuso..."*) o spostarlo lateralmente *"...da lato..."*, nel modo più conveniente per andare alle prese.

C3	*ma se tu non volesse consentire alle prese del nimico ogni volta che lui vorrà inforchare el spiedo suo con el tuo, alhora tu camuffalo tirandolo uno poco a te, e poi rispondeli de una spedata,*

INTERPRETAZIONE

 Si tratta di una sorta di tecnica contraria al consiglio precedente. Nel caso in cui l'avversario tenti di intrappolare lo spiedo, come descritto nella C3, sarà sufficiente ritrarre l'arma come nella T1.2 (*"…tu camuffalo tirandolo uno poco a te…"*) per poi sferrare una punta (*"…e poi rispondeli de una spedata…"*).

C4	*ma se lui te cargasse forte addosso per farte perdere terreno, o per sforciarte alle prese, e tu alhora volteza verso le sue parte manche sempre con malicia de robarli qualche tempo, e lassalo tirare lui sempre prima de te, e se cossì farai egli serà pocho dubio de prese, notificandote, che in combattere de detto spiedo, o voi gioco, el non acade troppe cose, perché non se tira se non de ponta, e solo per questo effetto faremo fine al sopradetto combattere de spiedo, a homo per homo.*

INTERPRETAZIONE

Nel caso in cui l'avversario caricasse (o stringesse misura) con l'intenzione di andare alle prese, converrà eseguire un passeggio che porti in direzione del proprio lato destro; a tal proposito l'autore parla di *rubare il tempo*, ovvero compiere una qualsiasi azione in modo che sia possibile sferrare un attacco in mezzo tempo nei confronti dell'avversario mentre costui è intento ad attaccare (*uscita in tempo*):

"…con malicia de robarli qualche tempo…"

Inoltre conviene essere pazienti, al fine di evitare che l'avversario tenti di intrappolare lo spiedo come descritto in precedenza (*"…lassalo tirare lui sempre prima de te…"*).

Capitolo 5: Achille Marozzo – Dello abatimento della Roncha, da solo a solo

5.1 TRASCRIZIONE

ABATIMENTO DE RONCHA.

Cap.184 Dello abatimento della Roncha, da solo a solo.

Prima parte.

LE da notare che con la Roncha da persona a persona tu te assetterai con la tua gamba mancha inanci scontro al tuo nimico, e quivi la puoi pigliare a megio, o da capo come a te parera, ma pure diremo in prima che tenendola el tuo nimico a megio anchora tu la piglierai come lui, sapendo tu che la mano mancha va disotto dalla dritta verso el calzo della Roncha sopraditta, e quivi te attillerai aspettando el ditto nimico che te tire de una Ronchata de taglio per testa, o per gamba, ma prima tragandoti lui per la ditta gamba tu te reparerai buttando la gamba tua mancha uno gran passo de drieto alla tua dritta, e in tale buttare, tu li darai de uno fendente in su la testa, lassandote giucare, e stracore lasta della tua mano in modo che la mano mancha sera apresso del calzo tuo della sopraditta, e li sara accalata in porta de ferro larga, alhora harai la roncha tua a uno altro modo, e li aspetterai, perche tragandote lui de novo de sopra, tu te reparerai urtando della Roncha tua desotto insuso forte, e de lado un poco verso le parte manche del nimico, in tale urtare tu li tirerai del beco della ronca tua per la facia sua spingiendo, e aretornando a luoco tuo con una ponta, e li te assetterai aluoco tuo de prima con le tue mane al luoco sopraditto come prima io te dissi.

Seconda Parte

TU sai che nella prima parte tu rimanisti con la tua gamba mancha inanci adonque de qui le da vedere in che guardia el tuo nimico per che accadendo lui essere come tu la trovarai con una vista di fendente per la testa per metterlo in parato con la tua gamba dritta passando per lo dritto del tuo inimico, alhora parando lui alla ditta testa tu tirerai la Ronca un poco ate in modo che de fatto tu li darai de una ponta per lo petto, e in dare de ditta ponta per tuo reparo, tu tornarai la ditta gamba dritta a luoco suo col calzo della Roncha tua parando, e urtando de sotto, o de sopra come accadera respondendote lui de novo, & a questo mondo tu harai parato, e ferito, e retornato in la guardia tua de prima.

Terza Parte.

HOra guarda che in questa tertia parte aretrovandose el stuo nimico con la sua gamba mancha inanci come tu, le dibisogno a essere paciente, perche tragandote lui per testa de una roncata de taglio, tu te reparerai urtando col calzo de la roncha tua indentro forte verso le tue parte dritte, e in tale urtare, tu li darai del calzo della Roncha in te la facia fermo con la tua gamba mancha pure alquanto un poco inanci crescendo, & per tuo reparo, e ferire, tu li tirarai dapoi che tu li haverai dato del ditto calzo in uno medesimo tempo, tu li darai de uno fendente in su la testa fugiendo con la tua gamba mancha de drieto uno gran passo dalla dritta, e li sera accalato in porta di ferro larga con la roncha tua non te fermando che tu li caci una ponta per la facia per de sopra da la roncha sua dal suo lato mancho sapendoti che per paura della ditta ponta, tu li darai de uno dritto tirando a te in le sue gambe, e presto per tuo reparo, tu te tirerai dui, o tri passi indrieto, e si te assetterai come prima te dissi con la gamba pure tua mancha inanci, e la roncha a megio tenendo el calzo per lo dritto del tuo nimico.

Quarta Parte.

SApendo tu che in nella tertia parte tu rimanisti con la tua gamba mancha contra al tuo nimico, le da pensare che de qui tu puoi essere agiente, e paciente, ma pure diremo che essendo patiente in aspettare el tuo nimico che tragha, da alto, o da basso de ponta, o mandritto, tu tareparerai tragando da alto el sopraditto con la tua roncha alinscontro, tragandoli uno mandritto passando intrare de tale mandritto con la tua gamba dritta per lo dritto del tuo nimico non te fermando presto tu li voltarai & urtarai con el calzo tuo in la roncha sua dal suo lato dritto, passando in dare de ditto calzo forte con la tua gamba mancha de fuora dalla dritta del tuo inimico, e li cacierai in questo passare in te la gola lasta dinanci al sopraditto, in modo che per respetto de tale passare de ditta gamba mancha, e mettere di roncha in nella gola al ditto nimico el sara sforciato a cadere indrieto in terra dagandoli tu lato come sai, & a questo modo tu li darai di quelle botte che meglio a te parerai, e fatto questo per tuo riparo tu te tirerai dui, o tri passi indrieto, e si te assetterai come disopra dissi.

Quinta & ultima parte.

HOra nota che essendo tu in nella parte del precedente rimaso, come disopra dissi: cioe con lo piede mancho inanci scontro al tuo inimico, tu starai accorto perche tirandoti lui de ponta, o mandritto per tuo reparo, e ferire tu butterai per traverso la tua gamba dritta verso le parte manche del nimico, e in tale buttare tu li tirerai per le bracie, e testa de uno fendente dritto giocando la Roncha tua la mano mancha al calzo di drieto, e la mancha gamba seguendo alla dritta per di drieto non te movendo, perche tirandote de novo el sopraditto tu te areparerai con urtare desotto in su, e tirare gioso con el becho della roncha tua per traverso, o per lo dritto, e fatto questo per tuo reparo tu li tirerai de una ponta fugiendo la tua dritta gamba alla mancha per de drieto.

FINIS.

Qui finisce lo abatimento della Roncha da persona a persona sapendo che tu queste partite de Roncha se possano fare con la Labarda: e con Lacia. Io per me li face poca diferencia, & ho visto & calculato sopra questo e glie tutto uno gioco queste tre arme soprascritte: Cioe Roncha, Alabarda, e Lacia.

Cap. 185 Che tratta delle arme inastate contra a Roncha, o Alabarda, o Aciai

Prima Parte.

SApendo tu che aretrovandoti contra a Partesana lanciate subito tu te assetterai con la gamba mancha inanci tenendo la Roncha tua in mano con il calzo per lo dritto a modo usato verso il tuo inimico stagando atento con lochio tenendolo fermo sempre al ferro della Partesana de quello che tu haverai presente. Adonque de qui tu puoi essere paciente, e agente, niente dimeno dalle parte da alto tu te reparerai passando della tua gamba dritta verso le parte manche del nimico, & in tale passare tu li darai inella sua asta de uno fendente, e la gamba tua mancha seguira la dritta per de drieto tornando per tuo reparo con la gamba dritta al luoco consueto, e qui te assetterai galante e polito.

Seconda & ultima parte.

LE da notare che essendo come prima dissi lanciandote da basso, el tuo inimico tu tareparerai con la tua gamba dritta per traverso passando dalato mancho dal sopraditto, e in tal passare tu li darai con la tua Roncha de sotto in suso inverso alle sue parte dritte tornando per tuo riparo con la tua gamba destra alla mancha de drieto e li sarai atto aparare ogni volta passando con la gamba mancha e dritta secondo che lacadera lanciate, & cosi havendo una Alabarda, o unacia in mano a questi medesimi modi puoi parare, e ferire.

Finis.

5.2 DISAMINA DELLE TECNICHE

5.2.1 GUARDIE

L'ultima delle armi in asta trattate da Achille Marozzo è la ronca. Si tratta di un'arma particolare rispetto alle precedenti, tant'è che nella parte finale della disciplina, l'autore la accomuna ad alabarda e azza:

"...Qui finisce lo abatimento della Roncha da persona a persona sapendo che tu queste partite de Roncha se possano fare con la Labarda: e con Lacia. Io per me li face poca diferencia, & ho visto & calculato sopra questo e glie tutto uno gioco queste tre arme soprascritte: Cioe Roncha, Alabarda, e Lacia..."

Quest'ultima è un'arma dalla forte connotazione medievale e particolarmente adatta al combattimento in armatura, aspetto che si ripercuote fortemente anche sull'impiego della ronca.

A tal proposito il testo specifica che esistono due modi di impugnare quest'arma: a metà dell'asta con la testa rivolta verso l'alto, oppure presso il calcio, in maniera non troppo dissimile da quanto visto finora nelle altre discipline: *"...e quivi la puoi pigliare a megio, o da capo come a te parerà..."*

Inoltre, il testo specifica che l'arma deve essere impugnata nello stesso modo dell'avversario:

"...ma pure diremo in prima che tenendola el tuo nimico a megio anchora tu la piglierai come lui..."

Questa accortezza nasce dalla necessità di non concedere all'avversario il vantaggio di un maggiore allungo nel caso in cui questi impugni la ronca presso il calcio. D'altro canto, visto il peso della testa dell'arma, un'impugnatura *a megio* (come definita nel testo) assicura un miglior controllo in fase offensiva, per parare *di picco* con un mandritto o sferrare colpi di taglio.

Nel trattato vengono descritte ed impiegate due guardie.

5.2.1.1 Prima Guardia di ronca: Guardia Alta

Viene dettagliatamente descritta nella *Prima Parte* del capitolo 184:

> *"...L'è da notare che con la Roncha da persona a persona tu te assettarai con la tua gamba mancha inanci scontro al tuo nimico, e quivi la puoi pigliare a megio (...) sapendo tu che la mano mancha va di sotto dalla dritta verso el calzo della Roncha sopraditta..."*

Una guardia del tutto simile, impiegata nel combattimento con l'azza in armatura, viene descritta nel *MS.346* della Classense, conosciuto come Anonimo Bolognese, e viene chiamata Guardia Alta:

> *"...Trovandoti contra al tuo nemico con l'Accia in mano in guarda alta, col piede manco innanzi, et con la man destra in alto levata, trovandosi la sinistra innnanzi col calcio de l'Accia..."*

Sebbene Marozzo non lo indichi in modo esplicito, è possibile ricondurre tale guardia a Guardia Alta.

Per quanto riguarda il confronto con la scuola medievale italiana, tale guardia corrisponde all'antica Posta di Vera Croce di Fiore dei Liberi, usata nella disciplina di azza in armatura e spada a due mani in armatura (arma che viene usata anch'essa circa allo stesso modo di un'azza). Anche Filippo Vadi impiega questa stessa guardia con spada a due mani in armatura (ma non la mostra nella parte dedicata all'azza), chiamandola Coda di Leopardo.

Il piede sinistro è in posizione avanzata, così come la mano sinistra che impugna l'asta in basso a circa 1/3 della lunghezza, mentre la sinistra è più in alto a circa 2/3 della lunghezza dell'asta. La testa dell'arma è posta in alto sul proprio lato destro, con il becco (o raffio) rivolto verso l'avversario. Il busto è profilato, offrendo il fianco sinistro all'avversario.

L'autore predilige l'uso paziente della guardia (T1, T3, T4 e T5), solo in una sequenza la impiega con intenti offensivi, eseguendo una finta (T2).

Marozzo - I Guardia di ronca

5.2.1.2 Seconda Guardia di ronca: Porta di Ferro Larga

La Seconda Guardia si trova a circa metà della *Prima Parte* nella quale, eseguendo un *tempo insieme*, si arretra togliendo misura con un passo della gamba sinistra e, contemporaneamente, facendo scorrere l'asta della ronca nella mano sinistra presso il calcio (anche se il testo non ne fa menzione non è da escludere, seppur in maniera minore, che lo stesso avvenga per la mano destra); dunque si sferra un fendente alla testa dell'avversario. Così facendo si raggiunge la posizione di Porta di Ferro Larga, praticamente identica a quella utilizzata e rappresentata nella spada a due mani:

> *"...te reparerai buttando la gamba tua mancha uno gran passo de drieto alla tua dritta, e in tal buttare, e in tal buttare, tu li darai de uno fendente in su la testa, lassandote giuocare, e stracore l'asta della tua per mano in modo che la mano mancha serà appresso del calzo tuo della sopraditta, e lì sarà accalata in porta di ferro larga..."*

Viene inoltre impiegata dopo aver tolto misura con un passo ed essersi coperti sferrando un fendente, come guardia di transizione a circa metà della *Terza Parte*:

> *"...& per tuo reparo, e ferire (...) tu li darai de uno fendente in su la testa fugiendo con la tua gamba mancha de drieto uno gran passo da la dritta, e lì serà accalato in porta di ferro larga con la roncha tua..."*

In questo caso il testo non fa alcuna menzione allo *stracore* descritto nella *Prima Parte* mentre si sferra il fendente, ma nulla vieta che il colpo possa essere eseguito nello stesso modo.

Anch'essa è riconducibile ad una guardia ben nota della Scuola Bolognese, e viene usata sia a scopo difensivo (T1), che offensivo (T3). Nella scuola medievale italiana una guardia molto simile, con l'arma spostata a sinistra e il piede destro avanzato, è la Dent de Zenchiar di Fiore dei Liberi, che viene usata nella disciplina dell'azza in arme, mentre in spada a due mani in arme si trova, con la stessa funzione, Porta di Ferro Mezzana (guardia simile ma con la spada meno spostata a sinistra). Filippo Vadi la chiama Posta de Denti Cinghiare; alla stessa guardia col piede sinistro avanti, che Fiore dei Liberi non contempla, egli dà il nome di Posta di Cingiaro. Nell'arte dell'azza, la utilizza col piede destro in avanti, chiamandola comunque Posta di Cingiaro, probabilmente per errore. Ciò è confermato dal confronto con il primo gioco (dove viene chiama Dente de Cinghial) e con la stessa guardia nell'arte di spada a due mani non in armatura, chiamata Posta de Denti Cinghiare.

Riassumendo, il piede destro è in posizione avanzata, così come la mano destra che impugna l'asta poco sotto, ad 1/3 della lunghezza, mentre la sinistra è presso il calcio. La testa dell'arma è rivolta verso il basso con il becco della ronca indirizzato al terreno. Il busto è profilato, offrendo l'invito canonico al lato destro, tipico della famiglia delle Porte di Ferro.

Marozzo - II Guardia di ronca

5.2.2 PRIMA PARTE – T1

La sequenza inizia con un attacco alla gamba avanzata da parte dell'avversario, sul quale si sferra un fendente alla testa mentre si sottrae la gamba, eseguendo un *tempo insieme* per poi agiarsi nella Porta di Ferro Larga di ronca, offrendo un invito alle parti alte della figura. Questa è un'azione classica che si ritrova da Fiore dei Liberi (con spada a due mani) fino agli autori della Scuola Bolognese.

L'avversario attacca il bersaglio alto scoperto difendendosi con una parata dal basso verso l'alto, seguita da una risposta di taglio al volto (*parata e risposta*).

Successivamente, si toglie misura con un passo indietro mentre si sferra una punta a chiusura della linea di attacco centrale, agiandosi nella guardia di partenza.

T1	**Prima parte.**
	L'è da notare che con la Roncha da persona a persona tu te assettarai con la tua gamba mancha inanci scontro al tuo nimico, e quivi la puoi pigliare a megio, o da capo come a te parerà, ma pure diremo in prima che tenendola el tuo nimico a megio anchora tu la piglierai come lui, sapendo tu che la mano mancha va di sotto dalla dritta verso el calzo della Roncha sopraditta, e quivi te attillerai aspettando el ditto nimico che te tire de una Ronchata de taglio per testa, o per gamba, ma prima tragandoti lui per la ditta gamba tu te reparerai buttando la gamba tua mancha uno gran passo de drieto alla tua dritta, e in tal buttare, tu li darai de uno fendente in su la testa, lassandote giuocare, e stracore l'asta della tua per mano in modo che la mano mancha serà appresso del calzo tuo della sopraditta, e lì sarà accalata in porta di ferro larga. alhora harai la roncha tua a uno altro modo, e lì aspetterai, perché tragandote lui de novo de sopra, tu te reparerai urtando della Roncha tua de sotto in suso forte, e de lado un poco verso le parte manche del nimico, in tale urtare, tu li tirerai del becho della roncha tua per facia sua spingendo, e aretornando a luoco tuo con una ponta, e lì te assetterai al luoco tuo de prima con le tue mane al luoco sopraditto come prima io te dissi.

INTERPRETAZIONE

- Guardia Alta di ronca (piede sx avanzato)
- Guardia Alta di ronca (piede sx avanzato)
- Colpo di taglio alla gamba avanzata
- Passo indietro (piede sx), fendente alla testa, andare in (vedi **Nota 1**)
- Porta di Ferro Larga di ronca (piede dx avanzato vedi **Nota 1**)
- Colpo di taglio alla parte alta della figura
- Parata dal basso verso l'alto, colpo di taglio alla faccia (vedi **Nota 2**)
- Passo indietro, colpo di punta, andare in (vedi **Nota 3**)
- Guardia Alta di ronca (piede sx avanzato, vedi **Nota 3**)

Nota 1: l'azione, già citata nella descrizione della Porta di Ferro Larga di ronca, è un *tempo insieme*. Sull'attacco dell'avversario si toglie il bersaglio con una *difesa di misura* e contemporaneamente si sferra un fendente alla testa:

"…ma prima tragandoti lui per la ditta gamba tu te reparerai buttando la gamba tua mancha uno gran passo de drieto alla tua dritta, e in tal buttare, tu li darai de uno fendente in su la testa, lassandote giuocare, e stracore l'asta della tua per mano in modo che la mano mancha serà appresso del calzo tuo della sopraditta, e lì sarà accalata in porta di ferro larga…".

Il fendente deve essere sferrato *"…lassandote giuocare, e stracore l'asta della tua per mano in modo che la mano mancha serà appresso del calzo tuo della sopraditta…"*, ovvero facendo scorrere la mano sinistra verso il calcio dell'arma (come anticipato nella parte dedicata alla descrizione della guardia; anche se il testo non ne fa menzione non è da escludere che lo stesso avvenga per la mano destra), agiandosi così in Porta di Ferro Larga. In questo modo si scopre la parte alta della figura, fornendo all'avversario l'invito corretto affinché sferri il colpo successivo.

La parte del testo che recita *"…alhora harai la roncha tua a uno altro modo…"*, si riferisce al sistema differente descritto dall'autore all'inizio della trattazione, quando asserisce che la ronca può essere impugnata *"…o da capo come a te parerà…"*; con la mano sinistra arretrata presso il calcio piuttosto che a 2/3 della lunghezza dell'asta.

Nota 2: il testo descrive una *parata e risposta*. La parata si esegue dal basso verso l'alto, urtando il colpo dell'avversario e spostando l'arma verso la propria destra:

"…tu te reparerai urtando della Roncha tua de sotto in suso forte, e de lado un poco verso le parte manche del nimico…"

La risposta va eseguita in foggia di mandritto, ferendo l'avversario al volto con il becco della ronca:

"…in tale urtare, tu li tirerai del becho della roncha tua per facia sua…"

Nota 3: il testo recita quanto segue:

"…spingendo, e aretornando a luoco tuo con una ponta…"

Seppur non chiaramente esplicitato, nello sferrare il colpo di punta si arretra di un passo togliendo misura (*"…aretornando a luoco tuo…"*), per poi agiarsi nella Guardia Alta di ronca con il piede sinistro in posizione avanzata.

5.2.3 SECONDA PARTE – T2

Il trattato descrive l'unica sequenza della disciplina in cui si è agenti. Dopo aver eseguito una finta di fendente alla testa, nel momento in cui l'avversario tenta la parata, si sottrae l'arma all'indietro sferrando una punta al petto. Si prosegue compiendo un passo indietro e parando un eventuale colpo dell'avversario con il calcio dell'arma, per poi agiarsi nella guardia di partenza.

<table>
<tr><td>T2</td><td>

Seconda parte.

Tu sai che nella prima parte tu rimanisti con la tua gamba mancha inanci adonque de qui l'è da vedere in che guardia è 'l tuo nimico perché accadendo lui essere come tu la trovarai con una vista di fendente per la testa per metterlo in parato con la tua gamba dritta passando per lo dritto del tuo inimico, alhora parando lui alla ditta testa tu tirerai la Roncha un poco a te in modo che de fatto tu li darai de una ponta per lo petto, e in dare de ditta ponta per tuo reparo, tu tornerai la ditta gamba dritta a luoco suo col calzo della Roncha tua parando, e urtando de sotto, o de sopra come accaderà respondendote lui de novo, & a questo mondo tu harai parato, e ferito, e retornato in la guardia tua de prima.

</td></tr>
</table>

INTERPRETAZIONE

- Guardia Alta di ronca (piede sx avanzato)
- Guardia Alta di ronca (piede sx avanzato)
- Passo avanti (piede dx), finta di fendente alla testa (vedi **Nota 1**)
- Parata (vedi **Nota 2**)
- Ritrarre a sé entrambe le braccia, punta al petto (vedi **Nota 3**)
- Sferra un colpo (vedi **Nota 4**)
- Passo indietro (piede dx), parata con il calcio dell'arma (vedi **Nota 4**), andare in
- Guardia Alta di ronca (piede sx avanzato)

Nota 1: viene descritta una finta di fendente alla testa eseguita compiendo un passo avanti con il piede destro (passo che invece non deve essere contemporaneo alla finta, ma seguirla in modo fluido e continuativo):

"...tu la trovarai con una vista di fendente per la testa per metterlo in parato con la tua gamba dritta passando per lo dritto del tuo inimico..."

Nota 2: anche se non esplicitato, si ipotizza possa trattarsi di una parata a croce o *di picco* con un mandritto:

"...alhora parando lui alla ditta testa..."

Nota 3: quando l'avversario tenta di difendersi parando il colpo si sottrae l'arma ritraendo le braccia a sé (eludendo così la parata), in maniera da caricare e sferrare il successivo colpo di punta al petto:

"...alhora parando lui alla ditta testa tu tirerai la Roncha un poco a te in modo che de fatto tu li darai de una ponta per lo petto..."

Nota 4: il testo recita quanto segue:

"...e in dare de ditta ponta per tuo reparo, tu tornerai la ditta gamba dritta a luoco suo col calzo della Roncha tua parando, e urtando de sotto, o de sopra come accaderà respondendote lui de novo...".

Mentre si compie un passo indietro, urtando l'eventuale colpo avversario con il calcio della propria arma, si esegue una parata che, in base alle scarne informazioni fornite, può essere effettuata sia dal basso verso l'alto (considerata da più autori, come ad esempio Viggiani, la *difesa universale* che para ogni attacco) oppure dall'alto verso il basso. In alternativa, *"...de sotto, o de sopra..."* può essere riferito non a quanto precede (la parata) ma a quanto segue (la risposta dell'avversario, alta o bassa).

Relativamente a questa parata si aprono varie ipotesi, tenendo in considerazione che l'autore è altrettanto criptico sul colpo sferrato dall'avversario. La più sensata parte dal concetto che un tentativo di ferire da parte dell'avversario sia indirizzato al bersaglio alto e non a quello basso, che sarebbe estremamente pericoloso con questo tipo di arma, in quanto lascerebbe scoperta la parte alta del corpo (questo non esclude, a certe condizioni, la presenza di colpi alle gambe; per esempio, nella parte finale della T4).

Si ritiene quindi che la parata *de sotto* possa essere eseguita urtando verso il proprio lato destro l'arma avversaria, intercettandola dal basso verso l'alto.

La stessa parata può anche sviare un colpo alle gambe portato dall'avversario.

Invece, un'eventuale parata dall'alto verso il basso potrebbe funzionare specialmente contro una punta e dovrebbe essere eseguita *di contro* verso il proprio lato sinistro; oppure verso il proprio lato destro dopo aver alzato l'arma, tenendola alla propria sinistra mentre la si alza e poi spostandola a destra: in entrambi i casi si urta l'arma avversaria dall'alto verso il basso.

5.2.4 TERZA PARTE – T3

La sequenza propone un tipo di *parata e risposta* dove, parando un colpo di taglio alla testa con il calcio della ronca, si ferisce l'avversario al volto con la stessa parte dell'arma; segue un fendente alla testa, sferrato arretrando di un passo. Senza perdere tempo, si esegue una finta di punta al volto, in modo che l'avversario, tentando la parata verso l'alto, scopra la parte inferiore del corpo, che diverrà il bersaglio dell'attacco successivo; si ritorna dunque nella guardia iniziale.

T3	***Terza parte.*** *Hora guarda che in questa tertia parte aretrovandose el tuo nimico con la sua gamba mancha inanci come tu, l'è di bisogno a essere paciente, perché tragandote lui per testa de una roncata de taglio, tu te reparerai urtando col calzo de la roncha tua in dentro forte verso le tue parte dritte, e in tale urtare, tu li darai del calzo de la Roncha int'ella facia fermo con la tua gamba mancha pure alquanto un poco inanci crescendo, & per tuo reparo, e ferire, tu li tirerai dapoi che tu li haverai dato del ditto calzo in uno medesimo tempo, tu li darai de uno fendente in su la testa fugiendo con la tua gamba mancha de drieto uno gran passo da la dritta, e lì serà accalato in porta di ferro larga con la roncha tua, non te fermando che tu li caci una ponta per la facia per de sopra da la roncha sua dal suo lato mancho sapendo ti che per paura della ditta ponta, tu li darai de uno dritto tirando a te in le sue gambe, e presto per tuo reparo, tu te tirerai dui, o tri passi indrieto, e sì te assetterai come prima te dissi con la gamba pure tua mancha inanci, e la roncha a megio tenendo el calzo per lo dritto del tuo nimico.*

INTERPRETAZIONE

- Guardia Alta di ronca (piede sx avanzato)
- Guardia Alta di ronca (piede sx avanzato)
- Colpo di taglio alla testa
- Parata con il calcio dell'arma verso il proprio lato destro, colpo alla faccia con il calcio con accrescere del piede sinistro (vedi **Nota 1**)
- Passo indietro (piede sx), fendente alla testa, andare in (vedi **Nota 2**)
- Porta di Ferro Larga di ronca (piede dx avanzato, vedi **Nota 2**)
- Finta di punta dritta al volto (vedi **Nota 3**)
- Tentativo di parata (vedi **Nota 3**)
- Mandritto alle gambe (vedi **Nota 3**)
- Due o tre passi indietro, andare in
- Guardia Alta di ronca (piede sx avanzato)

Nota 1: viene descritto una *parata e risposta*, eseguita utilizzando il calcio della ronca:

"...tu te reparerai urtando col calzo de la roncha tua in dentro forte verso le tue parte dritte, e in tale urtare, tu li darai del calzo de la Roncha int'ella facia fermo con la tua gamba mancha..."

La parata è simile a quella *de sotto* descritta nella T2: si blocca il colpo dell'avversario dal basso verso l'alto, deviandolo verso il proprio lato destro e lasciando aperta la linea di attacco per un colpo al volto dell'avversario, portato con il calcio dell'arma.

Nel momento in cui si sferra il colpo, il testo prevede si possa eseguire un piccolo accrescere della gamba sinistra avanzata:

"...pure alquanto un poco inanci crescendo...".

Nota 2: il testo recita quanto segue:

"...& per tuo reparo, e ferire, tu li tirerai dapoi che tu li haverai dato del ditto calzo in uno medesimo tempo, tu li darai de uno fendente in su la testa fugiendo con la tua gamba mancha de drieto uno gran passo da la dritta, e lì serà accalato in porta di ferro larga con la roncha tua..."

Dopo aver effettuato l'azione precedente, si compie un passo indietro sferrando un fendente che termina in Porta di Ferro Larga, per ripararsi da un'eventuale reazione da parte dell'avversario.

Sebbene il contesto sia differente e il testo in questo punto non ne faccia menzione, l'esecuzione di questa parte è simile a quanto visto nella T2; il fendente deve quindi essere sferrato con lo stesso movimento di *stracorsa* descritto in precedenza. Per questo motivo si legge che, tornando in guardia, sia necessario ripristinare la presa canonica con la mano destra, a circa 1/3 della lunghezza dell'asta, e la sinistra più in basso, a circa 2/3 della lunghezza:

"...e la roncha a megio tenendo el calzo per lo dritto del tuo nimico..."

In questo caso, la guardia descritta viene usata per descrivere come debba essere sferrato il colpo piuttosto che come guardia vera e propria, tant'è che la sequenza prosegue immediatamente con l'azione successiva.

Nota 3: benché non sia complicata, la sequenza necessita di alcuni chiarimenti affinché venga eseguita correttamente.

Immediatamente dopo aver sferrato il fendente che termina in Porta di Ferro Larga, si effettua una punta alla faccia sul lato sinistro dell'avversario:

"...li caci una ponta per la facia (...) dal suo lato mancho..."

Il colpo deve essere eseguito sopra all'arma dell'avversario (*"...per de sopra da la roncha sua..."*) a mo' di finta, in modo che, nel tentativo di pararlo (*"...sapendo ti che per paura della ditta ponta..."*), l'avversario sposti ulteriormente la propria arma verso l'alto, scoprendo così la parte bassa del bersaglio.

In questo modo, portando verso il basso e tirando a sé la propria ronca, si potrà ferire con un mandritto alle gambe:

"...tu li darai de uno dritto tirando a te in le sue gambe..."

5.2.5 QUARTA PARTE – T4

Viene proposta una sequenza tipica del combattimento con questa varietà di armi, riscontrabile in numerosi autori, nonché tipica del combattimento in armatura: dopo aver parato il colpo con un mandritto, si porta la propria gamba sinistra a contatto di quella destra dell'avversario, compiendo un passo avanti. Nel frattempo, si sposta l'arma dell'avversario sul proprio lato destro urtandola con il calcio della ronca, potendone così agganciare il collo con l'asta e gettarlo a suolo grazie ad una decisa rotazione del busto; a questo punto si potrà ferire qualunque parte del corpo, per poi agiarsi nuovamente nella guardia iniziale dopo avere compiuto qualche passo indietro. Nella scuola medievale italiana sono presenti varie tecniche che utilizzano lo stesso principio: mettere la gamba dietro a quella dell'avversario, la spada al collo dopo una parata e proiettarlo a terra con una rotazione del busto; tale procedura si può rinvenire nell'arte della spada a due mani in arme, sia nel *Flos Duellatorum* che in Vadi.

T4	***Quarta parte.*** *Sapendo tu che in nella tertia parte tu rimanisti con la tua gamba mancha contra al tuo nimico, l'è da pensare che de qui tu puoi essere agente, e paciente, ma pur diremo che essendo patiente in aspettare el tuo nimico che tragha, da alto, o da basso de ponta, o mandritto, tu t'areparerai tragando da alto el sopraditto con la tua Roncha al'inscontro, tragandoli un mandritto passando in trare de tale mandritto con la tua gamba dritta per il dritto del tuo nimico, non te fermando presto tu li voltarai & urtarai con el calzo tuo in la roncha sua dal suo lato dritto, passando in dare de ditto calzo forte con la tua gamba mancha per de fuora dalla dritta del tuo inimico, e li cacierai in questo passare, in te la gola l'asta dinanci al sopraditto, in modo che per respetto de tale passare de ditta gamba mancha, e mettere di roncha in nella gola al ditto nimico el sarà sforciato a cadere indrieto in terra dagandogli tu lato come sai, & a questo modo tu li darai di quelle botte che meglio a te parerai, e fatto questo per tuo riparo tu te tirerai dui, o tri passi indrieto, e sì te assetterai come di sopra dissi.*

INTERPRETAZIONE

- Guardia Alta di ronca (piede sx avanzato)
- Guardia Alta di ronca (piede sx avanzato)
- Colpo di punta ***Oppure*** mandritto al bersaglio alto
- Passo avanti (piede dx), parata (vedi **Nota 1**)
- Gamba SINISTRA – blocco interno alla gamba destra dell'avversario, urtare con il calcio l'arma avversaria spostandola verso il proprio lato destro, collocare l'asta della ronca sul lato sinistro della gola dell'avversario, ruotare il busto verso il proprio lato sinistro per sbilanciare l'avversario e farlo cadere (vedi **Nota 2**)
- Colpire a piacimento (vedi **Nota 3**)
- Due o tre passi indietro, andare in
- Guardia Alta di ronca (piede sx avanzato)

Nota 1: mentre si compie un passo avanti con il piede destro, si para il colpo avversario sferrando un mandritto:

"...tu t'areparerai tragando da alto el sopraditto con la tua Roncha al'inscontro, tragandoli un mandritto passando in trare de tale mandritto con la tua gamba dritta per il dritto del tuo nimico..."

Nota 2: l'azione viene descritta in modo dettagliato:

"...presto tu li voltarai & urtarai con el calzo tuo in la roncha sua dal suo lato dritto, passando in dare de ditto calzo forte con la tua gamba mancha per de fuora dalla dritta del tuo inimico, e li cacierai in questo passare, in te la gola l'asta dinanci al sopraditto, in modo che per respetto de tale passare de ditta gamba mancha, e mettere di roncha in nella gola al ditto nimico el sarà sforciato a cadere indrieto in terra dagandogli tu lato come sai..."

Per essere eseguita correttamente deve essere scomposta nelle parti principali:

1. compiendo un passo avanti, si porta la parte interna della propria gamba sinistra a contatto della parte esterna della gamba destra dell'avversario, creando il punto di contatto che sarà il fulcro sul quale eseguire successivamente la rotazione per farlo cadere a terra. Nel mentre, con il calcio della ronca, si urta l'arma avversaria spostandola verso il proprio lato destro, creando così le condizioni per poter proseguire la sequenza:

   "...presto tu li voltarai & urtarai con el calzo tuo in la roncha sua dal suo lato dritto, passando in dare de ditto calzo forte con la tua gamba mancha per de fuora dalla dritta del tuo inimico..."

2. eseguita correttamente la parte precedente, basterà agganciare il collo dell'avversario (al suo lato sinistro) con l'asta della propria ronca, facendolo cadere a terra ed effettuando una rapida rotazione antioraria con il torso:

   "...e li cacierai in questo passare, in te la gola l'asta dinanci al sopraditto, in modo che per respetto de tale passare de ditta gamba mancha, e mettere di roncha in nella gola al ditto nimico el sarà sforciato a cadere indrieto in terra dagandogli tu lato come sai..."

Nota 3: una volta che l'avversario è a terra, sarà sufficiente ferirlo con qualsiasi colpo si presti meglio alla situazione:

"...a questo modo tu li darai di quelle botte che meglio a te parerai..."

5.2.6 QUINTA & ULTIMA PARTE – T5

Parte finale de *"…lo abatimento della Roncha da persona a persona…"* nel quale, a seguito di un attacco, si para il colpo e con lo stesso movimento si ferisce l'avversario. Fatto questo si sferra una punta, coprendosi mentre si arretra.

Sul finale della trattazione di ronca, l'autore asserisce che le sequenze da lui descritte possono essere utilizzate anche con l'azza e l'alabarda:

> *" …sapendo tu che queste partite de Roncha se possano fare con la Labarda: e con L(')acia. Io per me li face poca diferencia, & ho visto & calculato sopra di questo e gli è tutto uno gioco queste tre arme soprascritte: cioè Roncha, Alabarda, e L(')acia…"*

T5	**Quinta & ultima parte.** *Hora nota che essendo tu in nella parte del precedente rimaso, come di sopra dissi: cioè con lo piede mancho inanci scontro al tuo inimico, tu starai acorto perché tirandoti lui de ponta, o mandritto per tuo reparo, e ferire tu butterai per traverso la tua gamba dritta verso le parte manche del nimico, e in tale buttare tu li tirerai per le bracie, e testa de uno fendente dritto giocando la Roncha tua la mano mancha al calzo di drieto, e la mancha gamba seguendo la dritta per di drieto non te movendo, perché tirandote de novo el sopraditto tu te areparerai con urtare de sotto in su, e tirare gioso con el becho della roncha tua per traverso, o per lo dritto, e fatto questo, per tuo reparo tu li tirerai de una ponta fugiendo la tua dritta gamba alla mancha per de drieto.* *Qui finisce lo abatimento della Roncha da persona a persona sapendo tu che queste partite de Roncha se possano fare con la Labarda: e con L(')acia. Io per me li face poca diferencia, & ho visto & calculato sopra di questo e gli è tutto uno gioco queste tre arme soprascritte: cioè Roncha, Alabarda, e L(')acia.*

INTERPRETAZIONE

🛡	Guardia Alta di ronca (piede sx avanzato)
⚔	Colpo di punta *Oppure* mandritto al bersaglio alto (vedi **Nota 1**)
✕	Passo obliquo (piede dx), fendente mandritto, seguito (piede sx) andare in (vedi **Nota 2**)
🛡	Porta di Ferro Larga di ronca (piede dx avanzato, vedi **Nota 2**)
⚔	Sferra un colpo (vedi **Nota 3**)
✕	Parata dal basso verso l'alto, colpo di taglio (vedi **Nota 4**)
✕	Passo indietro (piede dx), colpo di punta, andare in (vedi **Nota 5**)
🛡	Guardia Alta di ronca (piede sx avanzato, vedi **Nota 5**)

Nota 1: benché non venga specificato nel testo, si intende che il bersaglio del colpo sia quello alto:

"...tirandoti lui de ponta, o mandritto..."

Nota 2: viene descritto un *tempo insieme*:

"...per tuo reparo, e ferire tu butterai per traverso la tua gamba dritta verso le parte manche del nimico, e in tale buttare tu li tirerai per le bracie, e testa de uno fendente dritto giocando la Roncha tua la mano mancha al calzo di drieto, e la mancha gamba seguendo la dritta per di drieto..."

Nel momento in cui l'avversario sferra il colpo, e mentre si sta compiendo un passo obliquo con il piede destro, si effettua un fendente mandritto che chiude la linea di attacco dell'avversario (identificata a scopo didattico con il bersaglio da ferire *"...tu li tirerai per le bracie, e testa..."*); la peculiarità è quella di parare il colpo e ferire contemporaneamente, grazie ai gradi presi sull'originaria linea di attacco.

Il fendente, che nasce sull'inizio del passo obliquo del piede destro e raggiunge il bersaglio sul seguito del piede sinistro, deve essere portato con il movimento di *stracorsa* già visto in precedenza:

"...giocando la Roncha tua la mano mancha al calzo di drieto..."

Data la dinamica dell'azione, riconducibile alle sequenze T1 e T3, e sebbene il testo non ne faccia menzione, il fendente terminerà inevitabilmente in Porta di Ferro Larga di ronca; da questa azione si prosegue con la medesima parata vista nella T1.

Nota 3: il testo specifica che l'avversario, essendo riuscito a difendersi in qualche modo, potrebbe sferrare un colpo della stessa natura del precedente:

"...perché tirandote de novo el sopraditto..."

Nota 4: si tratta di una parata e risposta del tutto simile a quella della T1:

"...tu te areparerai con urtare de sotto in su, e tirare gioso con el becho della roncha tua per traverso, o per lo dritto..."

La parata deve essere eseguita urtando l'arma avversaria dal basso verso l'alto e spostandola sul proprio lato destro, in modo da poter sferrare successivamente un colpo di taglio con il becco della ronca, in foggia di mandritto al bersaglio scoperto.

Nota 5: il colpo di punta, sferrato arretrando, non è indirizzato ad alcun bersaglio particolare; deve semplicemente chiudere la linea di attacco centrale, proteggendo da un'eventuale ed inaspettata reazione dell'avversario:

"..., per tuo reparo tu li tirerai de una ponta fugiendo la tua dritta gamba alla mancha per de drieto..."

Sebbene il testo non ne faccia menzione, si consiglia di terminare la sequenza posizionandosi in Guardia Alta di ronca.

Capitolo 6: Antonio Manciolino – Gioco di Partigiane sole

6.1 TRASCRIZIONE

Gioco di Partigiane sole.

Primieramente tu piglierai la Partigiana in mano in modo che la manca mano sia antiposta. Et il piede sinistro a grande varco innanzi. Et che li nodi di amendue le mani siano voltati a l'in su, & la partigiana alquanto per traverso, et verso le tue manche parti. Et se 'l nemico in questo medesimo agiamento si adatterà, o in qualunque altro che egli vogli, ciascheduno di voi potrà dare al ferire principio, & perciò se 'l nemico serà primo feritore menando di una punta per gamba, tu quella con la tua partigiana urterai spignendola molto in fuori verso le sue manche parti, & farai che la mano diritta sia alta. Et la punta della partigiana alquanto verso terra, et così serai securo. Poi tosto tu gli tirerai di una partigiana per fianco, o per gamba, come vuoi levandoti a l'indietro con uno salto, & agiandoti come di sopra. Ma se 'l nemico ti spignesse una punta per faccia, overo di uno taglio, a qualunque di questi tu chinerai la destra verso terra in guisa, che 'l ferro della partigiana sia dirimpetto al volto del nimico, ivi schermendoti da gli detti colpi. Indi subito gli tirerai una partigianata per fianco. Ma se egli volesse slanciare la sua per gamba, ti riparerai da quella, come nel sopra posto gioco ti fu insegnato, se quella dalle soprane parti slanciata fosse, tu prenderai la tua partigiana con la mano manca appresso il ferro facendo che li nodi della detta mano guardino a l'in su. Poi tu varcherai con il piede destro verso le sue manche parti riparandoti da quella con il pedale della tua, sì, che la gamba manca seguiti la destra per dietro. Ma havendo egli due partigiane se vorrà tirare la seconda similmente, tu passerai con il manco per traverso, et verso le tue manche parti facendo una volta di partigiana in modo, che 'l ferro guardi verso terra, & la mano manca sia sotto alla destra. Et che la gamba destra seguiti la manca agiandoti nella sopradetta guisa di slanciare.

6.2 DISAMINA DELLE TECNICHE

6.2.1 GUARDIE

A differenza di Achille Marozzo, Manciolino utilizza una sola guardia senza attribuirle alcun nome.

Grazie alla descrizione dettagliata di come ci si debba adagiare nella suddetta, è possibile estrapolare dal testo molto di quello che manca per poter ricostruire una vera e propria posizione di guardia, così come intesa in tutte le altre discipline descritte dall'autore.

6.2.1.1 Guardia di partigiana

La guardia in questione viene descritta all'inizio della trattazione:

> *"...tu piglierai la partigiana in mano in modo che la manca mano sia antiposta. Et il piede sinistro a grande varco innanzi. Et che li nodi di amendue le mani siano voltati al in su, et la partigiana alquanto per traverso, et verso le tue manche parti..."*

A partire da questo presupposto è possibile desumere il resto della postura in maniera da poter completare la guardia.

Il piede sinistro è in posizione avanzata, il braccio destro è flesso e forma un angolo di circa 90°, in cui mano e spalla si trovano pressappoco alla stessa altezza. La mano destra impugna l'asta in prossimità del calcio, con il palmo rivolto verso terra. Il braccio sinistro è ben attillato davanti alla figura e la mano si trova presso la metà dell'asta, con il palmo rivolto verso il basso. La posizione è leggermente profilata a sinistra, con il busto girato di tre quarti verso destra.

L'arma è davanti alla figura con la lama spostata verso la propria sinistra, non alla presenza dell'avversario, con la punta rivolta a terra.

Si tratta della stessa Prima Guardia di partigiana utilizzata e descritta da Achille Marozzo, ma si evince all'istante come l'asta dell'arma venga impugnata in modo differente, con il dorso della mano sinistra verso l'alto.

Antonio Manciolino fa un uso prettamente difensivo della guardia, dalla quale nascono delle azioni di *parata e risposta*.

Manciolino - Guardia di partigiana

6.2.2 PRIMA PARTE – T1

Si tratta di una sequenza molto semplice nella quale, a seguito di una punta dell'avversario alla gamba avanzata, si esegue una *parata e risposta* per poi agiarsi in guardia con un salto all'indietro.

T1	*Primariamente tu piglierai la partigiana in mano in modo che la manca mano sia antiposta. Et il piede sinistro a grande varco innanzi. Et che li nodi di amendue le mani siano voltati al in su, et la partigiana alquanto per traverso, et verso le tue manche parti. Et sel nimico in questo medesimo agiamento si adattera, o in qualunche altro che egli vogli, ciascheduno di voi potra dare al ferire principio, et per cio sel nemico serà primo feritore menando di una punta per gamba, tu quella con la partigiana urterai spignendola molto in fuori verso le sue manche parti, et farai che la mano dritta sia alta. Et la punta della partigiana alquanto verso terra, et così sarai securo. Poi tosto tu gli tirerai di una partigianata per fianco, o per gamba, come vuoi levandoti al indietro con uno salto, et agiandoti come di sopra.*

INTERPRETAZIONE

- Guardia di partigiana (piede sx avanzato)

- Guardia di partigiana (piede sx avanzato, vedi **Nota 1**)

- Punta alla gamba avanzata

- Parata verso il proprio lato destro, punta al fianco **Oppure** alla gamba avanzata

- Salto indietro, andare in

- Guardia di partigiana (piede sx avanzato)

Nota 1: il testo sottolinea che l'avversario possa utilizzare la medesima guardia oppure altre guardie, che però non vengono specificate:

"...Et sel nimico in questo medesimo agiamento si adattera, o in qualunche altro che egli vogli..."

Nota 2: viene descritta una *parata e risposta*, accrescendo il piede avanzato come indicato da Achille Marozzo:

"...tu quella con la partigiana urterai spignendola molto in fuori verso le sue manche parti, et farai che la mano dritta sia alta. Et la punta della partigiana alquanto verso terra, et così sarai securo. Poi tosto tu gli tirerai di una partigianata per fianco, o per gamba, come vuoi..."

La parata si esegue avendo cura di mantenere verso terra la punta della propria arma e la mano destra più in alto della sinistra, per andare ad urtare, con l'asta verso il proprio lato dentro, il colpo di punta dell'avversario e sferrare un colpo della stessa natura al fianco scoperto o alla gamba avanzata.

6.2.3 SECONDA PARTE – T2

Sequenza simile alla precedente in cui l'avversario attacca con un colpo di punta, oppure un rapido colpo di taglio, avendo come bersaglio il volto. Anche in questo caso il testo descrive una *parata e risposta* che si conclude nella guardia inziale, in seguito a un salto all'indietro.

<table>
<tr><td>T2</td><td>Ma sel nemico ti spingesse una punta per faccia, overo di uno taglio, a qualunque di questi tu chinerai la destra verso terra in guisa, chel ferro della partigiana sia di rimpetto al volto del nemico, ivi schermendoti da gli detti colpi. Indi subito gli tirerai una partigianata per fianco.</td></tr>
</table>

INTERPRETAZIONE

- Guardia di partigiana (piede sx avanzato)
- Guardia di partigiana (piede sx avanzato, vedi **Nota 1**)
- Punta *Oppure* taglio alla faccia (vedi **Nota 2**)
- Parata verso il proprio lato destro, punta al fianco (vedi **Nota 3**)
- Salto indietro, andare in (vedi **Nota 4**)
- Guardia di partigiana (piede sx avanzato, vedi **Nota 4**)

Nota 1: vedi T1, Nota 1.

Nota 2: l'attacco dell'avversario può essere sia di punta che di taglio:

"...sel nemico ti spingesse una punta per faccia, overo di uno taglio...".

Il colpo di taglio non viene caricato in modo eccessivo perché risulterebbe troppo pericoloso per chi lo esegue e facilmente eludibile; si tratta piuttosto di un colpo sferrato in foggia di *segato* con un caricamento ridotto.

Nota 3: viene descritta una *parata e risposta*, accrescendo il piede avanzato come indicato da Achille Marozzo:

"...a qualunque di questi tu chinerai la destra verso terra in guisa, chel ferro della partigiana sia di rimpetto al volto del nemico, ivi schermendoti da gli detti colpi..."

Si tratta della parata descritta da Achille Marozzo nella medesima disciplina, eseguita intercettando il colpo dell'avversario con l'asta della propria arma e spostandolo verso il proprio lato destro; la mano sinistra funge da fulcro attorno al quale avviene lo spostamento dell'arma, eseguito abbassando la mano destra. In questo modo si crea il varco centrale necessario per rispondere velocemente con una punta al fianco.

Nota 4: si toglie misura tramite un rapido salto all'indietro, agiandosi nella guardia iniziale (si fa riferimento a quanto riportato nella T1):

"...levandoti al indietro con uno salto, et agiandoti come di sopra..."

6.2.4 TERZA PARTE – T3

Sequenza conclusiva della parte che Antonio Manciolino dedica al combattimento con la partigiana, nella quale descrive come difendersi se l'avversario decidesse di attaccare lanciando l'arma alle gambe (T3.1) oppure al bersaglio alto (T3.2); va da sé che la distanza alla quale l'avversario attacca è decisamente superiore a quella canonica di combattimento.

Dall'attacco alle gambe ci si difende nello stesso modo descritto nella T1, mentre per quanto riguarda quello al bersaglio alto l'autore propone due alternative.

T3.1	*Ma se egli volesse slanciare la sua per gamba, tu ti riparerai da quella, come nel sopra posto gioco ti fu insegnato,*

INTERPRETAZIONE

🛡 Guardia di partigiana (piede sx avanzato)

⚔ Lancio di partigiana alle gambe

✕ Parata verso il proprio lato (vedi **Nota 1**)

Nota 1: nel descrivere una parata, il testo recita quanto segue:

"…tu ti riparerai da quella, come nel sopra posto gioco ti fu insegnato…"

La parata si esegue avendo cura di mantenere verso terra la punta della propria arma e la mano destra più in alto della sinistra, urtando l'arma avversaria con l'asta verso il proprio lato destro.

T3.2	*se quella dalle soprane parti slanciata fosse, tu prenderai la tua partigiana con la mano manca appresso il ferro facendo che li nodi della detta mano guardino al in su. Poi tu varcherai con il piede destro verso le sue manche parti riparandoti da quella con il pedale della tua, si che la gamba manca seguiti la destra per dietro. Ma avendo egli due partigiane se vorrà trarre la seconda similmente, tu passerai con il manco per traverso, et verso le tue manche parti facendo una volta di partigiana in modo, chel ferro guardi verso terra, et la mano manca sia sotto alla destra. Et che la gamba destra seguiti la manca agiandoti nella sopradetta guisa di slanciare.*

INTERPRETAZIONE

🛡 Guardia di partigiana (piede sx avanzato)

⚔ Lancio di partigiana al bersaglio alto

✕ Cambio di presa (vedi **Nota 1**)

✕ Passo obliquo (piede dx), parata verso il proprio lato sinistro con il pedale della partigiana, seguito (piede sx, vedi **Nota 2**)

⚔ Lancio di partigiana al bersaglio alto

✕ Passo obliquo piede (sx), parata verso il proprio lato destro con la punta dell'arma verso terra, seguito (piede dx, vedi **Nota 3**)

Nota 1: il testo recita quanto segue:

"...tu prenderai la tua partigiana con la mano manca appresso il ferro facendo che li nodi della detta mano guardino al in su..."

Il fatto che l'azione si sviluppi dopo questo cambio di presa fa presupporre che l'avversario si appresti a lanciare l'arma assumendo una posizione idonea, dando tempo di compiere l'avvicendamento.

Un ulteriore indizio proviene dall'ultima frase, che sostiene di assumere la posizione di lancio:

"...agiandoti nella sopradetta guisa di slanciare..."

Per eseguire il cambio di presa, sarà sufficiente far scorrere la mano sinistra verso il ferro dell'arma, adottando una sorta di impugnatura a braccia allargate che consentirà di parare agevolmente l'arma lanciata dall'avversario; viene in aiuto il seguito, effettuato con il piede arretrato.

Nota 2: il passo obliquo permette di togliersi dalla traiettoria dell'arma lanciata, in modo da parare l'arma avversaria con la parte del calcio della propria asta:

"...varcherai con il piede destro verso le sue manche parti riparandoti da quella con il pedale della tua, si che la gamba manca seguiti la destra per dietro..."

La parata si esegue avendo cura di mantenere verso terra la punta della propria arma e la mano destra più in alto della sinistra, per andare ad urtare, con l'asta verso il proprio lato sinistro, l'arma lanciata dall'avversario.

Nota 3: a fronte del lancio di una seconda partigiana, viene proposto un ulteriore modo di parare mantenendo la presa eseguita in precedenza, ma portando la punta verso il basso e parando il colpo sul proprio lato destro; il tutto mentre si esegue un passo obliquo con il piede sinistro ed un seguito con il piede destro arretrato:

"...tu passerai con il manco per traverso, et verso le tue manche parti facendo una volta di partigiana in modo, chel ferro quardi verso terra, et la mano manca sia sotto alla destra. Et che la gamba destra seguiti la manca agiandoti nella sopradetta guisa di slanciare..."

Il testo afferma di agiarsi nella *guisa di slanciare* al termine della sequenza.

Si ritiene che, avendo già posizionato l'arma con la punta verso terra, basti impugnare l'asta con la mano destra in prossimità del punto di bilanciamento, con il pollice in direzione del calcio; dato che la gamba sinistra è in posizione avanzata, si potrà scagliare agevolmente la partigiana.

Capitolo 7: Antonio Manciolino – Combattere di Spiedo contra Spiedo

7.1 TRASCRIZIONE

Combattere di Spiedo contra Spiedo.

Ti assetterai con il piede manco inanzi havendo il Spiedo in mano, et le braccia ben distese fuori della persona, & la mano manca bassa, ma da destra che serà di dietro alquanto alta, & il ferro sia verso terra in atto di schifare gli nemichevoli colpi. Et acciò che tu intendi in tutte l'arme hastate, cioè tirate di ponta, et perciò con brevitate passaremo. Dico adunque che se 'l nemico si assettarà come tu di sopra & egli volesse tirarti una spiedata, o bassa, o alta, tu quella con il tuo spiedo per di fuori verso le tue parti manche urterai, & così serai sicurato tirandogli tu perciò in risposta di una cotale spiedata ne gli fianchi, et crescendo in quel tempo alquanto con il piede manco innanzi. Ma se ti sentissi essere più possente di lui, tu tenterai di inforcare le ali del suo spiedo con quelle del tuo, & non lo abbandonando, ti sforzerai spignerlo forte in fuori verso le tue manche parti, & così gli potrai dare d'una punta ne gli fianchi. Ma s'egli voltasse guardia, & che venisse con il destro innanzi tu la cangierai come egli, & questo medesimo urtare si può fare con uno quadrello, o spontone, che dir vuoi, eccetto che per il defetto delle ali non puote inforcare come il spiedo.

7.2 DISAMINA DELLE TECNICHE

7.2.1 GUARDIE

Anche nel caso del combattimento con lo spiedo, Antonio Manciolino propone una trattazione stringata, per certi versi ancor più di quella relativa alla partigiana.

La guarda adottata è una sola, identica a quella impiegata nella disciplina della partigiana.

7.2.1.1 Guardia di spiedo

La guardia è descritta all'inizio della trattazione:

> *"...Ti assetterai con il piede manco inanzi havendo il Spiedo in mano, et le braccia ben distese fuori della persona, et la mano manca bassa, ma la destra che serà di dietro alquanto alta, et il ferro sia verso terra in atto di schifare gli nemichevoli colpi..."*

A differenza di quanto specificato per la partigiana, in questo testo la posizione generale del corpo, in particolare delle gambe e delle braccia, è espressa molto chiaramente, ma non viene riportata nessuna indicazione rispetto a come debba essere impugnata l'arma.

Per analogia con la partigiana, è ragionevole desumere che l'autore impugni lo spiedo allo stesso modo, ovvero con entrambi i dorsi delle mani rivolti verso l'alto.

Ci si trova di fronte alla stessa guardia: il piede sinistro è in posizione avanzata, il braccio destro è flesso e forma un angolo di circa 90°, in cui mano e spalla si trovano pressappoco alla stessa altezza. La mano destra impugna l'asta, in prossimità del calcio, con il palmo rivolto verso terra. Il braccio sinistro è ben attillato davanti alla figura e la mano corrispondente è presso la metà dell'asta, con il palmo rivolto verso il basso. Il busto è leggermente profilato verso sinistra.

L'arma è davanti alla figura con la lama spostata verso la propria sinistra, non alla presenza dell'avversario, e con la punta rivolta verso terra.

Per analogia con Achille Marozzo, si consiglia di tenere i *rebbi* dello spiedo (che l'autore chiama *ali*) perpendicolari al terreno, in maniera da evitare che vengano facilmente intrappolati dall'avversario.

Si tratta della Prima Guardia di partigiana utilizzata da Achille Marozzo, ma l'asta dell'arma viene impugnata diversamente, ovvero con il dorso della mano sinistra verso l'alto.

Nella breve trattazione, Antonio Manciolino propone sia un uso difensivo della guardia (T1) che offensivo (T2).

Manciolino - Guardia di spiedo

7.2.2 PRIMA PARTE – T1

Descrizione della difesa base contro un colpo generico di armi in asta, ovvero il colpo di punta *("…Et acciò che tu intendi in tutte l'arme hastate, cioè trarre di ponta…")*.

La sequenza, con gli opportuni accorgimenti, funziona altrettanto bene contro un colpo sferrato al bersaglio basso (T1 – V1) oppure quello alto (T1 – V2) e si tratta di una *parata e risposta*. Dopo aver parato il colpo spostandolo verso il proprio lato sinistro, si sferra una punta ai fianchi accompagnata da un accrescere del piede avanzato sinistro.

T1	*Ti assetterai con il piede manco inanzi havendo il Spiedo in mano, et le braccia ben distese fuori della persona, et la mano manca bassa, ma la destra che serà di dietro alquanto alta, et il ferro sia verso terra in atto di schifare gli nemichevoli colpi. Et acciò che tu intendi in tutte l'arme hastate, cioè trarre di ponta, et perciò con brevitude passeranno. Dico dunque che sel nemico si assettarà come tu di sopra et egli volesse tirarti una spiedata, o bassa, o alta, tu quella con il tuo spiedo per di fuora verso le tue parti manche urterai, et così serai sicurato tirandogli tu perciò in risposta di una cotale spiedata ne gli fianchi, et crescendo in quel tempo alquanto con in piede manco innanzi.*

INTERPRETAZIONE

T1 – V1

- Guardia di spiedo (piede sx avanzato)
- Guardia di spiedo (piede sx avanzato)
- Punta alla gamba avanzata
- Parata verso il proprio lato sinistro, accrescere (piede sx), punta ai fianchi (vedi **Nota 1**)
- Guardia di spiedo (piede sx avanzato, vedi **Nota 2**)

Oppure

T1 – V2

- Guardia di spiedo (piede sx avanzato)
- Guardia di spiedo (piede sx avanzato)
- Punta al bersaglio alto
- Parata verso il proprio lato sinistro, accrescere (piede sx), punta ai fianchi (vedi **Nota 3**)
- Guardia di spiedo (piede sx avanzato, vedi **Nota 2**)

Nota 1: in questo caso la parata è estremamente semplice dato che la punta della propria arma è già orientata verso terra; basterà ribattere il colpo dell'avversario verso il proprio lato sinistro.

Nota 2: sebbene il testo non riporti nulla in proposito, dopo aver sferrato il colpo di punta ai fianchi, si consiglia di togliere misura ed agiarsi nella guardia inziale.

Nota 3: nel caso di un colpo diretto al bersaglio alto, si dovrà portare la lama in alto, in modo da ribattere quella avversaria verso il proprio lato sinistro; è qui che vengono in aiuto i *rebbi* dello spiedo.

7.2.3 SECONDA PARTE – T2

Nel caso in cui *"…ti sentissi essere più possente di lui…"*, si cercherà di inforcare l'arma avversaria con i *rebbi* della propria e, spingendola verso il proprio lato sinistro, aprire la linea di attacco per eseguire una rapida punta ai fianchi.

T2	*Ma se ti sentissi essere più possente di lui, tu tenterai di inforcare le ali del suo spiedo con quelle del tuo, et non lo abbandonando, ti sforzerai spignerlo forte in fuori verso le tue manche parti, et così gli potrai dare d'una punta ne gli fianchi.*
	INTERPRETAZIONE

- Guardia di spiedo (piede sx avanzato)
- Guardia di spiedo (piede sx avanzato)
- Blocco dell'arma avversaria usando i rebbi dello spiedo e spingendo verso il proprio lato sinistro, punta ai fianchi (vedi **Nota 1**)

Nota 1: sebbene il testo non riporti nulla in proposito, si consiglia di togliere misura ed agiarsi nella guardia iniziale, dopo aver sferrato il colpo di punta ai fianchi.

7.2.4 ULTIMA PARTE – C1

La trattazione di Antonio Manciolino sullo spiedo si conclude con l'indicazione di passare in guardia destra ogni qual volta l'avversario facesse lo stesso.

Inoltre, ribadisce la possibilità di eseguire la tecnica precedente (T2) anche con altri tipi di armi inastate benché prive di rebbi.

C1	*Ma se egli voltasse la guardia, et che venisse con il destro innanzi tu la cangerai come egli, et questo medesimo urtare si può fare con uno quadrello, o spontone, che dir vuoi, che per il defetto delle ali nò puote inforcare come il spiedo.*
	INTERPRETAZIONE

- Guardia di spiedo (piede dx avanzato)
- Guardia di spiedo (piede dx avanzato)
- Cambiare guardia portando avanti piede dx

Capitolo 8: Antonio Manciolino – Combattere di Ronca contra Ronca

8.1 TRASCRIZIONE

Combattere di Ronca contra Ronca.

Ti apporrai contra il tuo nimico con il piede destro innanzi, & con la manca prenderai la Ronca nel pedale suo, & la mano dritta deve esser avanti, & in cotale assettamento ti volgerai verso lo nimico & farai che 'l corno della ronca guardi verso terra, & tu crescendo alquanto con il piede destro innanzi spigneragli nella faccia una punta tirando insiememente giuso con esso corno uno stratiamento per le braccia, & tirando un'altra punta nel petto ti leverai a l'indietro con uno salto a piede pari. Indi ti assetterai in un'altra guardia, cioè con lo piede manco innanzi, & con la ronca in aere in guisa di dargli un mandritto per testa, et così gli anderai adosso. Ma se egli tirasse uno mandritto per testa, tu subito varcherai con il piede destro verso le sue sinistre parti tirandogli uno medesimo mandritto in su la ronca sua in modo, che tu la percota in terra subito gli tirerai una punta per fianco levandoti poi con uno salto a l'indietro. Et indi ritornerai in quella guardia con il piede manco innanzi in atto di dargli di uno mandritto per testa. Ma se egli tirasse anchora per ferirti la gamba di mandritto, o di punta, tu subito varcherai con il piede destro innanzi dannando li predetti colpi con uno falso di sotto in su della tua ronca, et poi sospignendogli una punta per li fianchi. Ma se 'l tirasse la punta per faccia, tu facendo quello medesimo passare, percoterai pur la sua ronca con uno mandritto cacciandogli dipoi una punta nel petto.

8.2 Disamina delle Tecniche

8.2.1 Guardie

Così come per la parte sulla ronca di Achille Marozzo, anche quella di Antonio Manciolino propone alcune delle guardie tipiche del combattimento con questo tipo di armi; è difficile non notare la somiglianza con la disciplina del combattimento con azza in armatura trattato dall'Anomimo Bolognese, simile alla dissertazione di Achille Marozzo su ronca e alabarda.

Manciolino descrive ed impiega due guardie.

8.2.1.1 Prima Guardia di ronca: Porta di Ferro Stretta

La guardia viene descritta e utilizzata nella parte iniziale della trattazione:

> *"…Ti apporrai contra il tuo nimico con il piede destro innanzi, & con la manca prenderai la Ronca nel pedale suo, & la mano dritta deve esser avanti, & in cotale assettamento ti volgerai verso lo nimico & farai che 'l corno della ronca guardi verso terra…"*

Il piede destro è in posizione avanzata, così come la mano destra che impugna l'asta a circa metà della lunghezza, mentre la sinistra è in basso, presso il calcio. La testa dell'arma è rivolta verso l'avversario, con il becco verso terra. Il busto è profilato verso destra.

Sebbene l'autore non le attribuisca alcun nome, questa guardia è a tutti gli effetti una Porta di Ferro Stretta, come quella descritta ed utilizzata dall'Anonimo Bolognese relativamente al combattimento con azza. La medesima guardia viene impiegata nella scuola medievale italiana: da Fiore dei Liberi con l'azza in arme e con la spada a due mani in arme; da Filippo Vadi con la spada a due mani in arme. Ne esistono due versioni: una più bassa, a livello dei genitali, con le braccia stese verso il basso, chiamata Posta Serpentina Sotana (*Flos Duellatorum* ms Getty, Vadi); una più alta, a livello del ventre (*Flos Duellatorum* ms Morgan e Pisani Dossi). La versione *alta*, Posta Breve Serpentina, potrebbe essersi imposta col tempo, tuttavia, risalendo ai tempi del ms Getty e Morgan, sembra che in origine entrambe le posizioni venissero classificate come Posta Breve Serpentina; forse solo in seguito è stata adottata una differenziazione. Filippo Vadi esegue la sua Sotana Posta Serpentina con la mano sinistra in senso inverso alla Porta di Ferro Stretta della Scuola Bolognese e in Fiore dei Liberi; quindi la guardia sembra avere caratteristiche differenti alla stessa impiegata da altri autori.

L'autore utilizza questa guardia in una sola sequenza (T1), con intenti marcatamente offensivi.

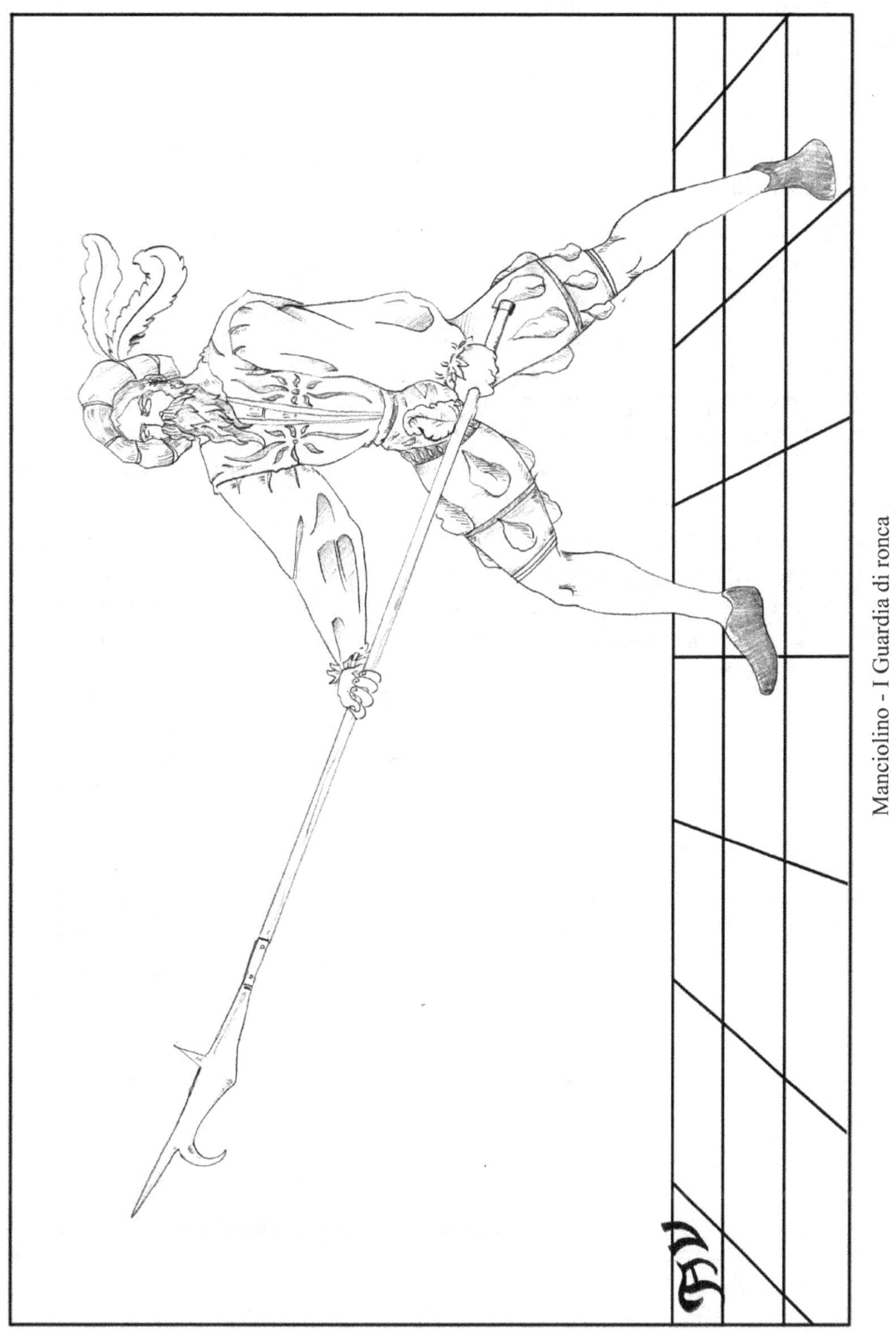
Manciolino - I Guardia di ronca

8.2.1.2 Seconda Guardia di ronca: Guardia Alta

Descritta alla fine della prima parte della trattazione, questa guardia viene impiegata in tutte le altre sequenze e corrisponde alla Prima Guardia di ronca, alabarda e azza di Achille Marozzo, ossia Guardia Alta:

> *"...ti assetterai in un'altra guardia, cioè con lo piede manco innanzi, & con la ronca in aere in guisa di dargli un mandritto per testa..."*

È specialmente il confronto con l'Anonimo Bolognese che consente di classificarla come una versione di Guardia Alta:

> *"...Trovandoti contra al tuo nemico con l'Accia in mano in guarda alta, col piede manco innanzi, et con la man destra in alto levata, trovandosi la sinistra innnanzi col calcio de l'Accia..."* (Ms. 346 Biblioteca Classense).

Si tratta della guardia tipica impiegata dai vari autori nel combattimento con questa tipologia di armi. Sebbene il testo non ne faccia menzione, è possibile ipotizzare che Manciolino, a differenza di altri autori, impieghi questa guardia impugnando l'asta con la mano sinistra presso il calcio dell'arma e non a circa due terzi della lunghezza: infatti non viene fatta menzione relativamente alla necessità di cambiare tipo di impugnatura, passando da Porta di ferro Stretta a Guardia Alta. Potrebbe essere sottinteso, e questo la ricongiungerebbe a quella usata dagli altri due autori.

Riassumendo, il piede sinistro è in posizione avanzata, così come la mano destra che impugna l'asta poco sotto alla metà della lunghezza, mentre la sinistra è presso il calcio o a due terzi dell'asta. La testa dell'arma è rivolta in alto, con il becco verso l'avversario. Il busto è profilato e offre un invito al lato sinistro. Il testo propone un uso paziente della guardia (T2, T3 e T4), dalla quale nascono azioni di *parata e risposta*.

Manciolino - II Guardia di ronca

8.2.2 PRIMA PARTE – T1

La trattazione di Antonio Manciolino inizia con una sequenza nella quale, partendo dalla Porta di Ferro Stretta di ronca,

si esegue un rapido accrescere della gamba avanzata e si sferra una punta al volto dell'avversario, per poi ferirlo alle braccia con un taglio *segato* portato col il becco dell'arma. La sequenza si conclude mettendosi al sicuro con un salto all'indietro mentre si sferra un colpo di punta a chiusura della linea di attacco centrale avversaria, per poi agiarsi nella Guardia Alta di ronca. Filippo Vadi propone qualcosa di simile nel suo primo gioco di azza, portando una punta diretta al viso dell'avversario, il quale si trova in guardia di Dente de Cinghiale, che corrisponde ad una Porta di Ferro Larga della Scuola Bolognese. Forse Vadi ha ideato questa azione per cercare di spiegare un'immagine del *Flos Duellatorum* che illustrava una tecnica diversa.

T1	*Ti apporrai contra il tuo nimico con il piede destro innanzi, & con la manca prenderai la Ronca nel pedale suo, & la mano dritta deve esser avanti, & in cotale assettamento ti volgerai verso lo nimico & farai che 'l corno della ronca guardi verso terra, & tu crescendo alquanto con il piede destro innanzi spigneragli nella faccia una punta tirando insiememente giuso con esso corno uno stratiamento per le braccia, & tirando un'altra punta nel petto ti leverai a l'indietro con uno salto a piede pari. Indi ti assetterai in un'altra guardia, cioè con lo piede manco innanzi, & con la ronca in aere in guisa di dargli un mandritto per testa, et così gli anderai adosso.*

INTERPRETAZIONE

- 🛡 Porta di Ferro Stretta di ronca (piede dx avanzato)

- ✕ Accrescere (piede dx), punta al volto, colpo di taglio segato alle braccia (vedi **Nota 1**)

- ✕ Salto indietro, punta al petto, andare in (vedi **Nota 2**)

- 🛡 Guardia Alta di ronca (piede sx avanzato vedi **Nota 2**)

Nota 1 mentre si compie un accrescere con il piede destro avanzato, si sferra una punta alla faccia dell'avversario e, recuperando l'arma e raccogliendo a sé le braccia, si sferra un taglio *segato* con il *corno* (becco) della ronca alle braccia dell'avversario:

"…crescendo alquanto con il piede destro innanzi spigneragli nella faccia una punta tirando insiememente giuso con esso corno uno stratiamento per le braccia…"

Grazie al colpo alle braccia si impedisce all'avversario un'azione offensiva improvvisa e inaspettata.

Nota 2: il colpo di punta, sferrato mentre si toglie misura con un salto indietro, non ha un vero e proprio bersaglio; viene eseguito a chiusura della linea di attacco centrale in modo da prevenire e/o proteggersi da improvvise reazioni da parte dell'avversario:

"…tirando un'altra punta nel petto ti leverai a l'indietro con uno salto a piede pari. Indi ti assetterai in un'altra guardia, cioè con lo piede manco innanzi, & con la ronca in aere in guisa di dargli un mandritto per testa…"

Fatto questo ci si agia nella Guardia Alta di ronca.

8.2.3 SECONDA PARTE – T2

Nel momento in cui l'avversario sferra un mandritto alla testa, si compie un passo obliquo con il piede destro e si para con un mandritto, ribattendolo in basso alla propria sinistra per poi ferire l'avversario con una punta al fianco. Successivamente, ci si mette al sicuro con un salto all'indietro, per poi agiarsi nella guardia iniziale. Una tecnica simile è la versione del ms Pisani Dossi nel secondo gioco di azza del *Flos Duellatorum* (illustrazioni 27B-1, 27B2), nel quale però la punta viene sferrata al volto, dato che il fianco è ben protetto dall'armatura.

T2	*Ma se egli tirasse uno mandritto per testa, tu subito varcherai con il piede destro verso le sue sinistre parti tirandogli uno medesimo mandritto in su la ronca sua in modo, che tu la percota in terra subito gli tirerai una punta per fianco levandoti poi con uno salto a l'indietro. Et indi ritornerai in quella guardia con il piede manco innanzi in atto di dargli di uno mandritto per testa.*

INTERPRETAZIONE

- Guardia Alta di ronca (piede sx avanzato)

- Mandritto alla testa

- Passo obliquo (piede dx), parata *"tirandogli uno medesimo mandritto in su la ronca sua"*, punta al fianco (vedi **Nota 1**)

- Salto indietro, andare in

- Guardia Alta di ronca (piede sx avanzato)

Nota 1: viene descritta una *parata e risposta*:

"...tu subito varcherai con il piede destro verso le sue sinistre parti tirandogli uno medesimo mandritto in su la ronca sua in modo, che tu la percota in terra subito gli tirerai una punta per fianco..."

Si tratta di una parata *di picco* eseguita sferrando un mandritto sul medesimo colpo dell'avversario, in modo da ribattere l'arma verso terra sul proprio lato sinistro e poter sferrare il successivo colpo di punta al fianco. La parata si esegue compiendo un passo obliquo con il piede destro.

8.2.4 TERZA PARTE – T3

La sequenza propone un particolare tipo di *parata e risposta*: parando *"con uno falso di sotto in su"*, un mandritto, oppure una punta che ha come bersaglio la gamba avanzata, si sferra una punta al fianco dell'avversario. Successivamente ci si agia nella guardia iniziale, mettendosi al sicuro con un salto all'indietro.

T3	*Ma se egli tirasse anchora per ferirti la gamba di mandritto, o di punta, tu subito varcherai con il piede destro innanzi dannando li predetti colpi con uno falso di sotto in su della tua ronca, et poi sospignendogli una punta per li fianchi.*

INTERPRETAZIONE

Guardia Alta di ronca (piede sx avanzato)

Mandritto **Oppure** punta alla gamba avanzata

Passo avanti (piede dx), parata *"con uno falso di sotto in su"*, punta al fianco (vedi **Nota 1**)

Salto indietro, andare in (vedi **Nota 2**)

Guardia Alta di ronca (piede sx avanzato, vedi **Nota 2**)

Nota 1: viene descritta una *parata e risposta*:

"...tu subito varcherai con il piede destro innanzi dannando li predetti colpi con uno falso di sotto in su della tua ronca, et poi sospignendogli una punta per li fianchi..."

La parata, da eseguirsi mentre si avanza con un passo del piede destro, è alquanto particolare e, per effettuarla correttamente, è necessario portare verso il basso la testa della propria ronca in modo che impatti l'arma avversaria con il dorso della lama, dal basso verso l'alto; per analogia con la spada da lato, l'autore lo definisce *"falso di sotto in su"*.

Fatto questo si potrà colpire l'avversario con una punta ai fianchi.

Nota 2: sebbene il testo non riporti nulla a questo proposito, e per analogia a quanto visto precedentemente, una volta eseguita la punta ai fianchi si consiglia di agiarsi in Guardia Alta di ronca saltando all'indietro.

8.2.5 QUARTA PARTE – T4

Parte conclusiva della trattazione circa il combattimento con la ronca. Si tratta della stessa sequenza proposta nella T2, ma in questo caso si para un colpo di punta e non un mandritto alla testa.

T4	*Ma se 'l tirasse la punta per faccia, tu facendo quello medesimo passare, percoterai pur la sua ronca con uno mandritto cacciandogli dipoi una punta nel petto.*

INTERPRETAZIONE
⛊   Guardia Alta di ronca (piede sx avanzato)
⚔   Punta alla faccia
✕   Passo obliquo (piede dx), parata *"tirandogli uno (…) mandritto in su la ronca sua"*, punta al fianco (vedi **Nota 1**)
✕   Salto indietro, andare in (vedi **Nota 2**)
⛊   Guardia Alta di ronca (piede sx avanzato, vedi **Nota 2**)

Nota 1: mentre si compie un passo avanti con il piede destro, si para il colpo avversario sferrando un mandritto:

"…facendo quello medesimo passare, percoterai pur la sua ronca con uno mandritto cacciandogli dipoi una punta nel petto …"

Si tratta della stessa parata *di picco* descritta nella T2, eseguita sferrando un mandritto sul colpo di punta dell'avversario, in modo da ribattere l'arma verso il proprio lato sinistro e poter sferrare il colpo di punta al fianco. La parata è da eseguirsi mentre si compie un passo obliquo con il piede destro.

Nel complesso il testo descrive una *parata e risposta*.

Nota 2: sebbene il testo non riporti nulla a questo proposito, e per analogia a quanto visto precedentemente, una volta eseguita la punta ai fianchi si consiglia di agiarsi in Guardia Alta di ronca saltando all'indietro.

Capitolo 9: Antonio Manciolino – Combattere con le Lancie in mano da solo a solo

9.1 TRASCRIZIONE

Combattere con le Lancie in mano da solo a solo.

Tu piglierai la tua lancia primieramente con la man destra, et con il piede diritto innanzi a grande passo, & ponendo che 'l nemico (come tu) si adagi, & com'egli il primo feritore sia, mentre egli havente il piede manco innanzi prenderà la sua lancia in mano per cagione di tirarla, verso te, tu farai per risposta il somigliante ma non moverai la punta della lancia da terra, & mentre gli spignerai la prima lanciata, tu l'urterai con la tua lancia per traverso, & verso le tue manche parti in guisa, che habbi libertate di andar a ferirlo. Indi subito passerai con il piede destro, & poi con il manco tirandogli una lanciata per fianco. Ma se tu volessi essere el primo feritore, tu varcherai con il piede destro innanzi spingendogli una lanciata per cagione che egli faccia quel urtare, che tu facesti, & com'egli urterà, subito tirando la tua lancia per traverso la lascerai andar fuori di mano & cader sopra la sua verso le sue destre parti, & in questo tempo correndogli adosso verso il pedale della sua lancia caccierai mano alla spada o pugnale, che al lato havrai, & giuntolo inavertito lo ferirai a tuo piacere. Et se per caso egli facesse questo tirare di lancia a te, tu darai una buona tirata alla tua lancia con la mano diritta a l'indietro lasciandola correre per la tua mano manca per infino al ferro, et a questo modo egli non ti potrà offendere, né con spada, né con pugnale, & ancho egli potrà fare questo medesimo, & perché pochi, di tale cose sono intenditori, voi sempre sarete gli vantaggiati.

Ritrovandoti anchora con il piede manco innanzi contra lo nimico, tu valicherai con lo piede destro innanzi tirandoli una lanciata per il petto con una risposta riversa, & se lo nemico fosse quello, che cotale lanciata tirasse, tu farai sembiante di fuggire quattro o cinque passi a l'indietro tirandoti dietro la tua lancia con la mano destra, et in cotal correre ti gitterai per traverso verso le tue diritte parti, & quivi piglierai la lancia in mano, et andandogli addosso gli spignerai una lanciata ne li fianchi, perché lo troverai sconcio. Ma se 'l nemico facesse quello, che a te ho sopra insegnato, tu torai la lancia in mano & seguitarailo dietro mentre gli fuggirà, & com'egli vorrà gittarsi per traverso, tu gli darai una lanciata prima che egli sia agiato per prender la sua lancia.

Anchora quando havrai la lancia in mano tu potrai far vista di tirargli una lanciata, & egli per timore di quella fuggirà con lo piede manco a l'indietro per cagion di ripararsi, allhora tu correrai quattro o cinque passi per traverso, & verso le sue manche parti, & così trovandolo sconcio gli caccierai una lanciata per fianco. Potresti anchora correr verso le sue destre parti, & far quello medesimo colpo il quale è singolarissimo & utile combattendo solo con solo. El contrario di questo è che mentre lo vederai correre, tu ritirerai il piede destro indietro pigliando la tua lancia con la manca mano, perché non potrai esser offeso essendo buono per ferire (com'egli).

Tu puoi etiandio tirargli una lanciata con il piede destro innanzi abbandonando la manca mano dalla lancia, spignendo lo braccio destro verso le tue manche parti, in guisa che 'l tuo fianco destro sia dirimpetto al volto del nimico, & la punta della lancia si trovi verso le sue sinistre parti, & quivi aspetterai che egli tiri, & come egli tirerà per ferirti di una lanciata per fianco, tu scorrerai con lo piede manco innanzi spignendo la tua mano destra molto in fuori verso le tue destre parti, & così ti havrai schermito da quella. Poi tu piglierai la lancia di subito con la mano manca, et passerai con il destro innanzi ferendogli il petto con una lanciata.

El contrario suo sia che mentre egli si scoprirà per ripararsi, tu farai sembiante di tirare. Perché s'egli venirà avanti per far quello che facesti tu, egli si troverà tutto scoperto per cagione del sembiante da te fatto, & così lo potrai ferire di una lanciata a tua voglia. Se vuoi ancora mettere di fuori el nemico per avantaggio, come tu lo vedrai con el piede manco innanzi, tu cangierai le mani la lancia tenente in guisa che la destra sia alla sinistra antiponuta, & così scorrerai con il piede destro innanzi. Overo se tu havessi la lancia con la mano destra innanzi cangierai la mano per ponere di fuori el tuo nemico, & quando lo vedrai con il piede destro innanzi conoscerai el nemico posto di fuori. Ma a cotal cangiare di mano farai quando amenduo sarete dentro, per mettere di fuori el nemico, acciò che nuocere non ti possi.

Ma se tu havessi la lancia & fossi assalito da uno che havesse partigiana o ronca o spiedo o altra arma, tu piglierai la lancia nel mezzo et sodisfarà che tu habbi uno braccio di lancia di vantaggio, & di più che la lunghezza della nemica arma & così serai sicuro che se tu volessi con tutta la lunghezza della tua lancia combattere contra una arma corta, egli più agevolmente la potrebbe urtare & correrti addosso, & replicando un'altra fiata il detto di sopra (chiuderò el libro et farò fine) cioè che di tutte le armi hastate è uno proprio ferire, et quello è di punta.

9.2 DISAMINA DELLE TECNICHE

9.2.1 GUARDIE

Il combattimento con la lancia è probabilmente la disciplina più complessa trattata da Antonio Manciolino, non tanto per il grado di difficoltà tecnica, quanto per la scarsità delle informazioni riportate nel testo. Questo risulta lampante fin dall'inizio, quando si tratta di identificare le guardie utilizzate dall'autore, che si limita a dare chiare indicazioni solo per quanto concerne la posizione avanzata di mani e piedi.

Un piccolo ma importante indizio, fornito alla fine della trattazione, riguarda la necessità di accorciare l'impugnatura sull'asta quando si combatte contro un avversario in possesso di armi più corte (come la partigiana, lo spiedo, la ronca) e indica che, in condizioni normali, la mano avanzata impugna l'asta presso il centro e quella arretrata ad una distanza dall'altra di poco superiore all'ampiezza delle spalle:

> *"...tu piglerai la lancia nel mezzo et sodisfarà che tu habbi uno braccio di lancia di vantaggio, et di più che la lunghezza della nemica arma..."*

In questo modo si ottiene un vantaggio di misura di circa un braccio rispetto a chi brandisce un'arma in asta di tipo diverso.

All'interno di questo contesto, e grazie ad ulteriori dettagli presenti nella trattazione, è possibile identificare due guardie principali, più una terza che viene indirettamente descritta nella parte finale.

9.2.1.1 Prima Guardia di lancia

Questa guardia viene descritta all'inizio della trattazione: da eseguirsi con il piede destro in posizione avanzata in *largo passo,* mentre la mano destra impugna l'asta dell'arma:

> *"...Tu piglierai la tua lancia primeramente con la man destra, et con il piede diritto innanzi a grande passo..."*

Un brano successivo del testo fa presumere che la punta dell'arma sia rivolta verso terra:

> *"...non moverai la punta della lancia da terra..."*

Queste solo le uniche informazioni riportate dall'autore sulle quali poter fare affidamento.

Per tentare una ricostruzione attendibile, si possono estrapolare alcune informazioni mancanti dalla trattazione di Achille Marozzo, relativa alla picca e al lanciotto.

Così facendo risulterebbe una guardia speculare alla Prima Guardia di picca e lanciotto, con la punta dell'arma rivolta verso terra anziché *"a l'inscontro per lo dritto del petto del tuo nimico".*

Ricapitolando, si tratta di una guardia con il piede destro in posizione avanzata, entrambe le braccia stese, con la mano sinistra presso il calcio dell'arma e la destra in posizione avanzata ad una lunghezza di poco superiore all'ampiezza delle spalle. Il busto è quasi profilato, e offre un chiaro invito alle parti destre. La punta dell'arma è rivolta verso terra in una sorta di versione *larga* della guardia.

Un ulteriore aiuto giunge dal pisano Filippo Vadi, che nel suo *De arte gladiatoria dimicandi* (1487) mostra una guardia con gli stessi requisiti, proprio nella parte dedicata al combattimento con la lancia (*lanza longa*).

Filippo Vadi, Guardia di lanza longa

Manciolino - I Guardia di lancia

9.2.1.2 Seconda Guardia di lancia

Si tratta di una variante della Prima Guardia di lancia, eseguita con il piede sinistro in posizione avanzata, mantenendo la presa sull'asta mostrata in precedenza:

"…Ritrovandoti anchora col piede mancho innanzi contra lo nimico…"

Non vengono fornite indicazioni relative alla posizione della punta che, molto probabilmente, continua ad essere orientata verso terra come nella guardia precedente; essendo però il piede sinistro avanzato e l'arma impugnata in modo analogo con la mano destra, la lancia sarà orientata verso il lato sinistro dell'avversario, offrendo un invito al proprio lato sinistro.

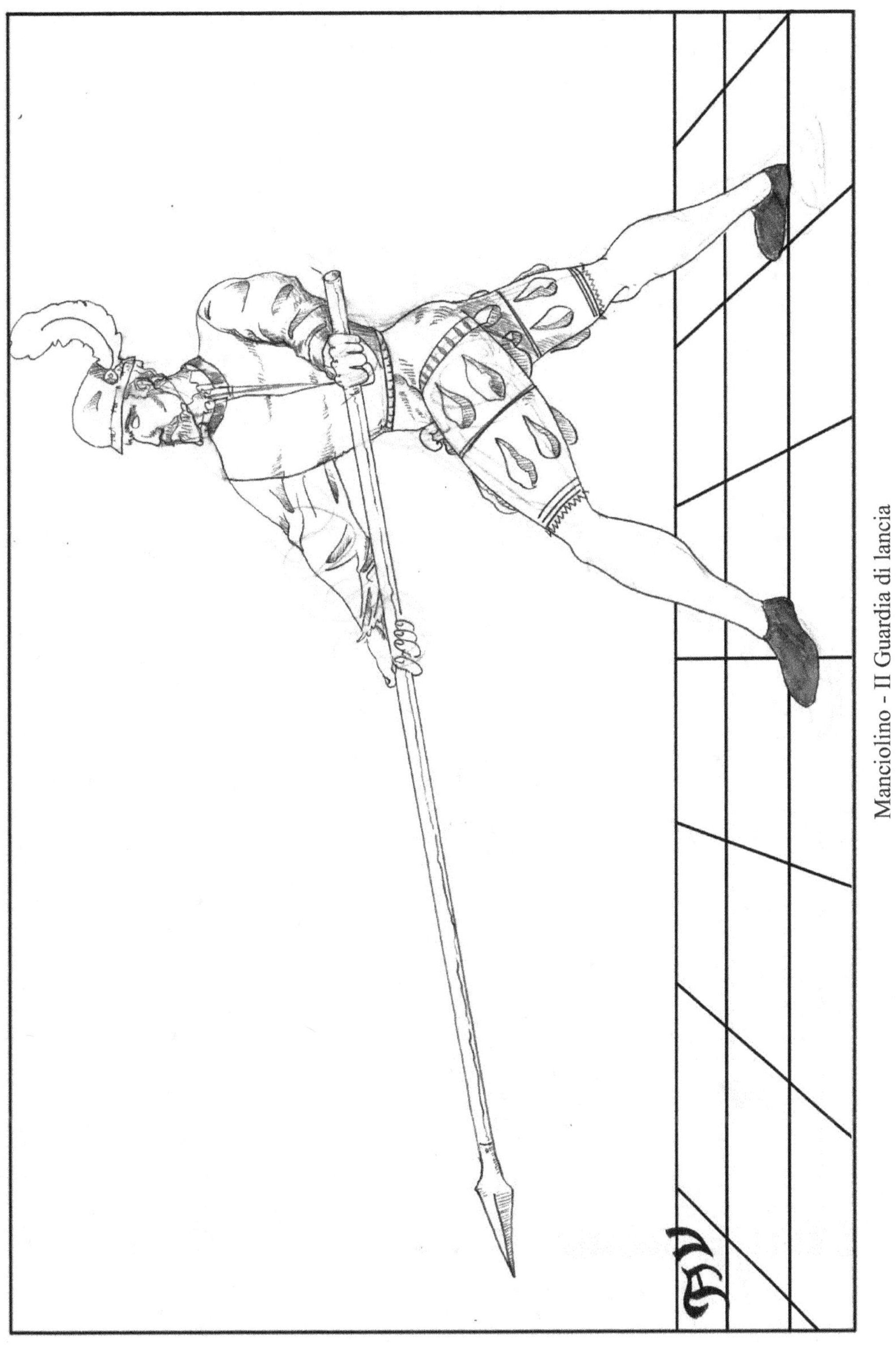

Manciolino - II Guardia di lancia

9.2.1.3 Terza Guardia di lancia

La Terza viene descritta in maniera indiretta nella parte finale della trattazione, nella quale l'autore fornisce una serie di consigli generali (C1) ed è possibile ricostruirla in base al passeggio e a come si sviluppa l'azione.

Nel complesso, si tratta della Prima Guardia di lancia eseguita impugnando l'asta dell'arma con la mano destra presso il calcio e la sinistra in posizione avanzata.

Manciolino - III Guardia di lancia

9.2.2 PRIMA PARTE – T1, CT1, CCT1

La parte dedicata al combattimento con la lancia inizia con una sequenza criptica, che può dar adito a diverse interpretazioni relativamente al comportamento dell'avversario e, di conseguenza, allo sviluppo dell'azione.

Per quanto concerne l'avversario il testo recita quanto segue:

> *"…mentre egli havente il piede manco innanzi prenderà la sua lancia in mano per cagione di tirarla, verso te…"*

Innanzi tutto, non è chiaro l'uso del verbo *tirare*; a prima vista potrebbe riferirsi anche all'intenzione di lanciare l'arma e non solo a quella di sferrare un colpo. Tuttavia, come indicato in precedenza a proposito delle dimensioni dell'arma, quella che Manciolino chiama lancia è piuttosto una picca, per cui non risulta semplice da lanciare. Viene in aiuto il passaggio successivo che descrive la contraria a questa tecnica, e dal quale si evince che il lancio dell'arma non è contemplato:

> *"…Ma se tu volessi essere el primo feritore, tu varcherai con il piede destro innanzi spingendogli una lanciata per cagione ch'egli faccia quel urtare, che tu facesti…"*

Non appena l'avversario compie il passo avanti sferrando il colpo di punta, si para il colpo intercettando l'arma avversaria grazie all'inclinazione delle propria (*"…tu farai per risposta il somigliante ma non moverai la punta della lancia da terra…"*), per poi urtare la sua lancia verso la propria sinistra, sferrando al contempo una punta ai fianchi (*"…& mentre gli spignerai la prima lanciata, tu l'urterai con la tua lancia per traverso…"*), eseguendo una *contrazione*, oppure una rapida *parata e risposta*. Si prosegue l'azione inseguendo l'avversario con due passi e un secondo colpo di lancia.

Il fatto che il testo specifichi che si compiano due passi avanti mentre si sferra il colpo, non depone a favore di questa versione.

CT1. Nella contraria non si avanza con un passo intero del piede sinistro (come faceva l'avversario), ma con un accrescere del piede destro. Questo permette di avere il tempo e lo spazio necessario per mandare a vuoto il tentativo dell'avversario di urtare l'arma. In questo modo, si potrà eseguire una *cavazione angolata* (*coupè*), facendo passare la propria lancia sopra a quella avversaria in senso orario e, passando, lasciar cadere la propria arma sopra la sua verso la propria sinistra, lasciandola andare con la mano destra, in modo che la punta vada a terra. Questo permette di spingere con la mano sinistra verso il proprio lato sinistro, spostando la arma avversaria in basso e sul lato sinistro, aprendo la linea di attacco avversaria. A questo punto, estraendo la spada o il pugnale con la mano destra, ci si scaglia sull'avversario. Manciolino indica di andare verso il pedale della sua lancia, il che permette di avvicinare l'avversario diagonalmente verso il suo lato sinistro, rendendogli più difficile intervenire efficacemente con eventuali armi più corte.

CCT1. Il testo propone anche una contraria alla contraria: nel caso in cui l'avversario tenti di eludere la *battuta* o la parata eseguendo la CT1, sarà sufficiente ritirare la propria arma spingendola con la mano destra avanzata e facendo scorrere l'asta fino al ferro, all'interno della mano sinistra arretrata, senza mai togliere la punta dalla presenza dell'avversario; non essendo più in controllo dell'arma, minacciato dalla punta della nostra lancia pronta a scattare di nuovo avanti per coglierlo prima che entri in misura, l'avversario non potrà proseguire con il tentativo di ferire con una delle armi secondarie.

T1	*Tu piglierai la tua lancia primieramente con la man destra, et con il piede diritto innanzi a grande passo, & ponendo che 'l nemico (come tu) si adagi, & com'egli il primo feritore sia, mentre egli havente il piede manco innanzi prenderà la sua lancia in mano per cagione di tirarla, verso te, tu farai per risposta il somigliante ma non moverai la punta della lancia da terra, & mentre gli spignerai la prima lanciata, tu l'urterai con la tua lancia per traverso, & verso le tue manche parti in guisa, che habbi libertate di andar a ferirlo. Indi subito passerai con il piede destro, & poi con il manco tirandogli una lanciata per fianco.*

INTERPRETAZIONE

🛡 Prima Guardia di lancia (piede dx avanzato)

⚔ Prima Guardia di lancia (piede dx avanzato)

⚔ Passo avanti (piede sx), colpo di punta

✕ Passo avanti (piede sx), *contrazione* sferrando una punta bassa e parando al contempo verso il proprio lato sinistro **Oppure** rapida *parata e risposta*, passo avanti (piede dx), passo avanti (piede sx), colpo di punta

CT1	*Ma se tu volessi essere el primo feritore, tu varcherai con il piede destro innanzi spingendogli una lanciata per cagione ch'egli faccia quel urtare, che tu facesti, et come egli urterà, subito tirando la tua lancia per traverso la lascerai andar fuori di mano et cader sopra la sua verso le sue destre parti, et in questo tempo correndogli addosso verso il pedale della sua lancia caccierai mano alla spada o pugnale, che al lato havrai, et giuntolo inavertito lo ferirai a tuo piacere.*

INTERPRETAZIONE

Prima Guardia di lancia (piede dx avanzato)

Prima Guardia di lancia (piede dx avanzato)

Accrescere (piede dx), colpo di punta (T1)

Tenta T1

Cavazione angolata sopra l'arma avversaria, mano DESTRA – Lasciar cadere la propria lancia in modo che la punta tocchi terra, mano SINISTRA – Spingere entrambe le armi verso la propria sinistra legando e sottomettendo l'arma avversaria, correre addosso all'avversario, ferire con un colpo spada o di pugnale (vedi **Nota1**)

Nota 1: il testo recita quanto segue:

"…come egli urterà, subito tirando la tua lancia per traverso la lascerai andar fuori di mano et cader sopra la sua verso le sue destre parti…"

Nel momento in cui l'avversario tenta di urtare la lancia, la si lascia andare con la mano destra in modo che la punta vada verso a terra; con la mano sinistra la si spinge verso sinistra, sopra e contro l'arma avversaria, mantenendo il controllo di quest'ultima.

Si prosegue correndo incontro all'avversario (mantenendosi alla sua sinistra verso il pedale) per ferirlo dopo aver estratto la spada o il pugnale:

"…et in questo tempo correndogli addosso verso il pedale della sua lancia caccierai mano alla spada o pugnale, che al lato havrai, et giuntolo inavertito lo ferirai a tuo piacere…"

CCT1	*Et se per caso egli facesse questo tirare di lancia a te, tu darai una buona tirata alla tua lancia con la mano diritta al indietro lasciandola correre per la tua mano manca per infino al ferro, et a questo modo egli non ti potrà offendere, ne con spada ne con pugnale, et ancho egli potrà fare questo medesimo, et perché pochi, di tale cose sono intenditori, voi sempre sareti gli vantaggiati.*

INTERPRETAZIONE

- Prima Guardia di lancia (piede dx avanzato)
- Prima Guardia di lancia (piede dx avanzato)
- Passo avanti piede sx portando l'arma alla presenza (T1)
- Tentare T1
- Tenta CT1
- Ritrarre l'arma facendola scorrere (vedi **Nota1**)

Nota 1: nel momento in cui l'avversario abbandona la propria arma con la mano destra, lasciandola cadere con la punta a terra e spingendo la nostra lancia, si farà scorrere l'asta della lancia dentro la propria mano sinistra, fino al ferro, sottraendola così al controllo dell'avversario e restando con la punta vicina alla mano sinistra rivolta verso quest'ultimo, pronta a scattare nuovamente in avanti:

"...Et se per caso egli facesse questo tirare di lancia a te, tu darai una buona tirata alla tua lancia con la mano diritta al indietro lasciandola correre per la tua mano manca per infino al ferro..."

9.2.3 SECONDA PARTE – T2, CT2, CCT2

T2. Si tratta di una sequenza abbastanza lineare nella quale, dopo aver eseguito una punta dritta che, presumibilmente, l'avversario parerà verso la propria sinistra, si effettua una *parata di contro* per poi rispondere sferrando una punta roversa.

CT2. La contraria viene descritta in maniera sintetica e ambigua, soprattutto per quanto riguarda le scelte di tempo. In breve, mentre l'avversario esegue la T1, si arretra velocemente per poi colpire di punta al fianco scoperto.

CCT2. Nel caso in cui l'avversario tolga misura per tentare di ferire il fianco scoperto, lo si segue e lo si colpisce prima che inizi a spostarsi lateralmente.

T2	*Ritrovandoti anchora col piede mancho innanzi contra lo nimico, tu valicherai con lo piede destro innanzi tirandoli una lanciata per il petto con una risposta riversa,*

INTERPRETAZIONE
Seconda Guardia di lancia (piede sx avanzato)
Seconda Guardia di lancia (piede sx avanzato, vedi **Nota 1**)
Passo avanti (piede dx), *finta* di punta dritta (vedi **Nota 2**)
Parata (piede sx avanzato, vedi **Nota 2**)
Cavazione, punta ferma roversa (vedi **Nota 2**)

Nota 1: sebbene il testo non specifichi nulla al riguardo, l'avversario si trova molto probabilmente nella medesima guardia.

Nota 2: il testo è alquanto ambiguo relativamente all'esecuzione della sequenza:

"...tu valicherai con lo piede destro innanzi tirandoli una lanciata per il petto con una risposta riversa..."

Una possibile interpretazione, confermata dalla pratica in sala, consiste nell'eseguire una *provocazione* sferrando una punta sul lato destro dell'avversario, che parerà verso la propria sinistra per poi rispondere. A questo punto si eseguirà una *parata di contro,* portando la propria arma sul lato destro e colpendo con una punta roversa (*parata e risposta*).

In alternativa, nel caso in cui l'autore avesse utilizzato a sproposito il termine *risposta*, si può ipotizzare che il primo colpo sia una *finta* e che si esegua una *cavazione* sul tentativo di parata dell'avversario, concludendo con una punta roversa. In questo caso, il passo avanti inizia dopo l'esecuzione della *finta* (durante la quale è possibile spostare il peso e il tronco in avanti) e termina nel momento in cui, dopo aver eseguito la *cavazione*, si sferra la punta roversa.

CT2	*et se lo nimico fosse quello, che cotale lanciata tirasse, tu farai sembiante di fuggire quattro o cinque passi al indietro tirandoti dietro la tua lancia cò la mano destra, et in cotal correre ti gitterai per traverso verso le tue dritte parti, et quivi piglierai la lancia in mano, et andandogli adosso gli spignerai una lanciata ne li fianchi, perché lo troverai scoverto*

INTERPRETAZIONE

- Seconda Guardia di lancia (piede sx avanzato)
- Seconda Guardia di lancia (piede sx avanzato)
- Tenta T2

Quattro o cinque passi indietro lasciando la lancia con la mano sinistra e trascinandola con la destra **Oppure** tirandola indietro con la mano destra lasciandola scorrere nella sinistra, correre verso destra contro l'avversario, punta ai fianchi, riprendere l'arma con la mano sinistra se la si era lasciata andare (vedi **Nota 1**)

Nota 1: anche relativamente all'esecuzione della contraria il testo è poco accurato e, per fornire un'interpretazione sensata, è necessario ricostruire l'azione partendo dalla fine:

"...tu farai sembiante di fuggire quattro o cinque passi al indietro tirandoti dietro la tua lancia cò la mano destra, et in cotal correre ti gitterai per traverso verso le tue dritte parti, et quivi piglierai la lancia in mano, et andandogli adosso gli spignerai una lanciata ne li fianchi..."

La sequenza termina con una punta al fianco sinistro dell'avversario, che il testo identifica fornendo la direzione del proprio movimento:

"...ti gitterai per traverso verso le tue dritte parti, et quivi piglierai la lancia in mano, et andandogli adosso gli spignerai una lanciata ne li fianchi..."

Sottolinea che il fianco sinistro dell'avversario sarà scoperto:

"...perché lo troverai scoverto..."

In base a queste considerazioni, si ritiene che il colpo vada sferrato dopo che l'avversario ha tentato di ferire con la punta roversa, momento durante il quale scopre effettivamente il fianco sinistro.

Nel momento in cui l'avversario esegue la *finta* per poi sferrare la punta roversa a seguito della *cavazione*, si arretra *"...in cotal correre..."* di qualche passo (il *"...quattro o cinque passi al indietro..."* è una misura del tutto indicativa), per poi portarsi sul fianco sinistro dell'avversario e colpirlo con una punta, in modo improvviso e inaspettato.

Nel togliere misura arretrando, è necessario portare all'indietro la propria arma, probabilmente lasciandola andare con la mano sinistra e trascinandola:

"...tirandoti dietro la tua lancia cò la mano destra..."

Questo dettaglio permette, insieme al cambiamento di direzione del passeggio, di portare la propria arma sul lato sinistro scoperto dell'avversario; costui, probabilmente, sarà più intento a inseguire che a proteggersi, ritenendo l'antagonista inoffensivo.

CCT2	*Ma sel nimico facesse quello, che a te ho sopra insegnato, tu torai la lancia in mano et seguitarailo dietro mentre gli fugirà, et com'egli vorrà gittarsi per traverso, tu gli darai una lanciata prima che egli sia agiato per prender la sua lancia.*

INTERPRETAZIONE
Seconda Guardia di lancia (piede sx avanzato)
Guardia di lancia (piede sx avanzato)
Eseguire T2
Tenta CT2
Seguire l'avversario da vicino mentre arretra senza scoprirsi, colpirlo mentre inizia a spostarsi lateralmente

9.2.4 TERZA PARTE – T3, CT3

Come nel caso della sequenza precedente, anche questa inizia con una finta di punta alla quale l'avversario, che si trova in Seconda Guardia col piede sinistro avanzato, reagisce stavolta compiendo un passo indietro (che lo accompagna in una posizione alquanto scomoda) e portando il piede destro e la mano sinistra in avanti:

"...tu potrai far vista di tirargli una lanciata, et egli per timore di quella fuggirà col piede manco al indietro per cagion di ripararsi..."

Da qui il testo fornisce due possibili versioni:

- o T3.1   Ci si sposta correndo di qualche passo sul lato sinistro dell'avversario per sferrare una punta al fianco.
- o T3.2   Ci si sposta sul lato destro dell'avversario (movimento che il testo definisce *"singolarissimo et utile"*) e si sferra una punta al fianco.

CT3. La contraria prevede un passo indietro che ripristina la posizione originaria di Seconda Guardia, dalla quale ci si può difendere facilmente anche se l'avversario si spostasse su uno dei due lati.

| T3.1 | *Ancora quando havrai la lancia in mano tu potrai far vista di tirargli una lanciata, et egli per timore di quella fuggirà col piede manco al indietro per cagion di ripararsi, allora tu correrai quattro o cinque passi per traverso, et verso le sue manche parti, et così trovandolo scoverto gli cacierai una lanciata per fianco.* |

INTERPRETAZIONE

⬮ Seconda Guardia di lancia (piede sx avanzato, vedi **Nota 1**)

⚔ Seconda Guardia di lancia (piede sx avanzato, vedi **Nota 1**)

✕ *Finta* di punta dritta

⚔ Passo indietro (piede sx, vedi **Nota 2**)

✕ Quattro o cinque passi verso il proprio lato destro, punta ai fianchi (vedi **Nota 3**)

Nota 1: la guardia iniziale si può evincere dal passeggio dell'avversario, che a fronte della finta di punta esegue un passo indietro con il piede sinistro; la guardia in questione è dunque la Seconda di lancia, con il piede sinistro in posizione avanzata:

"...egli per timore di quella fuggirà col piede manco al indietro per cagion di ripararsi..."

Per quanto riguarda il combattimento con armi inastate, tutti gli autori concordano sull'importanza di assumere una guardia che abbia in posizione avanzata lo stesso piede dell'avversario. Per questo motivo, anche chi esegue la sequenza si trova in Seconda Guardia di lancia.

Nota 2: l'avversario, arretrando con un passo, esegue una *difesa di misura*.

Nota 3: come enunciato nella CT2 (Nota 1), il *"...quattro o cinque passi..."* è una misura del tutto indicativa. Con la mano sinistra e il piede destro avanti, l'avversario sarà ostacolato nell'usare la propria lancia per difendersi contro un attacco proveniente dal suo lato sinistro, a causa della parte di asta che rimane sul suo fianco destro e alle sue spalle, che limita i movimenti.

T3.2	*Potresti anchora correr verso le sue destre parti, et fare quello medesimo colpo il quale è singolarissimo et utile combattendo solo con solo.*

INTERPRETAZIONE

🛡 Seconda Guardia di lncia (piede sx avanzato, vedi **Nota 1**)

⚔ Seconda Guardia di lancia (piede sx avanzato, vedi **Nota 1**)

✕ *Finta* di punta dritta

⚔ Passo indietro (piede sx, vedi **Nota 2**)

✕ Quattro o cinque passi verso il proprio lato destro, punta ai fianchi (vedi **Nota 3**)

Nota 1: la guardia iniziale si può evincere dal passeggio dell'avversario, che a fronte della finta di punta esegue un passo indietro con il piede sinistro; la guardia in questione è dunque la Seconda di lancia, con il piede sinistro in posizione avanzata: *"...egli per timore di quella fuggirà col piede manco al indietro per cagion di ripararsi..."*. Per quanto riguarda il combattimento con armi inastate, tutti gli autori concordano sull'importanza di assumere una guardia che abbia in posizione avanzata lo stesso piede dell'avversario Per questo motivo, anche chi esegue la sequenza si trova in Seconda Guardia di lancia.

Nota 2: l'avversario, arretrando con un passo, esegue una *difesa di misura*.

Nota 3: come enunciato nella CT2 (Nota 1), il *"...quattro o cinque passi..."* è una misura del tutto indicativa. Nonostante sia meno scomodo parare un attacco al proprio fianco destro rispetto a quello sinistro, l'avversario si trova comunque impacciato a causa della posizione assunta.

CT3	*El contrario di questo è che mentre lo vedrai correre, tu ritirerai il piede destro indietro pigliando la tua lancia con la manca mano, perché non potrai esser offeso essendo buono per ferire (com'egli).*

INTERPRETAZIONE

🛡 Seconda Guardia di lancia (piede sx avanzat)

⚔ Seconda Guardia di lancia (piede sx avanzato)

⚔ Tenta T3.1 **Oppure** T3.2

✕ Passo indietro (piede dx) riportandosi in Seconda Guardia. (vedi **Nota 1**)

Nota 1: il testo recita quanto segue: *"...tu ritirerai il piede destro indietro pigliando la tua lancia con la manca mano, perché non potrai esser offeso essendo buono per ferire (com'egli)..."*

Si esegue un passo indietro mentre l'avversario tenta di spostarsi su uno dei due lati. In questo modo, si adotta una posizione di guardia canonica e si elimina l'impaccio derivato dall'aver cambiato piede; si diventa *"buono per ferire"*, facendo desistere l'avversario.

9.2.5 QUARTA PARTE – T4, CT4

T4. Il testo descrive una punta roversa sferrata impugnando l'asta con la sola mano destra; a tal fine risulta necessario cambiare impugnatura, portando il pollice verso il pedale e il mignolo verso la punta della propria lancia. Per spostarsi a sinistra, l'asta dovrà passare sopra la propria testa. Anche se non è esplicitato in maniera diretta, il colpo non viene eseguito con l'intento di ferire, quanto per offrire all'avversario la possibilità di parare e rispondere al fianco scoperto e dare l'opportunità di reagire con una *parata e risposta*.

CT4. La contraria è estremamente semplice ed efficace: a seguito dell'invito a sferrare una punta al fianco destro, si esegue una *finta* volta ad eludere il tentativo di parata dell'avversario, che si troverà completamente scoperto e potrà essere colpito in qualunque modo si preferisca.

T4	*Tu puoi etiamdio tirargli una lanciata col piede destro innanzi abbandonando la manca mano dalla lancia, spignendo lo braccio destro verso le tue manche parti, in guisa chel tuo fianco destro sia dirimpetto al volto del nimico, et la punta della lancia si trovi verso le sue sinistre parti, et quivi aspetterai che egli tiri, et come egli tirerà per ferirti di una lanciata per fianco, tu scorrerai con lo piede manco innanzi spignendo la tua mano destra molto in fuori verso le tue destre parti, et così ti havrai schermito da quella. Poi tu piglierai la lancia di subito con la mano manca, et passerai con il destro innanzi ferendogli el petto con una lanciata.*

INTERPRETAZIONE

- Seconda Guardia di lancia (piede sx avanzato)
- Seconda Guardia di lancia (piede sx avanzato)
- Passo avanti (piede dx), punta roversa con la sola mano destra ad impugnare l'arma (vedi **Nota 1**)
- Parata e colpo di punta al fianco destro
- Passo avanti (piede sx), parata con l'asta verso la propria destra (vedi **Nota 2**)
- Mano SINISTRA – ripristinare l'impugnatura canonica, passo avanti (piede dx), colpo di punta al petto (vedi **Nota 3**)

Nota 1: il testo recita quanto segue:

"...tirargli una lanciata col piede destro innanzi abbandonando la manca mano dalla lancia, spignendo lo braccio destro verso le tue manche parti..."

Nello sferrare la punta roversa, si deve abbandonare la presa sull'asta con la mano sinistra arretrata, il che consente di raggiungere una distanza molto maggiore di quanto l'avversario si aspetti. Per poter spostare l'arma sul proprio lato sinistro, l'asta deve passare sopra la propria testa; risulta inoltre necessario cambiare l'impugnatura della mano: il mignolo sarà ora verso la punta e il pollice verso il pedale. Inoltre, il colpo deve essere eseguito con la punta dell'arma direzionata verso il lato sinistro dell'avversario (di traverso rispetto alla linea direttrice) in modo da esporre il proprio fianco destro:

"...in guisa chel tuo fianco destro sia dirimpetto al volto del nimico, et la punta della lancia si trovi verso le sue sinistre parti..."

Sebbene il testo non dica nulla al riguardo, è ipotizzabile che al termine del colpo la punta della lancia sia rivolta in basso.

La sequenza prosegue sottolineando che da questa posizione ci si aspetta che l'avversario sferri un colpo al fianco destro scoperto:

"...et quivi aspetterai che egli tiri (…) per ferirti di una lanciata per fianco..."

Nota 2: il colpo di punta dell'avversario viene parato ribattendolo verso il proprio lato destro e compiendo un passo avanti con il piede sinistro (bisogna ricordare che nella Scuola Bolognese anche i passi in avanti tendono sempre ad uscire leggermente di lato).

Nota 3: una volta eseguita la parata, si riporta la mano sinistra sull'asta in posizione avanzata, ripristinando l'impugnatura canonica (il che velocizza la risposta e rende più agevole mantenere l'arma dell'avversario sulla propria destra); si compie allora un passo avanti con il piede destro, sferrando una punta al petto dell'avversario:

"...Poi tu piglierai la lancia di subito con la mano manca, et passerai con il destro innanzi ferendogli el petto con una lanciata..."

Nel complesso (Note 2 e 3) si tratta di una *parata e risposta.*

CT4	*El contrario suo sia che mentre egli si scoprirà per ripararsi, tu farai sembiante di tirare. Perché s'egli venirà avanti per far quello che facesti tu, egli si troverà tutto scoperto per cagione del sembiante da te fatto, et così lo potrai ferire di una lanciata a tua voglia.*

INTERPRETAZIONE

- Seconda Guardia di lancia (piede sx avanzato)

- Seconda Guardia di lancia (piede sx avanzato)

- Tenta T4 – passo avanti (piede dx), punta roversa con la sola mano destra ad impugnare l'arma

- *Finta* di colpo di punta al fianco destro (vedi **Nota 1**)

- Tenta T4 – passo avanti (piede sx), parata con l'asta verso la propria destra

- *Circolata,* colpo di punta nelle parti scoperte (vedi **Nota 1**)

Nota 1: il testo recita quanto segue:

"...egli si troverà tutto scoperto per cagione del sembiante da te fatto, et così lo potrai ferire di una lanciata a tua voglia..."

La *finta* viene eseguita per eludere il tentativo di parata dell'avversario, che trovandosi completamente scoperto potrà essere ferito in qualunque modo.

La *circolata* consiste nel far compiere alla propria arma una rotazione completa in senso orario, evitando così la parata dell'avversario senza permettere un contatto. Termine e azione sono tutt'ora in uso nella scherma sportiva.

9.2.6 CONSIGLI - C1, C2

Parte finale del combattimento con la lancia, nella quale vengono forniti alcuni consigli generali.

C1. L'autore descrive in modo indiretto una guardia mai utilizzata fino a questo momento, con il piede sinistro in posizione avanzata e la mano sinistra ad impugnare l'asta nella medesima posizione: *"...tu cangierai le mani la lancia tenente in guisa che la destra sia alla sinistra anteponuta, et così scorrerai con il piede destro innanzi..."*

Si raggiunge la Prima Guardia cambiando presa sull'asta e portando in posizione avanzata la mano destra, mentre si compie un passo avanti con la gamba destra; è chiaro che si stia partendo da una guardia diversa, mai descritta prima, con il piede sinistro in posizione avanzata e la mano sinistra, anteposta alla destra, ad impugnare l'asta: la Terza Guardia di lancia. Il consiglio offerto è quello di cercare di *"ponere di fuori el tuo nimico"*, cioè di porsi in una sorta di "falsa guardia": se lui ha piede e mano sinistri avanzati, ci si pone con mano e piede destri in avanti (e viceversa).

C1	*Se vuoi anchora mettere di fuori el nemico per avantaggio, come tu lo vedrai con el piede manco inanzi, tu cangierai le mani la lancia tenente in guisa che la destra sia alla sinistra anteponuta, et così scorrerai con il piede destro innanzi. Overo se tu havessi la lancia con la mano destra innanzi cangerai la mano per ponere di fuori el tuo nimico, et quando lo vedrai con il piede destro innanzi conoscerai il nimico posto fuori.* *Ma cotal cangiare di mano farai quando amenduo sarete dentro, per mettere di fuori el nimico, acciocchè nuocere non ti possi.*

C2. L'ultimo consiglio offerto dalla trattazione riguarda il confronto con un avversario che impiega un'arma più corta (*"...fossi assalito da uno che havessi partigiana o ronca o spiedo o altra arma..."*), che l'autore considera un vantaggio in quanto l'avversario potrebbe agevolmente *battere* la lancia per poi chiudere velocemente misura e ferire. In questo caso, è buona norma impugnare la lancia a circa metà della lunghezza dell'asta, avendo a disposizione un braccio di vantaggio in più rispetto all'avversario: *"...tu piglerai la lancia nel mezzo et sodisfarà che tu habbi uno braccio di lancia di vantaggio, et di più che la lunghezza della nemica arma..."*

Questo semplice ed efficace concetto fornisce una chiara indicazione sulla lunghezza dell'arma: l'autore si vede spesso costretto a correre verso l'avversario, o a fuggire da esso, con quei *"quattro o cinque passi per traverso"* oppure *"al indietro"*. Il testo termina ripetendo che il modo naturale di ferire con le armi inastate è il colpo di punta: *"...replicando un'altra fiata il detto di sopra cioè che di tutte l'arme hastate è uno proprio ferire, et quello è di punta..."*

Se questa nozione è importante in generale, lo è particolarmente per armi come lancia e picca, non tanto per ferire quanto per il fatto che, a causa della loro conformazione (lunghezza dell'asta e capacità di taglio della lama pressoché nulla), diventano inutilizzabili una volta che la punta è stata parata, evitata o *battuta*, lasciando facilmente scoperto il bersaglio.

C2	*Ma se tu havessi la lancia et fossi assalito da uno che havessi partigiana o ronca o spiedo o altra arma, tu piglerai la lancia nel mezzo et sodisfarà che tu habbi uno braccio di lancia di vantaggio, et di più che la lunghezza della nemica arma, et così serai sicuro che se tu volessi con tutta la lunghezza della tua lancia combattere contra una arma corta, egli più agevolmente la potrebbe urtare et correrti addosso, et replicando un'altra fiata il detto di sopra (chiuderò il libro et farò fine) cioè che di tutte l'arme hastate è uno proprio ferire, et quello è di punta.*

Capitolo 10: Anonimo Bolognese – Di accia armato di tutt'arme

10.1 TRASCRIZIONE

Di accia armato di tutt'arme

Trovandoti contra al tuo nemico con l'Accia in mano in guard(i)a alta, col piede manco innanzi, et con la man destra in alto levata, trovandosi la sinistra innnanzi col calcio de l'Accia potrai passare col tuo destro piede innanzi, et mandargli uno mandritto a la testa, provocando il nemico a schermirsene con l'Accia, overo con l'asta, et così fatto vi verrete a trovare con l'aste de l'Accie incrociate inseme, onde tu starai aveduto, perciochè volendo passare il tuo nemico col suo piede manco innanzi, per percotere con il calcio de la sua Accia l'asta de la tua, per ferir poi col detto calcio il petto, o la faccia, potrai in quel tempo levare la tua Accia in alto, lasciando gire a voto il colpo suo, et subito mandargli una Acciata a la testa, et questo farai ciascuna volta, che tu ti trovassi con l'Accie incrociate, et che 'l nemico tuo si movesse a fare uno tale effetto col calcio de l'Accia sua.

Trovandoti con l'Accia in mano contra al tuo nemico col tuo piede manco innanzi in guardia alta, overo col destro in porta stretta di ferro, starai aveduto, perciochè volendoti con alcun colpo offendere il tuo nemico la testa, passerai in quel tempo se serai in porta di ferro, gran passo col tuo piede manco innanzi, alargando le braccia ben distese, sì che tu raccogli il suo colpo sopra l'asta de la tua Accia tra l'una e l'altra tua mano, volgendo subito con la manca il calcio de l'Accia tua sopra la sua testa, et pigliatelo nel collo da la banda sinistra, ti procaccierai di tirarlo per il contrario a forza in terra, ma sij accorto, che nel tuo passare farà bisogno, che la tua gamba manca sia posta per fuori dal suo lato destro.

Ma quando ti trovasti in guard(i)a alta come è detto di sopra, et volendo il tuo nemico offendere la testa tu passerai col tuo destro innanzi schermendo il colpo nel sopradetto modo, et così passerai con la manca gamba innanzi, facendo la medes(i)ma volta con il pedale de l'Accia tua, et con ogni destrezza et forza ti procaccierai di farlo cadere in terra.

Ma se per aventura volendo tu ferire il tuo nemico a la testa, usase egli quello medesmo schivamento, per avolgerti poi il pedale de l'Accia sua atorno al tuo collo per farti cadere come è detto di sopra, preponendo perciò che 'l tuo colpo gli fosse mandato con la tua destra mano innanzi, potrai stare aveduto, perciochè come egli havrà schermito il detto colpo tra l'una et l'altra sua mano come è detto, per volerti prendere col calcio nel collo, potrai tu in quel tempo abbandonando con le tua mano manca il pedale de l'accia tua, ~~et~~ prender l'asta con la detta mano dal canto di l'Accia, et con il ~~pedale de la tua~~ calcio di essa potrai percotere il calcio de la nemica verso il suo destro lato, et così trovandosi di fuora, gli potrai poi spingere il calcio de l'Accia tua nel petto, overo se più ti piacerà prenderlo nel collo et mandarlo a terra, o pur vorrai ripigliare il pedale de la tua Accia con la mano manca, et dargli subito di una Acciata sopra la testa.

Serai anchora aveduto, che trovandoti a mezza Accia col tuo nemico gli potrai sempre col calcio ferirgli un piede.

Serai anchora aveduto di atterrare il tuo nemico, ogni volta, che essendo seco a zuffa, ti venesse colto di poterlo prendere col corno de l'Accia in alcuna de le gambe, o delle braccia, o nel collo, o in alcuna altra parte de la persona.

Così non ti devrai mai rimanere, venendoti colto, di ferirlo di una punta ne la faccia, o in qualunque altra parte de la persona ti venesse destro, che non si trovasse armata, come ne li testicoli, o petenecchio, che dir ti piaccia.

Se tu ti ritrovassi contra il tuo nemico con il tuo piede destro innanzi, et con l'Accia posta in guisa di porta stretta di ferro, et egli contra di te ne la medes(i)ma guardia, et col piede destro detto innanzi, potrai con il corno de la tua Accia prendere la sua, et senza indugia dandogli con ogni tua forza una tratta verso te, farai opra di levargliela di mano, pur se colto non ti venisse, almeno seguirà questo, che egli si proccaccierà levarti la tua da la mani, come tu farai la sua, il che sucedendo, serai presto di passare in quel tempo col tuo piede destro innanzi, spingendogli con gran forza il spontone de l'Accia nel ventre, overo nel pettinicchio sopra a li testicoli, o ne la gola, sì che possendo, trabocando a l'indietro ~~levi~~ le gambe al cielo tu gli faci levare.

Ma se tu ti trovassi col tuo piede destro avanti in guisa di porta stretta di ferro, et che lo nemico tuo, ti spingesse del spontone de l'Accia, per ferirti la gola, o il pettenicchio, o li piedi anteposti, potrai far opra di prendere nel medesmo tempo con il corno de l'Accia quella de lo nimico, dandogli una grandissima tratta verso te per cagione di levargliela di mano, et forse non serà meraviglia , levandogliela, con ciò sia cosa, che in quello tempo, che ti tirerà il colpo, tu prendi l'Accia sua et tiri non havendo egli in lei più forza di quello, che haver si pote, porto ferma credenza, che ti verrà colto il tuo pensiero, pur se non ti venisse, sucessivamente scorrerai col tuo piede destro alquanto innanzi dandogli del spontone con tutta la forza tua nel pettenecchio sopra gli testicoli et nota, che se con questa arte tu starai aveduto, et animoso, faccia ciò che vole el nemico, che pur rimarà, mal suo grado, vinto et pregione.

Se tu ti trovassi agiato con il tuo piede manco innanzi, et in guisa di porta stretta di ferro similemente con la manca tua mano innanzi, et che 'l tuo nemico con il simile piede manco, et mano innanzi, ti mandasse una ferita de l'Accia sua al capo, potrai passar col tuo piede destro innanzi, schermendoti da così fatto colpo con il calcio de l'Accia tua, dandogli poi del spontone de la detta tua Accia ne la gola, overo vorai pigliarlo con l'asta del calcio ne la gola, con ogni tua forza verso le tue parti destre tirando talmente, che lo ponghi in terra, et molto meglio lo farai cadere se 'l tuo piede destro si troverà di fuora dal suo sinistro.

Se tu trovasti il tuo nemico col suo manco piede innanzi, et con l'Accia in guisa di guard(i)a alta, tu ti aconcerai, con l'Accia in guisa di porta di ferro stretta, et con il tuo piede destro innanzi et se quivi il tuo nemico scorresse avanti, per mandarti una Acciata al capo, tu subito passerai col tuo piede manco innanzi, schermendoti con l'asta del calcio, et fatto questo gli potrai subito spingere il spontone del calcio ne la gola, overo pigliandolo con l'asta del detto calcio ne la gola, tirarlo sì verso le tue parti manche che mal suo grado vadi a terra.

Ti potrai anchora agiare in cotal modo contra al tuo nemico, cioè fare che il tuo piede manco sia innanzi, et la tua mano destra in alto appresso a l'Accia sendo la manca innanzi con il calcio, et in cotal modo cercherai stringere il nemico, facendo, che il tuo piede destro spinga il manco innanzi, con sembiante di dargli col spontone del calcio sopra il piede, et perché per questo serà astretto di accompagnare il calcio de la sua Accia con quello de la tua, li potrai levare l'Accia di mano in questa guisa, che mandandogli tu con grandissima forza uno colpo con l'Accia nel calcio della sua, serà sforzato egli senza fallo abbandonare l'Accia sua con la mano manca, perché sucessivamente potrai passare col tuo piede destro innanzi, rinovandogli uno colpo nel pettenicchio sopra i testicoli, col spontone de l'Accia tua, et con ogni forza in quel tempo con la detta tua Accia sollevarlo in suso, et spingendolo a l'indietro mandarlo a viva forza in terra.

Se 'l tuo nemico si agiasse con il suo piede manco innanzi, et con il calcio de l'Accia sua medesimamente innanzi, potrai tu agiarti col tuo piede destro innanzi, tenendo la manca tua mano al calcio, et la destra verso l'Accia, ma tanto alto quanto più tu possi, et dandogli quivi a vedere di volerlo ferire con una Acciata sopra la testa, attenderai, che egli solevi l'Accia sua in alcuna guisa per schermirsi, et in quel tempo serai tosto a mandargli una acciata in maniera di uno mandritto tondo per la gamba anteposta, et così gli leverai la gamba di sotto con il colpo, overo lo potrai pigliare col corno ne la detta gamba, tirandolo a forza sì che mal suo grado a terra giaccia.

Ma se tu ti ritrovassi, et similemente il tuo nemico, col piede manco innanzi, et similemente con la medes(i)ma manca mano pur innanzi, potrai passare col tuo piede destro innanzi, mostrandogli di volergli dare d'una acciata sopra il capo, et come egli vorrà schermirsene in alcuna guisa, subitamente raccogliendo l'Accia alquanto indietro, gli spingerai fortemente il spontone de l'Accia nel pettenecchio sopra li testicoli, o pur v(u)oi dire ne li testicoli, et dico tanto forte, che a l'indietro trabbocchi et vada in terra.

Trovandoti anchora tu, et il tuo nemico col manco piede innanzi, et con la medes(i)ma mano pur innanzi, tu gli potrai mostrare di volerlo ferire col spontone del calcio a la faccia, et in uno momento col detto spontone ferirgli il piede.

10.2 DISAMINA DELLE TECNICHE

10.2.1 GUARDIE

Tra le tante armi inastate, l'unica presente in ben due manoscritti della Classense (MS. 345 e MS. 346) è azza in armatura (*"Di accia armato di tutt'arme"* di Anonimo Bolognese). Si tratta di una disciplina tipicamente medievale, già trattata da Fiore dei Liberi e Filippo Vadi.

L'Anonimo Bolognese, a differenza di Marozzo nella parte dedicata alla ronca (che l'autore sottolinea poter essere usata come un'azza, oppure un'alabarda), utilizza solo l'impugnatura *a megio* dell'arma (come definita nell'*Opera Nova* di Marozzo).

10.2.1.1 Prima Guardia: Guardia Alta

Questa guardia viene eseguita con il piede sinistro in posizione avanzata, così come la mano sinistra che impugna l'asta a circa 1/3 della lunghezza, mentre la destra è più in alto a circa 2/3 dell'asta. La testa dell'arma è posta in alto sul proprio lato destro, mentre il calcio è indirizzato verso l'avversario; il busto è profilato, viene offerto il fianco sinistro all'avversario.

Si tratta della Prima Guardia di ronca di Marozzo e della Seconda Guardia di ronca di Manciolino.

Da questa posizione canonica nascono due varianti: la prima (T5) esattamente speculare a quella canonica, con il piede destro in posizione avanzata e l'impugnatura sull'azza invertita, ovvero con la mano destra avanzata che impugna l'asta a circa 1/3 della lunghezza, mentre la sinistra è più in alto a circa 2/3 dell'asta, il fianco destro offerto all'avversario; la seconda (T8) mantiene il piede destro in posizione avanzata ma la presa sull'arma resta quella canonica e l'invito offerto è più centrale, mentre l'arma viene tenuta più in alto rispetto alle versioni precedenti.

L'autore predilige l'uso offensivo della guardia. Solo in una sequenza, proposta come contraria alla T2 (CT2), rivela intenti difensivi.

Anonimo Bolognese - I Guardia di azza

10.2.1.2 Seconda Guardia: Porta di Ferro Stretta

Si tratta della guardia classica appartenente alla famiglia delle Porte di Ferro. Viene eseguita con il piede destro in posizione avanzata, così come la mano destra che impugna l'asta ad 1/3 della lunghezza circa, mentre la sinistra è presso il *calzo* dell'arma. La testa dell'arma è rivolta verso l'avversario. Il busto è profilato, l'invito canonico al lato destro, tipico della famiglia delle Porte di Ferro.

Come nel caso di Guardia Alta, anche da questa nasce una variante del tutto speculare (T5), eseguita con il piede sinistro in posizione avanzata e l'impugnatura sull'azza invertita, offrendo all'avversario un chiaro invito al lato sinistro.

Nel testo viene impiegata a scopi prettamente difensivi (T2, T3, T4, T5 e T6), con una sola eccezione (T3) dalla quale si tenta un disarmo agganciando l'arma avversaria.

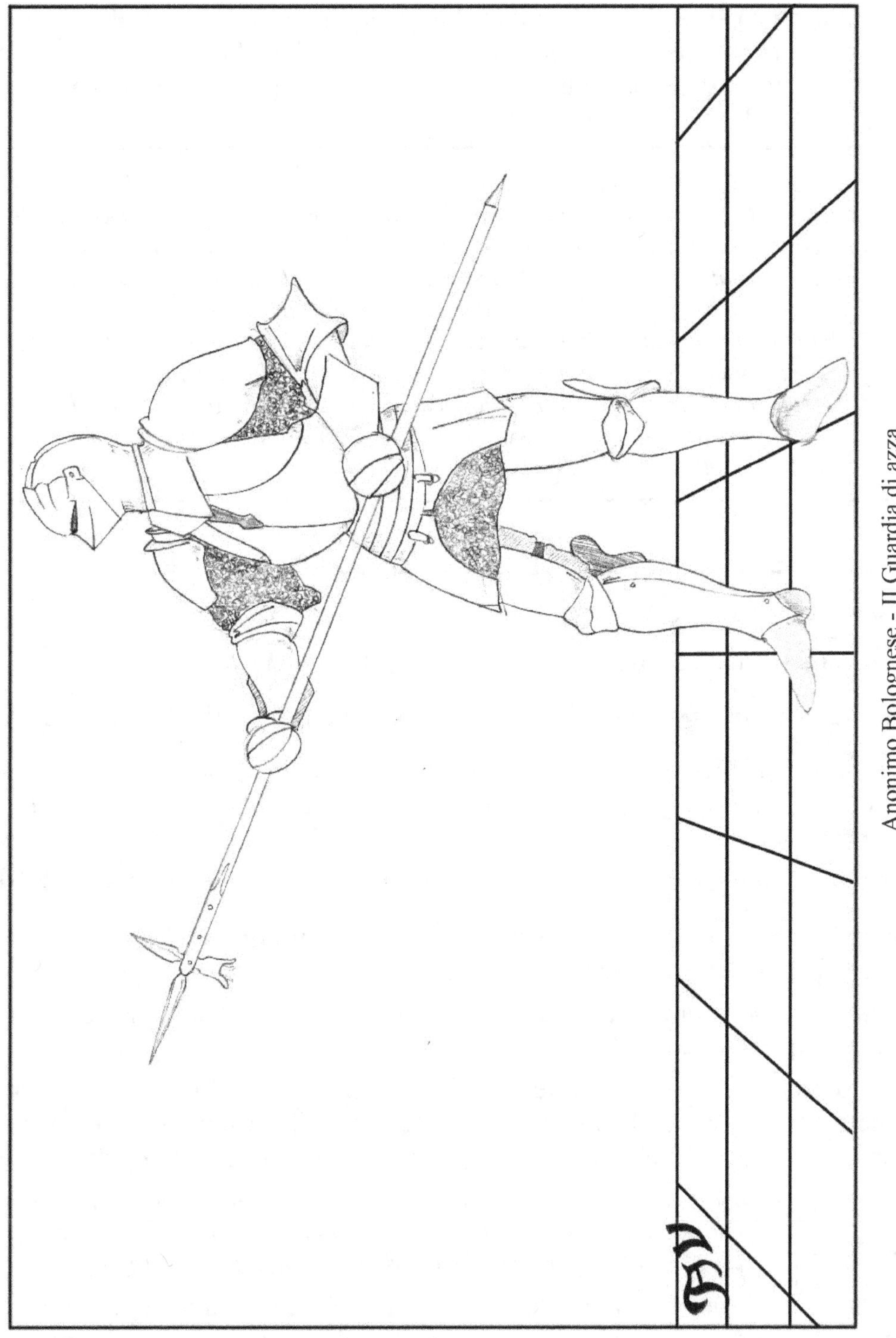

Anonimo Bolognese - II Guardia di azza

10.2.2 PRIMA PARTE - T1

La prima sequenza proposta può essere vista come una sorta di contraria ad una delle azioni tipiche del combattimento con quest'arma, che trova riscontro in tutti gli autori che ne hanno trattato.

L'avversario, dopo aver parato un colpo alla testa, tenta di spostare verso il proprio lato destro l'arma altrui, urtandola con il calzo della propria azza (come nella T4 di Achille Marozzo); l'intento è quello di ferire al volto o al petto. A questo punto si dovrà sollevare la propria arma mandando a vuoto il colpo, tirando alla testa dell'avversario.

T1	*Trovandoti contra al tuo nemico con l'Accia in mano in guarda alta, col piede manco innanzi, et con la man destra in alto levata, trovandosi la sinistra innnanzi col calcio de l'Accia potrai passare col tuo destro piede innanzi, et mandargli uno mandritto a la testa, provocando il nemico a schermirsene con l'Accia, overo con l'asta, et così fatto vi verrete a trovare con l'aste de l'Accie incrociate inseme, onde tu starai aveduto, perciochè volendo passare il tuo nemico col suo piede manco innanzi, per percotere con il calcio de la sua Accia l'asta de la tua, per ferir poi col detto calcio il petto, o la faccia, potrai in quel tempo levare la tua Accia in alto, lasciando gire a voto il colpo suo, et subito mandargli una Acciata a la testa, et questo farai ciascuna volta, che tu ti trovassi con l'Accie incrociate, et che 'l nemico tuo si movesse a fare uno tale effetto col calcio de l'Accia sua.*

INTERPRETAZIONE

- Guardia Alta (piede sx avanzato)

- Passo avanti (piede dx), mandritto alla testa (vedi **Nota 1**)

- Parata a croce ***Oppure*** con un mandritto con l'asta o la testa dell'azza (vedi **Nota 2**)

- Passo avanti (piede sx), tenta un urto con il calcio dell'azza per spostare l'arma avversaria verso il proprio lato destro, colpo con il calcio al volto ***Oppure*** al petto (vedi **Nota 2**)

- Sollevare l'azza mandando a vuoto l'arma del nemico, colpo alla testa (vedi **Nota 3**)

Nota 1: il mandritto alla testa non viene sferrato con l'intento di ferire, bensì di fare in modo che l'avversario, parandolo, prosegua nella sequenza:

"…potrai passare col tuo destro piede innanzi, et mandargli uno mandritto a la testa, provocando il nemico a schermirsene con l'Accia…"

Nota 2: avendo eseguito la parata, l'intento dell'avversario è quello di avanzare con il piede sinistro e urtare con il calcio della propria arma quella altrui, spostandola verso il proprio lato destro in maniera da poter sferrare, con lo stesso calcio, un colpo al volto oppure al petto:

"…overo con l'asta, et così fatto vi verrete a trovare con l'aste de l'Accie incrociate inseme, onde tu starai aveduto, perciochè volendo passare il tuo nemico col suo piede manco innanzi, per percotere con il calcio de la sua Accia l'asta de la tua, per ferir poi col detto calcio il petto, o la faccia…"

La dinamica dell'azione incorpora alcuni aspetti tipici del combattimento con l'azza, descritti nelle sequenze T3 e T4 della trattazione sulla ronca di Achille Marozzo.

Nota 3: il testo recita quanto segue:

"...potrai in quel tempo levare la tua Accia in alto, lasciando gire a voto il colpo suo, et subito mandargli una Acciata a la testa, et questo farai ciascuna volta, che tu ti trovassi con l'Accie incrociate, et che 'l nemico tuo si movesse a fare uno tale effetto col calcio de l'Accia sua..."

L'avversario compie un passo con il piede sinistro, percuotendo l'arma altrui con l'intento di spostarla verso il proprio lato destro; a questo punto si dovrà sollevare la propria azza mandando a vuoto il colpo, tirando poi alla testa; oltre a ferire, si chiude la linea di attacco, impedendo reazioni improvvise ed inaspettate da parte dell'avversario.

10.2.3 SECONDA PARTE – T2

Una delle tecniche più usuali del combattimento con l'azza, nella quale, stendendo entrambe le braccia, si para un colpo alla testa con la parte centrale dell'asta per poi agganciare il collo dell'avversario con il calcio e farlo rovinare al suolo grazie ad una repentina torsione del busto. L'azione è simile alla T4 di Marozzo, ma non è necessario ribattere l'arma del nemico con il calzo per poterlo agganciare al collo, vista la parata eseguita con la parte centrale dell'asta. La stessa tecnica si trova in spada a due mani in arme di Fiore dei Liberi e di Filippo Vadi; in entrambi i casi si conclude però con una punta al volto e non con un aggancio al collo. I due autori descrivono quest'ultima variante in altre circostanze, partendo da presupposti leggermente differenti. Tra le due opzioni si può scegliere la più agevole o quella che si predilige.

Poco prima di agganciare il collo dell'avversario, è di fondamentale importanza eseguire un blocco con la parte interna della propria gamba sinistra, esternamente alla destra dell'avversario. Questo punto di contatto fungerà da fulcro nel momento in cui verrà eseguita la torsione del busto.

Il testo descrive due versioni che partono da due guardie diverse e che differiscono tra loro nel passeggio:

- o   T2A   Porta di Ferro Stretta
- o   T2B   Guardia Alta

CT2. Si tratta di una contraria da utilizzare nel caso l'avversario tenti una delle due tecniche precedenti: grazie ad un cambio di impugnatura sulla propria arma, si urta quella dell'avversario verso sinistra in modo da poterlo colpire come indicato nel testo.

T2A	*Trovandoti con l'Accia in mano contra al tuo nemico col tuo piede manco innanzi in guardia alta, overo col destro in porta stretta di ferro, starai aveduto, perciochè volendoti con alcun colpo offendere il tuo nemico la testa, passerai in quel tempo se serai in porta di ferro, gran passo col tuo piede manco innanzi, alargando le braccia ben distese, sì che tu raccogli il suo colpo sopra l'asta de la tua Accia tra l'una e l'altra tua mano, volgendo subito con la manca il calcio de l'Accia tua sopra la sua testa, et pigliatelo nel collo da la banda sinistra, ti procaccierai di tirarlo per il contrario a forza in terra, ma sij accorto, che nel tuo passare farà bisogno, che la tua gamba manca sia posta per fuori dal suo lato destro.*

INTERPRETAZIONE

- Porta di Ferro Stretta (piede dx avanzato, vedi **Nota 1**)

- Colpo alla testa (vedi **Nota 2**)

- Parata con la parte centrale dell'asta, gamba SINISTRA – blocco interno alla gamba destra dell'avversario (vedi **Nota 3**)

- Collocare l'asta dell'azza sul lato sinistro della gola dell'avversario, ruotare il busto verso il proprio lato sinistro per sbilanciare l'avversario facendolo cadere (vedi **Nota 3**)

Nota 1: il testo recita quanto segue: *"...Trovandoti con l'Accia in mano contra al tuo nemico col tuo piede manco innanzi in guardia alta, overo col destro in porta stretta di ferro, starai aveduto (…) se serai in porta di ferro..."*. La parte della sequenza relativa a Guardia Alta viene descritta successivamente nella T2B.

Nota 2: l'autore non specifica la natura esatta del colpo, se non che il bersaglio è la testa. Considerando il tipo di parata che segue, la cosa è del tutto ininfluente: *"...volendoti con alcun colpo offendere il tuo nemico la testa..."*

Nota 3: l'azione viene descritta in modo dettagliato: *"...passerai in quel tempo se serai in porta di ferro, gran passo col tuo piede manco innanzi, alargando le braccia ben distese, sì che tu raccogli il suo colpo sopra l'asta de la tua Accia tra l'una e l'altra tua mano, volgendo subito con la manca il calcio de l'Accia tua sopra la sua testa, et pigliatelo nel collo da la banda sinistra, ti procaccierai di tirarlo per il contrario a forza in terra, ma sij accorto, che nel tuo passare farà bisogno, che la tua gamba manca sia posta per fuori dal suo lato destro..."*. Per essere eseguita correttamente deve essere scomposta nelle sue parti principali:

1. distendendo le braccia, si para il colpo con la parte centrale dell'asta. Compiendo un passo avanti, si porta la parte interna della propria gamba sinistra a contatto con la parte esterna della gamba destra dell'avversario, creando così il punto di contatto che sarà il fulcro sul quale successivamente eseguire la rotazione per gettare a terra l'avversario:
   "...passerai in quel tempo se serai in porta di ferro, gran passo col tuo piede manco innanzi, alargando le braccia ben distese, sì che tu raccogli il suo colpo sopra l'asta de la tua Accia tra l'una e l'altra tua mano (…) che nel tuo passare farà bisogno, che la tua gamba manca sia posta per fuori dal suo lato destro ..."

2. passando il calcio della propria azza sopra la testa dell'avversario, basterà agganciare, con questa parte dell'arma, il suo collo sul lato sinistro e farlo cadere a terra effettuando una rapida rotazione antioraria con il torso: *"...volgendo subito con la manca il calcio de l'Accia tua sopra la sua testa, et pigliatelo nel collo da la banda sinistra, ti procaccierai di tirarlo per il contrario a forza in terra, ma sij accorto, che nel tuo passare farà bisogno, che la tua gamba manca sia posta per fuori dal suo lato destro..."*

T2B	*Ma quando ti trovasti in guarda alta come è detto di sopra, et volendo il tuo nemico offendere la testa tu passerai col tuo destro innanzi schermendo il colpo nel sopradetto modo, et così passerai con la manca gamba innanzi, facendo la medesma volta con il pedale de l'Accia tua, et con ogni destrezza et forza ti procaccierai di farlo cadere in terra.*

INTERPRETAZIONE

Guardia Alta (piede sx avanzato)

Colpo alla testa (vedi **Nota 1**)

Parata con la parte centrale dell'asta, passo avanti (piede dx) (vedi **Nota 2**)

Gamba SINISTRA – blocco interno alla gamba destra dell'avversario, collocare l'asta dell'azza sul lato sinistro della gola dell'avversario, ruotare il busto verso il proprio lato sinistro per sbilanciare l'avversario facendolo cadere (vedi **Nota 3**)

Nota 1: come visto nella T2A (Nota 2), non vene specificata la natura esatta del colpo:

"…et volendo il tuo nemico offendere la testa…"

Nota 2: si tratta della medesima parata impiegata nella T2A (Nota 3), qui eseguita subito prima di compiere un passo avanti con la gamba destra:

"…tu passerai col tuo destro innanzi schermendo il colpo nel sopradetto modo…"

Nota 3: anche in questo caso si tratta della stessa sequenza descritta nella T2A (Nota 3), ma priva della parata che è stata eseguita precedentemente:

"…et così passerai con la manca gamba innanzi, facendo la medesma volta con il pedale de l'Accia tua, et con ogni destrezza et forza ti procaccierai di farlo cadere in terra…"

<table>
<tr><td>CT2</td><td>Ma se per aventura volendo tu ferire il tuo nemico a la testa, usase egli quello medesmo schivamento, per avolgerti poi il pedale de l'Accia sua atorno al tuo collo per farti cadere come è detto di sopra, preponendo perciò che 'l tuo colpo gli fosse mandato con la tua destra mano innanzi, potrai stare aveduto, perciochè come egli havrà schermito il detto colpo tra l'una et l'altra sua mano come è detto, per volerti prendere col calcio nel collo, potrai tu in quel tempo abbandonando con le tua mano manca il pedale de l'accia tua, prender l'asta con la detta mano dal canto di l'Accia, et con il calcio di essa potrai percotere il calcio de la nemica verso il suo destro lato, et così trovandosi di fuora, gli potrai poi spingere il calcio de l'Accia tua nel petto, overo se più ti piacerà prenderlo nel collo et mandarlo a terra, o pur vorrai ripigliare il pedale de la tua Accia con la mano manca, et dargli subito di una Acciata sopra la testa.</td></tr>
</table>

INTERPRETAZIONE

Guardia Alta (piede sx avanzato, vedi **Nota1**)

Colpo alla testa (vedi **Nota 1**)

Tenta T2A *Oppure* T2B (vedi **Nota 2**)

Mano SINISTRA – lascia l'impugnatura presso il calcio e la porta presso la testa dell'arma, urtare l'asta avversaria con la propria spostandola verso la propria sinistra, colpo al petto con il calcio dell'arma *Oppure* agganciare l'avversario al collo con il calcio dell'arma e farlo cadere a terra *Oppure* colpo alla testa cambiando impugnatura e tornando ad impugnare l'azza in modo canonico

Nota 1: la guardia di partenza non viene specificata ed è stata scelta quella ritenuta più indicata alla situazione:

"...volendo tu ferire il tuo nemico a la testa (…) preponendo perciò che 'l tuo colpo gli fosse mandato con la tua destra mano innanzi..."

Nota 2: in base alla guardia di partenza, l'avversario potrà tentare di eseguire la T2A oppure la T2B:

"...perciochè come egli havrà schermito il detto colpo tra l'una et l'altra sua mano come è detto, per volerti prendere col calcio nel collo..."

Nota 3: l'azione viene descritta in modo dettagliato:

"...potrai tu in quel tempo abbandonando con le tua mano manca il pedale de l'accia tua, prender l'asta con la detta mano dal canto di l'Accia, et con il calcio di essa potrai percotere il calcio de la nemica verso il suo destro lato, et così trovandosi di fuora, gli potrai poi spingere il calcio de l'Accia tua nel petto, overo se più ti piacerà prenderlo nel collo et mandarlo a terra, o pur vorrai ripigliare il pedale de la tua Accia con la mano manca, et dargli subito di una Acciata sopra la testa...."

Per essere eseguita correttamente deve essere scomposta nelle parti principali:

1. mentre l'avversario tenta di agganciare il collo con il calcio dell'azza, la mano sinistra abbandona il *pedale* (calcio) della propria arma, per impugnarla velocemente nei pressi della testa:

   "...potrai tu in quel tempo abbandonando con le tua mano manca il pedale de l'accia tua, prender l'asta con la detta mano dal canto di l'Accia..."

2. grazie al cambio di impugnatura, si esegue una rotazione verso il proprio lato sinistro in modo che l'asta della propria arma, urtando quella dell'avversario, la sposti *"di fuora"*:

   "...et con il calcio di essa potrai percotere il calcio de la nemica verso il suo destro lato, et così trovandosi di fuora..."

3. in questo modo l'avversario avrà la parte centrale e il lato sinistro scoperti, potendolo così ferire con il calcio nel petto e facendolo cadere al suolo dopo averne agganciato il collo con il calcio dell'arma, oppure sferrando un colpo alla testa mentre con la mano sinistra si esegue nuovamente un cambio di impugnatura presso il calcio:

"...gli potrai poi spingere il calcio de l'Accia tua nel petto, overo se più ti piacerà prenderlo nel collo et mandarlo a terra, o pur vorrai ripigliare il pedale de la tua Accia con la mano manca, et dargli subito di una Acciata sopra la testa..."

10.2.4 CONSIGLI – C1, C2, C3

C1. Primo di una serie di consigli nel quale, trovandosi con le armi incrociate a seguito di una parata (solitamente parando un mandritto con un mandritto) o di un'altra azione, si può tentare di ferire il piede avanzato dell'avversario con il calcio della propria arma.

<table>
<tr><td>C1</td><td>Serai anchora aveduto, che trovandoti a mezza Accia col tuo nemico gli potrai sempre col calcio ferirgli un piede.</td></tr>
</table>

C2. Il secondo consiglio suggerisce che, nel caso ci si trovi *"seco a zuffa"*, ovvero alle prese corpo a corpo, è buona norma cercare di agganciare le gambe, le braccia, il collo o qualsiasi altra parte del corpo dell'avversario con il corno della propria azza, nel tentativo di farlo cadere a terra. Azioni simili si trovano nel *Flos Duellatorum,* sia con l'azza sia con la spada a due mani in arme, dove la croce della guardia svolge la stessa funzione della testa dell'azza.

<table>
<tr><td>C2</td><td>Serai anchora aveduto di atterrare il tuo nemico, ogni volta, che essendo seco a zuffa, ti venesse colto di poterlo prendere col corno de l'Accia in alcuna de le gambe, o delle braccia, o nel collo, o in alcuna altra parte de la persona.</td></tr>
</table>

C3. L'ultimo dei consigli consiste nel tentare di ferire l'avversario in qualsiasi parte del corpo non protetta dall'armatura come faccia o genitali. Anche in questo caso, lo stesso principio si ritrova più volte negli autori medievali italiani.

<table>
<tr><td>C3</td><td>Così non ti devrai mai rimanere, venendoti colto, di ferirlo di una punta ne la faccia, o in qualunque altra parte de la persona ti venesse destro, che non si trovasse armata, come ne li testicoli, o petenecchio, che dir ti piaccia.</td></tr>
</table>

10.2.5 TERZA PARTE – T3

Sequenza molto semplice ed efficace: dopo aver agganciato l'azza dell'avversario con la propria, lo si disarma con uno strattone deciso. Nel caso il disarmo non riesca, e l'avversario tenti a sua volta di fare lo stesso, si compierà un rapido accrescere assecondando il movimento dell'avversario e colpendo con lo spuntone dell'azza la parte del corpo non protetta dall'armatura.

T3	*Se tu ti ritrovassi contra il tuo nemico con il tuo piede destro innanzi, et con l'Accia posta in guisa di porta stretta di ferro, et egli contra di te ne la medesma guardia, et col piede destro detto innanzi, potrai con il corno de la tua Accia prendere la sua, et senza indugia dandogli con ogni tua forza una tratta verso te, farai opra di levargliela di mano, pur se colto non ti venisse, almeno seguirà questo, che egli si proccaccierà levarti la tua da la mani, come tu farai la sua, il che sucedendo, serai presto di passare in quel tempo col tuo piede destro innanzi, spingendogli con gran forza il spontone de l'Accia nel ventre, overo nel pettinicchio sopra a li testicoli, o ne la gola, sì che possendo, trabocando a l'indietro le gambe al cielo tu gli faci levare.*

INTERPRETAZIONE

- Porta di Ferro Stretta (piede dx avanzato)
- Porta di Ferro Stretta (piede dx avanzato)
- Agganciare il corno dell'azza avversaria con quello della propria arma, strattonare forte per disarmare l'avversario (vedi **Nota1**)
- Resiste al tentativo di disarmo strattonando a sua volta (vedi **Nota 2**)
- Accrescere (piede dx), colpo di punta con lo spuntone dell'azza nel ventre *Oppure* ai genitali *Oppure* alla gola (vedi **Nota 3**)

Nota 1: viene descritto come eseguire il disarmo:

"…potrai con il corno de la tua Accia prendere la sua, et senza indugia dandogli con ogni tua forza una tratta verso te, farai opra di levargliela di mano…"

Nota 2: nel caso in cui il tentativo di disarmo non riesca, l'autore suppone che l'avversario resista, strattonando a sua volta:

"…pur se colto non ti venisse, almeno seguirà questo, che egli si proccaccierà levarti la tua da la mani, come tu farai la sua…"

Nota 3: al di là del bersaglio scelto, il colpo deve essere di un'intensità tale da far cadere a terra l'avversario:

"…sì che possendo, trabocando a l'indietro le gambe al cielo tu gli faci levare…"

10.2.6 QUARTA PARTE – T4

La sequenza è simile alla precedente. La differenza sta nel fatto che il tentativo di agganciare con il corno della propria arma quella dell'avversario avviene dopo che quest'ultimo ha sferrato un colpo di punta con lo spuntone dell'azza; al contrario del caso precedente, si opera sulla scelta di tempo dell'avversario.

Una volta agganciata l'arma, si tenta il disarmo con un forte strattone sfruttando l'inerzia del colpo avversario, per poi sferrare un colpo ai genitali con lo spuntone della propria azza, chiudendo misura con un accrescere.

Nel malaugurato caso in cui l'avversario eserciti resistenza e il disarmo non riesca, si asseconda la resistenza offerta compiendo lo stesso rapido accrescere con il piede destro e sferrando il medesimo colpo ai genitali con lo spuntone della propria azza.

T4	*Ma se tu ti trovassi col tuo piede destro avanti in guisa di porta stretta di ferro, et che lo nemico tuo, ti spingesse del spontone de l'Accia, per ferirti la gola, o il pettenicchio, o li piedi anteposti, potrai far opra di prendere nel medesmo tempo con il corno de l'Accia quella de lo nimico, dandogli una grandissima tratta verso te per cagione di levargliela di mano, et forse non serà meraviglia, levandogliela, con ciò sia cosa, che in quello tempo, che ti tirerà il colpo, tu prendi l'Accia sua et tiri non havendo egli in lei più forza di quello, che haver si pote, porto ferma credenza, che ti verrà colto il tuo pensiero, pur se non ti venisse, sucessivamente scorrerai col tuo piede destro alquanto innanzi dandogli del spontone con tutta la forza tua nel pettenecchio sopra gli testicoli et nota, che se con questa arte tu starai aveduto, et animoso, faccia ciò che vole el nemico, che pur rimarà, mal suo grado, vinto et pregione.*

INTERPRETAZIONE

T4 – V1

🛡 Porta di Ferro Stretta (piede dx avanzato)

⚔ Colpo di punta con lo spuntone dell'azza alla gola *Oppure* ai genitali *Oppure* ai piedi

✕ Parata agganciando con il corno dell'azza l'arma avversaria, strattone per disarmare l'avversario (vedi **Nota 1**)

✕ Accrescere (piede dx), colpo di punta con lo spuntone dell'azza ai genitali

T4 – V2

🛡 Porta di Ferro Stretta (piede dx avanzato)

⚔ Colpo di punta con lo spuntone dell'azza alla gola *Oppure* all'inguine *Oppure* ai piedi

✕ Parata agganciando con il corno dell'azza l'arma avversaria, strattone per disarmare l'avversario (vedi **Nota 1**)

⚔ Resiste al tentativo di disarmo strattonando a sua volta

✕ Accrescere (piede dx), colpo di punta con lo spuntone dell'azza ai genitali

Nota 1: nel momento in cui l'avversario tenta di ferire uno dei bersagli indicati con lo spuntone dell'azza, si esegue un particolare tipo di parata con il corno della propria arma, in maniera da agganciare l'azza dell'avversario e poterlo disarmare grazie ad un forte strattone:

"...potrai far opra di prendere nel medesmo tempo con il corno de l'Accia quella de lo nimico, dandogli una grandissima tratta verso te per cagione di levargliela di mano, et forse non serà meraviglia, levandogliela, con ciò sia cosa, che in quello tempo, che ti tirerà il colpo, tu prendi l'Accia sua et tiri non havendo egli in lei più forza di quello, che haver si pote..."

10.2.7 QUINTA PARTE – T5

Si tratta di una sequenza particolare, nella quale viene descritta ed utilizzata una Porta di Ferro Stretta speculare alla canonica, eseguita con il piede sinistro in posizione avanzata e con l'impugnatura invertita sull'azza (mano sinistra avanzata e destra arretrata). In base a come viene interpretato il testo, l'avversario potrebbe essere nella stessa guardia oppure, anche se non riportato, in una Guardia Alta speculare a quella canonica, anch'essa eseguita invertendo la presa sull'arma e con il piede destro in posizione avanzata. Nel primo caso l'avversario attaccherà con un colpo alla testa accompagnato da un accrescere del piede sinistro, nel secondo con un passo intero, portando avanti il piede sinistro che prima era arretrato. In ogni caso, è necessario che alla fine del suo movimento l'avversario resti col piede sinistro avanzato.

Partendo da questi presupposti e dal fatto che l'avversario attacchi con un colpo alla testa e si trovi con il piede sinistro avanzato, l'azione si svilupperà in due varianti: nella prima (T5 – V1) si esegue una parata e risposta con il calcio dell'azza, mentre nella seconda (T5 – V2), dopo aver parato allo stesso modo il colpo dell'avversario, lo si aggancia al collo con il calcio dell'azza per gettarlo al suolo, portando la gamba destra dietro alla sua gamba sinistra.

T5	*Se tu ti trovassi agiato con il tuo piede manco innanzi, et in guisa di porta stretta di ferro similemente con la manca tua mano innanzi, et che 'l tuo nemico con il simile piede manco, et mano innanzi, ti mandasse una ferita de l'Accia sua al capo, potrai passar col tuo piede destro innanzi, schermendoti da così fatto colpo con il calcio de l'Accia tua, dandogli poi del spontone de la detta tua Accia ne la gola, overo vorai pigliarlo con l'asta del calcio ne la gola, con ogni tua forza verso le tue parti destre tirando talmente, che lo ponghi in terra, et molto meglio lo farai cadere se 'l tuo piede destro si troverà di fuora dal suo sinistro.*

INTERPRETAZIONE

T5 – V1

🛡 Porta di Ferro Stretta (piede sx avanzato, vedi **Nota 1**)

🗡 Guardia Alta (piede dx avanzato, vedi **Nota 2**)

🗡 Passo avanti (piede sx), colpo alla testa (vedi **Nota 2**)

✕ Parata con il calcio dell'azza spostando verso il proprio lato sinistro l'arma avversaria, passo avanti (piede dx), colpo con lo spuntone del calcio alla gola (vedi **Nota 3**)

T5 – V2

- Porta di Ferro Stretta (piede sx avanzato, vedi **Nota 1**)

- Guardia Alta (piede dx avanzato, vedi **Nota 2**)

- Passo avanti (piede sx), colpo alla testa (vedi **Nota 2**)

- Parata con il calcio dell'azza spostando verso il proprio lato sinistro l'arma avversaria, passo avanti (del piede dx) portando la gamba destra dietro alla gamba sinistra dell'avversario, collocare l'asta dell'azza sul lato destro della gola dell'avversario, ruotare il busto verso il proprio lato destro per sbilanciare l'avversario facendolo cadere (vedi **Nota 4**)

Nota 1: viene descritta una Porta di Ferro Stretta eseguita con piede e mano sinistri in posizione avanzata, del tutto speculare a quella canonica impiegata fino a questo momento:

"...Se tu ti trovassi agiato con il tuo piede manco innanzi, et in guisa di porta stretta di ferro similemente con la manca tua mano innanzi..."

Nota 2: dato che il testo non ne fa menzione, non è chiaro in quale guardia possa essere agiato l'avversario:

"...et che 'l tuo nemico con il simile piede manco, et mano innanzi, ti mandasse una ferita de l'Accia sua al capo..."

Potrebbe trattarsi della medesima Porta di Ferro eseguita con il piede sinistro in posizione avanzata; nel qual caso il colpo alla testa sarebbe accompagnato da un accrescere del piede sinistro. Potrebbe anche trattarsi di una Guardia Alta, anche questa del tutto speculare alla canonica, effettuata con il piede destro in posizione avanzata e l'impugnatura sull'azza invertita; in questo modo, compiendo un passo avanti con il piede sinistro mentre si sferra il colpo alla testa, verrebbero rispettate le condizioni descritte nella sequenza. A tal proposito, si noti che la sequenza successiva (T6) propone tecniche identiche ma eseguite con la postura canonica e l'avversario in Guardia di Testa.

Nota 3: viene descritta una *parata e risposta*:

"...potrai passar col tuo piede destro innanzi, schermendoti da così fatto colpo con il calcio de l'Accia tua, dandogli poi del spontone de la detta tua Accia ne la gola..."

Subito prima di compiere il passo avanzando con il piede destro, si para il colpo dell'avversario con l'asta spostandola verso il proprio lato sinistro, creando così il varco per poter sferrare un colpo alla gola con lo spuntone del calcio della propria azza.

Nota 4: l'azione viene descritta in modo dettagliato:

"...potrai passar col tuo piede destro innanzi, schermendoti da così fatto colpo con il calcio de l'Accia tua (…) vorai pigliarlo con l'asta del calcio ne la gola, con ogni tua forza verso le tue parti destre tirando talmente, che lo ponghi in terra, et molto meglio lo farai cadere se 'l tuo piede destro si troverà di fuora dal suo sinistro..."

Per essere eseguita correttamente deve essere scomposta nelle parti principali:

1. si para il colpo dell'avversario con il calcio dell'asta, spostandolo verso il proprio lato sinistro. Compiendo un passo avanti, si porta l'interno della gamba destra a contatto con l'esterno della gamba sinistra dell'avversario, creando punto di contatto che sarà il fulcro sul quale eseguire la rotazione per gettare a terra l'avversario:

"...potrai passar col tuo piede destro innanzi, schermendoti da così fatto colpo con il calcio de l'Accia tua (…) et molto meglio lo farai cadere se 'l tuo piede destro si troverà di fuora dal suo sinistro..."

2. a questo punto, si procede ad agganciare il collo dell'avversario sul suo lato destro, con il calcio della propria azza, e farlo cadere a terra effettuando una rapida rotazione del torso in senso orario:

"...vorai pigliarlo con l'asta del calcio ne la gola, con ogni tua forza verso le tue parti destre tirando talmente, che lo ponghi in terra...".

10.2.8 SESTA PARTE – T6

Si tratta delle stesse sequenze descritte nella T5 e qui eseguite partendo dalla posizione di guardia canonica.

T6	*Se tu trovasti il tuo nemico col suo manco piede innanzi, et con l'Accia in guisa di guarda alta, tu ti aconcerai, con l'Accia in guisa di porta di ferro stretta, et con il tuo piede destro innanzi et se quivi il tuo nemico scorresse avanti, per mandarti una Acciata al capo, tu subito passerai col tuo piede manco innanzi, schermendoti con l'asta del calcio, et fatto questo gli potrai subito spingere il spontone del calcio ne la gola, overo pigliandolo con l'asta del detto calcio ne la gola, tirarlo sì verso le tue parti manche che mal suo grado vadi a terra.*

INTERPRETAZIONE

T6 – V1

- Porta di Ferro Stretta (piede dx avanzato)

- Guardia Alta (piede sx avanzato)

- Passo avanti (piede dx) con colpo alla testa (vedi **Nota 1**)

- Parata con il calcio dell'azza spostando verso il proprio lato destro l'arma avversaria, passo avanti (piede sx), colpo con lo spuntone del calcio alla gola (vedi **Nota 2**)

T6 – V2

- Porta di Ferro Stretta (piede dx avanzato)

- Guardia Alta (piede sx avanzato)

- Passo avanti (piede dx), colpo alla testa (vedi **Nota 1**)

- Parata con il calcio dell'azza spostando verso il proprio lato destro l'arma avversaria, passo avanti (piede sx) portando la gamba sinistra dietro la gamba destra dell'avversario, collocare l'asta dell'azza sul lato sinistro della gola dell'avversario, ruotare il busto verso il proprio lato sinistro per sbilanciare l'avversario facendolo cadere (vedi **Nota 3**)

Nota 1: il testo è povero di particolari e non è chiaro se venga descritto un passo intero oppure un accrescere, nel momento in cui l'avversario sferra il colpo alla testa:

"...se quivi il tuo nemico scorresse avanti, per mandarti una Acciata al capo..."

Nella disamina si è optato per il secondo, in quanto ritenuto più consono alla situazione; ai fini della buona riuscita della tecnica, anche se si trattasse di un accrescere, la scelta sarebbe ininfluente in caso di *parata e risposta* alla gola, mentre la tecnica di proiezione a terra non riuscirebbe affatto bene se l'avversario avesse avanzato con un accrescere, concludendo con il piede sinistro in avanti.

Nota 2: viene descritta una *parata e risposta*, eseguita con il calcio della propria azza:

"...tu subito passerai col tuo piede manco innanzi, schermendoti con l'asta del calcio, et fatto questo gli potrai subito spingere il spontone del calcio ne la gola..."

Prima di compiere il passo avanzando con il piede sinistro, si para il colpo dell'avversario con l'asta spostandola verso il proprio lato destro, creando così il varco per poter sferrare un colpo alla gola con lo spuntone del calcio.

Nota 3: l'azione viene descritta in modo meno dettagliato rispetto a quelle incontrate precedentemente (T2A, T5 – V2):

"...tu subito passerai col tuo piede manco innanzi, schermendoti con l'asta del calcio (…) overo pigliandolo con l'asta del detto calcio ne la gola, tirarlo sì verso le tue parti manche che mal suo grado vadi a terra..."

Basandosi su quanto visto in precedenza, si riesce definire una sequenza precisa, per colmare eventuali lacune: il colpo dell'avversario viene parato con il calcio dell'asta, spostandolo verso il proprio lato destro. Subito dopo si compie un passo in avanti, si porta la parte interna della gamba sinistra a contatto con l'esterno della gamba destra dell'avversario, creando un punto di contatto che sarà il fulcro sul quale eseguire la rotazione per gettare a terra l'avversario. Basterà quindi agganciare il collo dell'avversario sul suo lato sinistro con il calcio dell'azza e farlo cadere a terra, effettuando una rapida rotazione del torso in senso antiorario.

10.2.9 SETTIMA PARTE – T7

Utilizzando il classico passeggio della Scuola Bolognese, per incalzare con *piede-scaccia-piede*, si finge di colpire il piede destro avanzato dell'avversario con lo spuntone del calcio dell'azza, in modo che questi tenti di parare a sua volta con il calcio dell'arma. Così facendo, si potrà sferrare un colpo al calzo dell'arma avversaria con la testa dell'azza, in modo che l'avversario perda la presa con la mano sinistra. Quindi si chiude misura con un passo, colpendo l'avversario ai genitali con un colpo di punta e spingendolo per farlo rovinare a terra.

T7	*Ti potrai anchora agiare in cotal modo contra al tuo nemico, cioè fare che il tuo piede manco sia innanzi, et la tua mano destra in alto appresso a l'Accia sendo la manca innanzi con il calcio, et in cotal modo cercherai stringere il nemico, facendo, che il tuo piede destro spinga il manco innanzi, con sembiante di dargli col spontone del calcio sopra il piede, et perché per questo serà astretto di accompagnare il calcio de la sua Accia con quello de la tua, li potrai levare l'Accia di mano in questa guisa, che mandandogli tu con grandissima forza uno colpo con l'Accia nel calcio della sua, serà sforzato egli senza fallo abbandonare l'Accia sua con la mano manca, perché sucessivamente potrai passare col tuo piede destro innanzi, rinovandogli uno colpo nel pettenicchio sopra i testicoli, col spontone de l'Accia tua, et con ogni forza in quel tempo con la detta tua Accia sollevarlo in suso, et spingendolo a l'indietro mandarlo a viva forza in terra.*

INTERPRETAZIONE

- 🛡 Guardia Alta (piede sx avanzato)

- ✕ Piede-scaccia-piede, finta di colpo di punta con lo spuntone del calcio dell'azza al piede avanzato dell'avversario (vedi **Nota 1**)

- ⚔ Parata con il calcio dell'arma (vedi **Nota 2**)

- ✕ Mandritto al calcio dell'azza avversaria (vedi **Nota 3**)

- ⚔ Perde la presa con la mano sinistra (vedi **Nota 3**)

- ✕ Passo avanti (piede dx), punta ai genitali spingendo e facendo cadere al suolo l'avversario

Nota 1: viene descritto il tipico modo di incalzare l'avversario che la Scuola Bolognese definisce *stringere*, utilizzato in abbinamento ad una finta di punta, eseguita con lo spuntone del calcio dell'azza e che ha come bersaglio il piede avanzato dell'avversario:

"…in cotal modo cercherai stringere il nemico, facendo, che il tuo piede destro spinga il manco innanzi, con sembiante di dargli col spontone del calcio sopra il piede…"

Nota 2: a seguito della finta, l'avversario si trova costretto a difendersi parando il colpo con il calcio dell'azza:

"…per questo serà astretto di accompagnare il calcio de la sua Accia con quello de la tua…"

Nota 3: il testo recita quanto segue:

"...li potrai levare l'Accia di mano in questa guisa, che mandandogli tu con grandissima forza uno colpo con l'Accia nel calcio della sua, serà sforzato egli senza fallo abbandonare l'Accia sua con la mano manca..."

Per fare in modo che l'avversario perda la presa della mano sinistra sull'asta si sferra un potente mandritto al calcio dell'arma nel momento in cui tenta la parata. Anche se il testo non ne fa menzione, nell'eseguire il colpo è buona norma tirare le braccia a sé in modo da cambiare la direzione del colpo e vincere la resistenza della presa dell'avversario, nel momento in cui la testa dell'azza impatta il calcio di quella nemica.

10.2.10 OTTAVA PARTE – T8

Il trattato propone un'ulteriore versione di Guardia Alta eseguita con il piede destro in posizione avanzata, ma l'impugnatura sull'arma effettuata in maniera canonica, con la mano destra arretrata in prossimità della testa dell'arma e la sinistra avanzata a stringerne il calcio. Inoltre, allo scopo di simulare un potente colpo alla testa, l'arma viene sollevata il più possibile verso l'alto. Nel momento in cui, eseguita la finta alla testa, l'avversario tenta di difendersi parando, si sferra un tondo mandritto alla gamba avanzata (T8 – V1), oppure fa cadere al suolo l'avversario agganciando la stessa gamba con il corno della propria azza (T8 – V2).

T8	*Se 'l tuo nemico si agiasse con il suo piede manco innanzi, et con il calcio de l'Accia sua medesimamente innanzi, potrai tu agiarti col tuo piede destro innanzi, tenendo la manca tua mano al calcio, et la destra verso l'Accia, ma tanto alto quanto più tu possi, et dandogli quivi a vedere di volerlo ferire con una Acciata sopra la testa, attenderai, che egli solevi l'Accia sua in alcuna guisa per schermirsi, et in quel tempo serai tosto a mandargli una acciata in maniera di uno mandritto tondo per la gamba anteposta, et così gli leverai la gamba di sotto con il colpo, overo lo potrai pigliare col corno ne la detta gamba, tirandolo a forza sì che mal suo grado a terra giaccia.*

INTERPRETAZIONE

T8 – V1

	Guardia Alta (piede dx avanzato, vedi **Nota 1**)
	Guardia Alta (piede sx avanzato)
	Finta di colpo alla testa (vedi **Nota 2**)
	Tenta la parata (vedi **Nota 3**)
	Mandritto tondo alla gamba avanzata

T8 – V2

	Guardia Alta (piede dx avanzato, vedi **Nota 1**)
	Guardia Alta (piede sx avanzato)
	Finta di colpo alla testa (vedi **Nota 2**)
	Tenta la parata (vedi **Nota 3**)
	Agganciare con il corno dell'azza la gamba avanzata dell'avversario, tirare con forza per farlo cadere a terra

Nota 1: il testo recita quanto segue:

"...potrai tu agiarti col tuo piede destro innanzi, tenendo la manca tua mano al calcio, et la destra verso l'Accia, ma tanto alto quanto più tu possi..."

Si tratta di un'ulteriore variante di Guardia Alta, eseguita con il piede destro in posizione avanzata ed impugnando l'azza in maniera canonica (con la mano destra in posizione arretrata verso la testa dell'azza e la sinistra avanzata verso il calcio), tenendo l'arma molto alta e facendo così intendere di voler sferrare un colpo alla testa.

Nota 2: dalla guardia di partenza si esegue una finta alla testa:

"...dandogli quivi a vedere di volerlo ferire con una Acciata sopra la testa..."

Si consiglia di eseguire la finta in foggia di fendente oppure mandritto.

Nota 3: non viene esplicitata la natura completa della parata:

"...attenderai, che egli solevi l'Accia sua in alcuna guisa per schermirsi..."

Data la tipologia di colpo sferrato e dalla guardia di partenza, è possibile si tratti di una parata eseguita con la parte centrale dell'asta (T2) oppure con un mandritto alto.

10.2.11 NONA PARTE – T9

Essendo entrambi i contendenti in Guardia Alta con il piede sinistro in posizione avanzata, si potrà eseguire una finta di mandritto alla testa e, nel momento in cui l'avversario si procura di difendersi parando, ritrarre la propria azza e sferrare una punta ai genitali abbastanza forte da spingere l'avversario e farlo cadere al suolo.

T9	*Ma se tu ti ritrovassi, et similemente il tuo nemico, col piede manco innanzi, et similemente con la medesma manca mano pur innanzi, potrai passare col tuo piede destro innanzi, mostrandogli di volergli dare d'una acciata sopra il capo, et come egli vorrà schermirsene in alcuna guisa, subitamente raccogliendo l'Accia alquanto indietro, gli spingerai fortemente il spontone de l'Accia nel pettenecchio sopra li testicoli, o pur voi dire ne li testicoli, et dico tanto forte, che a l'indietro trabbocchi et vada in terra.*

	INTERPRETAZIONE
	Guardia Alta (piede sx avanzato)
	Guardia Alta (piede sx avanzato)
	Finta di mandritto alla testa, (vedi **Nota 1**)
	Tenta la parata (vedi **Nota 2**)
	Ritrarre l'arma verso di sé, colpo di punta ai testicoli con passo avanti (piede dx) (vedi **Nota 3**)
	Spingere per gettare al suolo l'avversario

Nota 1: non viene esplicitata la natura completa del colpo, si ritiene possa trattarsi di un fendente oppure un mandritto:

"...potrai passare col tuo piede destro innanzi, mostrandogli di volergli dare d'una acciata sopra il capo..."

Nota 2: l'autore suggerisce che l'avversario possa difendersi parando in qualsiasi modo:

"...et come egli vorrà schermirsene in alcuna guisa..."

Il tipo di parata (che deriva dal tipo di offesa) è ininfluente ai fini della buona riuscita della tecnica.

Nota 3: ritraendo le braccia verso di sé, si sottrae l'arma in maniera da evitare che il colpo venga parato e nello stesso tempo si carica il successivo colpo di punta:

"...subitamente raccogliendo l'Accia alquanto indietro, gli spingerai fortemente il spontone de l'Accia nel pettenecchio sopra li testicoli, o pur voi dire ne li testicoli..."

10.2.12 DECIMA PARTE – T10

Ultima delle sequenze relative all'impiego dell'azza in armatura. Come per la tecnica precedente, essendo entrambi i contendenti in Guardia Alta con il piede sinistro in posizione avanzata, sarà possibile eseguire una finta di punta al viso, effettuata con lo spuntone del calcio della propria arma, per poi sferrare un colpo di punta vero e proprio al piede avanzato dell'avversario.

T10	*Trovandoti anchora tu, et il tuo nemico col manco piede innanzi, et con la medesma mano pur innanzi, tu gli potrai mostrare di volerlo ferire col spontone del calcio a la faccia, et in uno momento col detto spontone ferirgli il piede.*

INTERPRETAZIONE

Guardia Alta (piede sx avanzato)

Guardia Alta (piede sx avanzato)

Finta di punta con lo spuntone del calcio alla faccia, colpo di punta con lo spuntone del calcio al piede avanzato (vedi **Nota 1**)

Nota 1: con lo spuntone del calcio dell'azza si esegue una finta di punta al volto dell'avversario; la finta viene trasformata in una punta concreta sferrata al piede avanzato dell'avversario:

"..., tu gli potrai mostrare di volerlo ferire col spontone del calcio a la faccia, et in uno momento col detto spontone ferirgli il piede..."

Benché il testo non ne faccia menzione, è possibile far scorrere l'asta all'interno della propria mano sinistra al momento di sferrare la punta al piede.

Capitolo 11: Partigiana e Rotella – Guardie e principi fondamentali

11.1 GUARDIE

Come nel caso delle armi in asta non accompagnate, anche in questa disciplina non vengono mai citati i nomi delle guardie; ciononostante, è possibile identificare tre modi di agiarsi in guardia in rapporto a come si impugna la partigiana.

Dal punto di vista didattico, è stato scelto di riferirsi a dette guardie rispettivamente come: Prima, Seconda e Terza guardia di partigiana e rotella, questo al di là dell'autore che ne tratta.

11.1.1 PRIMA GUARDIA DI PARTIGIANA E ROTELLA

Il primo modo, e il più utilizzato nella Scuola Bolognese di Achille Marozzo e Antonio Manciolino, consiste nell'impugnare la partigiana *sopramano*. È l'unica guardia che permette di lanciare la partigiana in modo efficace, un'azione della quale entrambi gli autori utilizzano la posizione per identificare correttamente il modo di impugnare l'arma.

Achille Marozzo:

> *"...tu li haverai la ditta Partesana in la mano sua dritta, tu li darai in la mancha la rotella, e fatto che tu haverai tutto questo, tu el farai assettare con la sua gamba mancha inanci ben polito, e la Partesana tu glie la farai tenere in mano, in foggia de lanciarla, ma con la detta Rotella, voglio che se le possibile che lui tenga coperto la mano dritta chel nimico non la veda per niente..."*

Antonio Manciolino:

> *"...Ti agierai prima con la rotella in braccio, & con la partegiana in mano in atto di tirare contra il tuo nemico stante con le medesime armi nella predetta guisa..."*

Questa posizione permette inoltre di ritrarre notevolmente il braccio destro alzandolo, per essere in grado di sferrare un colpo anche se l'avversario dovesse avvicinarsi.

Ai fini pratici, concede molti e importanti vantaggi rispetto alla posizione successiva (Seconda Guardia di partigiana e rotella), ma per poterla sfruttare in modo efficace si rende necessario esercitarsi a colpire con precisione; se la rotazione dell'articolazione della spalla non viene compensata da un'adeguata rotazione del polso in senso opposto, coadiuvato dalle dita della mano, si riscontrerà la tendenza a colpire più in basso del bersaglio cercato.

Riassumendo, si tratta di una guardia che può essere eseguita sia con il piede sinistro, che con il destro, in posizione avanzata e la rotella imbracciata a sinistra, col braccio proteso verso l'avversario e leggermente flesso verso l'interno. La partigiana deve essere impugnata con la mano destra *"...in foggia de lanciarla..."* ovvero a circa metà dell'asta e *sopramano*, indicativamente all'altezza dell'orecchio destro e con la punta rivolta verso l'avversario. La mano destra che la impugna deve rimanere al coperto dietro la rotella *"...se le possibile che lui tenga coperto la mano dritta chel nimico non la veda per niente..."*

I Guardia di lancia e rotella

11.1.2 SECONDA GUARDIA DI PARTIGIANA E ROTELLA

Questa guardia viene descritta solo nella trattazione di Achille Marozzo (*Settima Parte*) con la partigiana impugnata *sottomano*, come se fosse una spada:

> *"...Ma sappi, che se tu non volessi tenere la detta partesana in atto de lanciarla, tu la puoi mutare con una infinta de lanciarla per di sopra, e fare una cambiata, come te stato insegnato, per modo che tu l'averai sotto mano..."*

Questa posizione, pur consentendo una scherma maggiormente intuitiva soprattutto per chi è abituato ad utilizzare solo la spada, tende a creare un notevole intralcio a causa della parte posteriore dell'asta dell'arma, specialmente nel momento in cui si volesse sferrare qualsiasi tipo di punta roversa (orizzontale, ascendente o discendente che sia).

A differenza della Prima Guardia, non è possibile né parare adeguatamente con l'asta in posizione verticale, nè scagliare l'arma con la giusta forza atta a ferire; inoltre, se l'avversario avvicinandosi riuscisse ad entrare sotto misura ed oltrepassare la punta dell'arma, ci si troverebbe del tutto inermi.

Proprio per questi motivi, anche nella trattazione dell'unico autore che la descrive, viene utilizzata non tanto per essere impiegata in combattimento, quanto per poter impugnare la partigiana con entrambe le mani (Terza Guardia di partigiana):

> *"...e questo non e anchora lui brutto tenere, perche havendola a questo modo tu la puoi pigliare con tutte due le mane: cioe tu puoi buttare la mano tua mancha alla ditta dinanci, non lassando gia la Rotella tua, e la mandritta tu la puoi pigliare in drieto apresso el calzo..."*

II Guardia di lancia e rotella

11.1.3 TERZA GUARDIA DI PARTIGIANA E ROTELLA

L'ultima posizione prevede di impugnare la partigiana con entrambe le mani.

Antonio Manciolino:

> *"...tu piglierai con la mano destra la partigiana nel pedale, & con la sinistra l'altro lato di quella anchora che imbracciata habbi la rotella in modo che li nodi di amendue le mani guardino a l'in su, & che la tua partigiana sia posta alquanto verso le sue destre parti con il piede manco innanzi non molto a grande passo..."*

Per quanto riguarda Achille Marozzo, si faccia riferimento alla parte finale della Seconda Guardia di partigiana.

Si tratta di una posizione vantaggiosa, soprattutto nel caso si desideri *battere*, *legare* o semplicemente spostare l'arma avversaria se impugnata con una sola mano; la rotella sarà di ben poca utilità, tant'è che Marozzo suggerisce di abbandonarla del tutto:

> *"...ma anchora te dico, che essendo tu alle mani pure come disopra te ho detto, che tu non ne haveresse desavantagio alcuno abuttare via la Rotella tua, e pigliare la Partesana con tutte due le mane manescamente, e serrarte a questo modo adosso al tuo inimico, e sappi che io credo veramente che tu haverai uno grande vantaggio, e per questo respetto tu li potresti dare a lui bono conto..."*

In questo caso, il gioco tende a diventare del tutto simile a quello di partigiana sola, come confermano le sequenze lasciate da Manciolino relative a questo tipo di guardia/presa, che egli considera utile ma inferiore a quella con presa sopra mano:

> *"...quantunche non sia così bello che 'l predetto serà nondimeno utilissimo..."*

Marozzo e Manciolino adottano la posizione delle mani che ognuno dei due utilizza nella disciplina di partigiana sola: Marozzo con la mano destra girata col palmo in basso (seconda posizione) e la mano sinistra col palmo in alto (quarta posizione); Manciolino con entrambe le mani col palmo in basso (quarta posizione).

Ai fini pratici la presa di Marozzo è più adatta a giochi di fino come, ad esempio, *cavazioni* e *circolate*, mentre la presa di Manciolino risulta più salda e forte in parate, *battute, trasporti,* ecc.

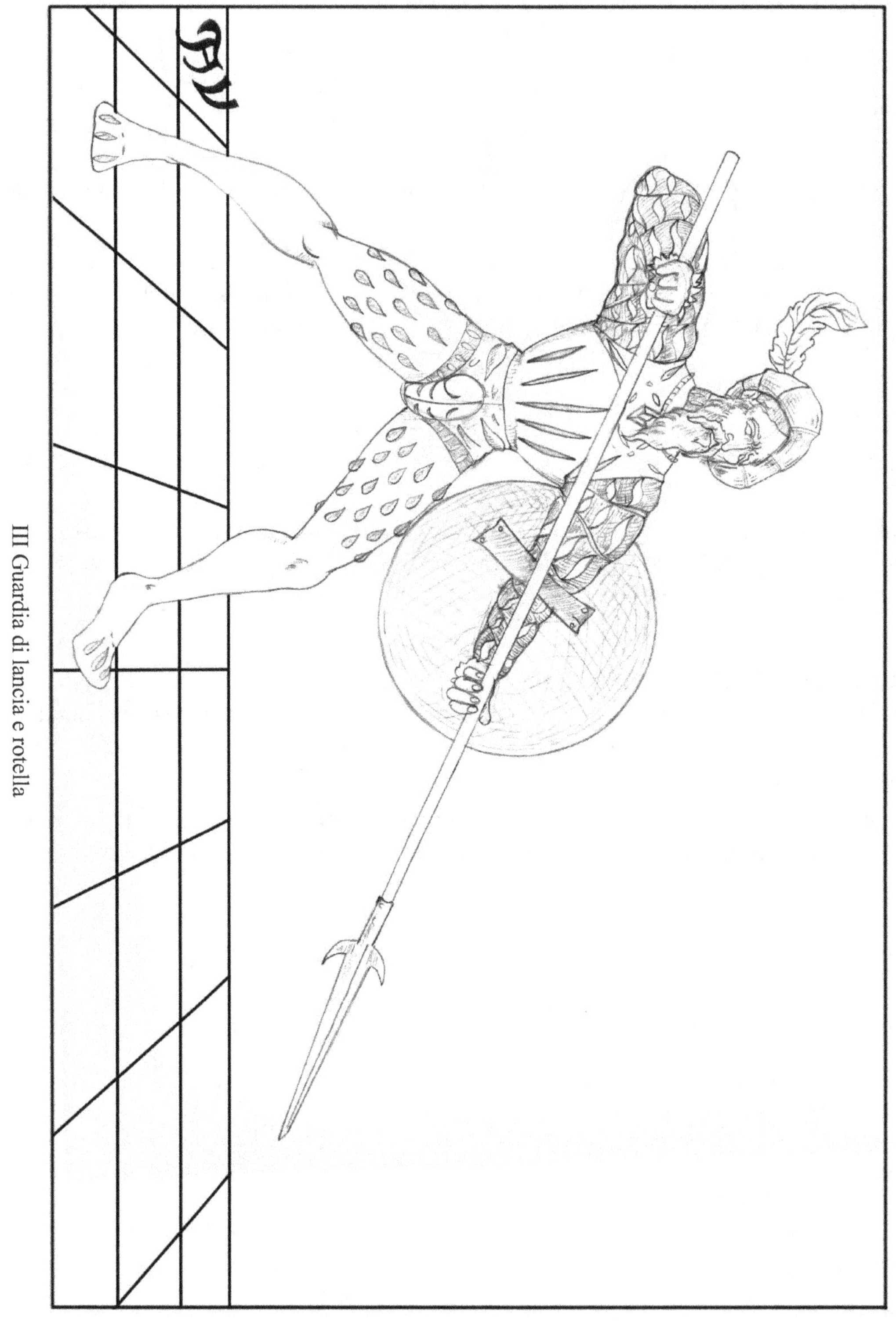
III Guardia di lancia e rotella

11.2 COME SI IMPUGNA LA ROTELLA

Vista la peculiarità della disciplina, si rende necessario descrivere come si imbraccia ed utilizza in modo efficace la rotella; viene in aiuto Giacomo Di Grassi che, in *Ragion di adoprar sicuramente l'arme si da offesa come da difesa* (1570), fornisce preziose indicazioni su come si debba usare e, soprattutto, non usare quest'antica arma difensiva:

DELLA SPADA ET rotella.

RICHIEDEREBBE la rotella lunga et esquisita consideratione per esser di forma circolare la quale di tutte l'altre è capacissima & perfettissima. Ma havendo io intenzione in questa mia opera di scriver quel solo che conosco essere a quest'arte appertinente; & lasciar luogo ad ogn'uno di affaticarsi nell'arte sua; lasciando gran parte di questa considerazione al matematico et all'historico, per essermi in questo di poca utilità il sapere molte sue passioni et chi ne fosse l'inventore et se sia arma anticha o moderna; venendo dunque a quello in che posso giovare al nostro tempo nel quale questa arma è talmente onorata et in pregio che i Principi, i Signori, & i Cavalieri, oltre lo adoprarle in molti sui affari di giorno come di notte ne tengono di esse le case loro riccamente ornate. Quel solo considerando in essa rotella che ci può esser utile o danno nel manegiarla fra l'armi. Dico la rotella da diversi, uomini & diversi tempi esser stata in molti modi tenuta & adoprata, come anco la targa & l'altre arme, sì da offesa come da difesa, & non mancano ancora à tempi nostri uomini che la tengono per non stancarsi appoggiata alla coscia, come che in questo essercitio si dovesse attender molto al riposo et alla quiete, nel qual solo il travaglio et la fatica è utile, perché con queste due s'acquista la forza et la destrezza parte tanto in esso esercitio de l'armi importante et necessaria. Et altri anchora tenendo tutto il braccio piegato sel hano tenuta opposta alla vita tutta piana non si curando per poter guardare la pancia a perder quasi in tutto la vista de l'inimico, ma vogliono ad ogni modo dietro a quella come dietro a un muro star sicuri non sapendo di quanta importanza sia il vedere l'inimico & fare altri effetti, che tenendola in detto modo non si possono fare.

DEL MODO DI TENIR la Rotella.

A VOLER tenir la rotella in modo che ella ne difenda tutta la vita et non ci occupi la vista de l'inimico che è di tanta importanza è di bisogno tenirla verso l'inimico non con la parte convessa dil tutto piana ne tenir il braccio in tal modo piegato che nel gombitto faccia un angolo se non acuto almen retto per che in tal modo tenendola oltra che molto si stracca il braccio, si impedisce in modo la vista, che se si vuole veder l'inimico dal petto in giù sia di bisogno o abbassar la rotella o porger la testa inanti tanto che possi esser offesa prima che sia dalla rotella agiutata, e tolta di ciò in tal modo ella difende, se non tanta parte della vita quanto ella è grande o poco più, per non poterse muovere se non quanto si muove il mezo braccio dal gombitto alla spada che è tanto poco quanto ogn'un sa et può veder, onde con gran fatica si difenderebbe la testa & le coscie in tutto restarebbono continuamente scoperte, di modo che per salvar la pancia si perderebbe il resto del corpo. Per tenir dunque la rotella in modo che ella difenda tutta quella parte di vita dal genocchio in su, & che si possi veder l'inimico bisogna tenir il braccio se non diritto al meno piegato sì poco che nel gombitto faccia un grand'angolo ottuso di modo che l'occhio possa con il raggio passando presso alla circonferenza della rotella che è vicina alla mano vedere tutto l'inimico dal capo a i piedi, & tenendola in questo modo la parte convexa di fuora della rotella difenderà tutta la parte sinistra, & la circonferenza dalla parte della mano difenderà con pochissimo moto tuta la parte destra la testa & le coscie; et in tal modo si haverà la vista dell'inimico, & la difesa di tutta quella parte di vita che alla rotella s'attribuisce però si tenirà la rotella con il braccio quasi disteso tanto verso la parte sinistra che la vita possi passar a veder l'inimico senza mover per tale occasione o la testa o la rotella.

Viene descritto in modo folkloristico l'impiego dell'arma appoggiata alla gamba per non stancarsi, oppure posta frontalmente per negare la possibilità di vedere i movimenti dell'avversario. Al di là di questo, viene illustrato come la rotella debba essere imbracciata: la parte convessa rivolta verso l'avversario e il braccio a formare un angolo ottuso. Infatti, se il braccio formasse un angolo retto, si renderebbe necessario alzarla in modo considerevole affinché la protezione offerta dall'arma possa sfruttare il cono di protezione, andando così a bloccare la visuale di chi la usa. Inoltre, deve essere imbracciata in maniera tale da difendere passivamente *"…quella parte di vita dal genocchio in su…"* Così facendo sarà possibile non solo difendere con pochissimo sforzo lato sinistro e lato destro (*"…la parte convexa di fuora della rotella difenderà tutta la parte sinistra, & la circonferenza dalla parte della mano difenderà con pochissimo moto tuta la parte destra la testa & le coscie…"*), ma anche avere una chiara visuale dei movimenti dell'avversario (*"…di modo che l'occhio possa con il raggio passando presso alla circonferenza della rotella che è vicina alla mano vedere tutto l'inimico dal capo a i piedi…"*).

Capitolo 12: Achille Marozzo – Dello abatimento de Partesana e Rotella da solo a solo

12.1 TRASCRIZIONE

SEGUITA EL QUARTO LIBRO EL QUALE TRATTA DE L'ARME INASTATE.

Cap.179 Dello abatimento de Partesana e Rotella da solo a solo.

QUI Me sono disposto decomponere, in questo uno combattere novo atrovato di fantasia bona, de Partesana e Rotella insieme contra a un'altra sopradetta, e impero per questo comenciaremo al nome de Dio, adarli principio alla prima parte di questo sopradetto, ma per tanto tu metterai a mente tutto quello ch'io diro, perche se acadesse a insegnarlo a qualch'uno, che havesse da combattere per sua differentia, in prima tu piglairai la Partesana in mano, e darala a lui al nome de Dio, e del Cavaliere Misere. S.Giorgio patrone de tutti li homini che essercitano l'arte militare, e dato che tu li haverai la ditta Partesana in la mano sua dritta, tu li darai in la mancha la rotella, e fatto che tu haverai tutto questo, tu el farai assettare con la sua gamba mancha inanci ben polito, e la Partesana tu glie la farai tenere in mano, in foggia de lanciarla, ma con la detta Rotella, voglio che se le possibile che lui tenga coperto la mano dritta chel nimico non la veda per niente, e digli a questo modo per utilita sua che lui debia essere paciente: cioe aspettare el nimico che tire prima lui, perche sapendo tu che con la partesana, e rotella sopradetta non se puo fare altre botte che ponta, o de sopra, o desotto, e colui che fara altre botte se non ponta senza ragione seranno, e haveranno pocha pratica, e inpero io voglio comenciare la prima parte, & voglio parlare fine alla finita sempre con te, ma non con alcuni altri, e faro conto che sie tu quello che habbi da combattere.

Prima Parte.

HOra essendo tu da uno canto del stechato, el tuo inimico dall' altro, fa che se le possibile, che tu pigli dalato del ponente, perche le migliore che non e levante, a ben che gli ne assai che pigliano el levante per rispetto del Sole che non li daga in facia, ma sappi che pigliado tu ponente, tu balcerai contra el tuo nimico da labanda tua dritta, e del nimico alla sua banda mancha, e a questo modo tu haverai guadagnato il sole, e li t'asettarai contra a lui con la gamba mancha innanci, e la rotella tua ben distesa per lo dritto del sopradetto, e li ti gli accosterai sempre acociando el pie dritto apresso el mancho, hora guarda, che acostato che tu li serai per niente non li tirarre de botta alcuna, perche sapendo tu che disopra te dissi, ch'io voleva, che tu fussi paciente, ma preponiamo che lui sia agente, e tu patiente maxime che lui te caciasse una ponta, o d'alto, o da basso, io voglio che in el tirarre chel fara la detta ponta, tu tirerai el pie mancho a presso el dritto per modo che la ponta sua non te offendera, e tu in uno medesimo tempo crescerai della gamba tua dritta forte inanci un poco verso le sue parte stanche, & si li darai alui de una ponta con la Partesana tua in la facia,o vorrai darli in la mano della Partesana, o in lo bracio suo, & per tuo reparo tu te tirerai dui, o tri passi indietro, e si te assettarai in quella medesima Guardia de prima.

Capitolo 12: Achille Marozzo –
Dello abatimento de Partesana e Rotella da solo a solo

Seconda Parte.

TU sai che in la prima parte tu sei rimasto con la gamba mancha inanci, e pero tu aticerai el tuo nimico con certe punte finte, dagandoli tu un poco de discoperto con la Rotella da lato disopra guardando bene alla ponta della partesana sua, perche tragandote lui al dito discoperto de ponta, tu la urtera con la Rotella infuora. Ma con la Partesata tua ,tu li darai in la facia, o in la gamba, che lui havera inanci con la ponta, passando in dare de tale ponta della tua gamba dritta forte inanci, e la mancha seguendo al luoco suo per tuo reparo tu te tirerai dui, o tri passi in drieto, e si te assetterai ,come disopra dissi.

Tertia PArte.

HOra essendo rimaso tu con la gamba mancha inanci, de qui voglio che tu distendi forte la Rotella tua inverso al tuo inimico, e voglio che senza passare de piede alcuno che tu li daghi de una Partesanata in la gamba, la quale havera lui inanci, e questo facio, perche lui habia cagion de renderte risposta, o da alto, o da basso, e sappi che respondendoti de una ponta per la faza, o per la gamba, tu passerai della tua gamba dritta verso le parte drite del nimico, & urterai in tal passare con l'asta della partesana tua in la botta sua che lui tirera inverso le tue perte manche, & si li darai de una ponta alla roversa in tel petto tra la rotella sua, e la Partesana. Ma sappi che quando tu farai tale parato bisogna che la ponta della sopraditta sia volta verso terra, e per tuo areparare tu butterai la gamba dritta de drieto dalla mancha, e la mancha de drieto la dritta, e si aresterai con la detta dritta inanci ben polito, e galante.

Quarta Parte.

TU sai che in nella parte precedente tu rimanisti con la gamba dritta inanci, de qui voglio che tu strengi el tuo nimico forte tragandoli sempre alla mano sua ,o bracio dritto dalla Partesana, e fa che sempre el pie mancho caci el dritto alinanci ben stretto con la Partesana tua e la Rotella insieme, ma se lui in questo tempo te tirasse de botta alcuna urtala via con la Rotella tua, e dalli de una ponta de Partesana in tel suo pie che lui havera inanci pirlando in tal urtare, e dare de ponta in sul pie dritto el mancho li andara de drieto, ma sappi che se lui caciasse la Partesana sua tanto forte inla Rotella tua che lui non la potesse havere tu alargarai la mano tua mancha ,e lassarai cadere la Rotella in terra, & con la detta mancha, e la dritta tu pigliarai la partesana manescamente, e alhora tu te cargerai forte adosso al tuo inimico, per modo che con poca fatica tu li darai percossa.

Quinta Parte.

MA sappi che sel nimicho non caciasse la detta Partesana sua in la rotella, e anchora tu non lassarai cadere la sopradetta, e voglio che essendo tutti dui equale de armi tu te metterai con la gamba dritta inanci, e li darai el tuo fiancho dritto descoperto al tuo nimico con la Partesana tua volta con la ponta a terra, e questo faccio, perche lui habia causa de tirarte al ditto fiancho dritto, sapendo tu che tragandoti lui al fiancho sopradetto, tu butterai la gamba mancha forte inanci verso le parte dritte del nimico, e si urterai in tal passare la botta sua con la Partesana tua infuora dal tuo lato dritto, e in buttare de detta gamba, e parare de tal botta che lui tirera in uno medesimo tempo, tu cacerai la Rotella tua in tel suo braccio dritto, per modo che tu li darai de una ponta dritta manesca in tel petto, in modo che lui non potra movere la Partesana sua, perche tu con la Rotella tu li harai ligata la sopra detta, e non potra parare la tua ponta dritta, e fatto che tu haverai questo tu livarai una balzo indrieto, e si te assetterai con il pie mancho inanci.

Sesta Parte.

TU sai che in la quarta parte di questa tu rimanesti con la gamba mancha inanci, ma de qui te daro li feriri, e li parati della Partesana e Rotella, o voi essere agiente, o paciente, se tu volesse essere paciente tu darai la detta gamba mancha descoperta forte al tuo inimico guardando bene tu sempre a la man sua che te puo offendere, o vero alla ponta sopradetta, perche tirandote lui alla detta gamba mancha, tu urterai con lasta della Partesana tua in lasta sua verso le tue parte manche passando in tal urtare della tua gamba dritta inanci uno poco per traverso verso le sue parti dritte, & a questo modo tu haverai parato la botta del sopradetto, e a uno tempo medesimo che tu haverai passato, e parato tu li darai a lui de una ponta roversa in tel petto tra la Rotella sua, e la partesana, non te movendo de li, perche se lui te tirasse a quella banda dritta che tu haverai inanci voglio che tu daghi de l'asta tua in la Partesana del nimico de fuora dalle tue parte dritte, & si li darai a lui in tal tempo una ponta dritta in tel petto, o in la pancia passando in tal parare, & ferire della tua gamba mancha inverso alle parte dritte del nimico distendendo la Rotella tua forte inanci per lo dritto del sopradetto non te movendo, perche sel te paresse di fermare in quella Guardia tu serai cosi bono come lui in parare, & anchora in ferite, perche quello sie el suo naturale de paradi, & de feriri tenendola in la mano come disopra dissi.

Settima Parte.

MA sappi, che se tu non volessi tenere la detta Partesana tua in atto de lanciarla, tu la puoi mutare con una infinta de lanciarla per disopra, e fare una cambiata, come te stato insegnato, per modo che tu l'averai sotto mano, e questo non e anchora lui brutto tenere, perche havendola a questo modo tu la puoi pigliare con tutte due le mane: cioe tu puoi buttare la mano tua mancha alla ditta dinanci, non lassando gia la Rotella tua, e la mandritta tu la puoi pigliare in drieto apresso el calzo, ma le ben vero che pigliandola a questo modo bisognaria, che la imbraciatura della Rotella fusse inchiodata da capo, perche tu la teneresti meglio in mano la sopradetta Partesana, ma anchora te dico, che essendo tu alle mani pure come disopra te ho detto, che tu non ne haveresse desavantagio alcuno abuttare via la Rotella tua, e pigliare la Partesana con tutte due le mane manescamente, e serrarte a questo modo adosso al tuo inimico, e sappi che io credo veramente che tu haverai uno grande vantaggio, e per questo respetto tu li potresti dare a lui bono conto, siche notarai.

Ottava Parte.

HOra guarda, che essendo tu con la Rotella imbraciata, & con la Partesana in mano, e che tu t'abattesse in scaramuza, o vero contra uno che te lanciasse Partesane alcune, o vero altre armi, voglio che tu sappi, che le forcia de tenere la partesana tua in fuoggia, o in atto di lanciarla ponendote con la tua gamba mancha inanci scontro al tuo inimico, cossi in scaramucia come da solo a solo, perche quando el te fusse lanciato Partesana alcuna, o altre armi, tu butterai la tua gamba dritta inanci per traverso verso le tue parte dritte, e si li darai de l'asta tua dentro in la partesana sua, o in altra arme, che te fusse lanciata, e si la butterai via verso le tue parte manche, el bracio dalla rotella tua tu el tignirai pigato un puoco in verso el petto, e fa che in tal passsare che tu farai della detta gamba dritta, che la mancha li seguita per de drieto, non te movendo perche sel te fusse lanciato da quella parte dritta, tu butterai la gamba mancha inverso le parte dritte del nimico, e in tal passare tu darai della Partesana tua in larme sua, che te sera lanciata alla roversa infuora verso le tue parte dritte, & a questo modo la non t'havera fatto dispiacere alcuno, e si serai tornato con la tua gamba mancha inanci, e li serai aparato sempre aparare tutte quelle armi che te fusseno lanciate, e a questo modo acadendote per sempre mai tu tenirai questo ordine, sapendo che se tu non volesse fermarte in su la gamba dritta ogni volta che tu haverai parato la ditta Partesana, che te sera lanciata tu tornarai defatto la tua gamba dritta indrieto, e a questo modo la mancha sempre sera dinanci dalla dritta, e cossi farai ogni volta notificandoti che questa Guardia sie migliore che non e havere la gamba dritta inanci, e impero tu non te dismenticherai l'ordine soprascritto, e avisandote che ogni volta che tu parerai le ditte botte manesche, o lanciate tu volterai sempre la ponta della Partesana tua inverso terra per parare piu securamente, & per questo io li faro fine, a questo abatimento sopradetto.

QUI SIE FINITO LARTE DE PARTESANA E ROTELLA.

FINIS

LAUS DEO.

AMEN.

12.2 DISAMINA DELLE TECNICHE

12.2.1 INTRODUZIONE – I

Nella parte introduttiva, l'autore descrive la guardia principale da utilizzare in questa disciplina e per la quale si rimanda al capitolo dedicato:

> *"...tu li haverai la ditta Partesana in la mano sua dritta, tu li darai in la mancha la rotella, e fatto che tu haverai tutto questo, tu el farai assettare con la sua gamba mancha inanci ben polito, e la Partesana tu glie la farai tenere in mano, in foggia de lanciarla, ma con la detta Rotella, voglio che se le possibile che lui tenga coperto la mano dritta chel nimico non la veda per niente..."*

Vengono inoltri ribaditi altri due importanti concetti: gli unici colpi efficaci sono i colpi di punta (*"...colui che fara altre botte se non ponta senza ragione seranno, e haveranno pocha pratica..."*) e la necessità di essere pazienti (*"...digli a questo modo per utilita sua che lui debia essere paciente: cioe aspettare el nimico che tire prima lui..."*), come spesso accade nella scherma in generale.

<table>
<tr>
<td>I</td>
<td>

Cap.179 Dello abatimento de Partesana e Rotella da solo a solo.

QUI Me sono disposto decomponere, in questo uno combattere novo atrovato di fantasia bona, de Partesana e Rotella insieme contra a un'altra sopradetta, e impero per questo comenciaremo al nome de Dio, adarli principio alla prima parte di questo sopradetto, ma per tanto tu metterai a mente tutto quello ch'io diro, perche se acadesse a insegnarlo a qualch'uno, che havesse da combattere per sua differentia, in prima tu piglairai la Partesana in mano, e darala a lui al nome de Dio, e del Cavaliere Misere. S.Giorgio patrone de tutti li homini che essercitano l'arte militare, e dato che tu li haverai la ditta Partesana in la mano sua dritta, tu li darai in la mancha la rotella, e fatto che tu haverai tutto questo, tu el farai assettare con la sua gamba mancha inanci ben polito, e la Partesana tu glie la farai tenere in mano, in foggia de lanciarla, ma con la detta Rotella, voglio che se le possibile che lui tenga coperto la mano dritta chel nimico non la veda per niente, e digli a questo modo per utilita sua che lui debia essere paciente: cioe aspettare el nimico che tire prima lui, perche sapendo tu che con la partesana, e rotella sopradetta non se puo fare altre botte che ponta, o de sopra, o desotto, e colui che fara altre botte se non ponta senza ragione seranno, e haveranno pocha pratica, e inpero io voglio comenciare la prima parte, & voglio parlare fine alla finita sempre con te, ma non con alcuni altri, e faro conto che sie tu quello che habbi da combattere.

</td>
</tr>
</table>

12.2.2 PRIMA PARTE – T1

Nella fase iniziale della sequenza, l'autore spiega che, a differenza di quel che si possa pensare, è più conveniente iniziare il duello con il sole in faccia, avvicinandosi all'avversario dal suo lato sinistro, in maniera tale che, ruotando, si trovi a sua volta con il sole in faccia durante l'azione vera e propria:

> *"...Hora essendo tu da uno canto del stechato, e 'l tuo nimico da laltro, fa che se l'è possibile, che tu pigli dalato del ponente, perché l'è migliore che non è levante, a ben che glien'è assai che pigliano el levante per rispetto del sole che non li daga la facia, ma sappi che pigliando tu ponente tu balcerai contra el tuo nimico da la banda tua dritta, e del nimico alla sua banda manca, e a questo modo tu haverai guadagnato il sole..."*

La sequenza procede descrivendo un attacco di punta da parte dell'avversario, sul quale si esegue un *camuffo di piedi*.

Il primo movimento del *camuffo* (tirare indietro il piede sinistro) permette di variare la misura evitando il colpo dell'avversario; il secondo (passo obliquo del piede destro) consente di guadagnare gradi sul lato sinistro dell'avversario, portandosi in una posizione favorevole per colpirlo.

Se l'avversario sferrasse il colpo coprendo la mano armata con la rotella, lo si potrà colpire alla faccia; se invece tenesse lo scudo alto e un po' più indietro a protezione della testa, saranno il braccio e la mano destra ad essere scoperti.

Il testo suggerisce che la sequenza possa essere eseguita sia contro un attacco al bersaglio alto (testa oppure torso, anche se quest'ultimo è meno probabile in quanto ben coperto dalla rotella) che al bersaglio basso (gamba avanzata); la tecnica risulta molto più sicura nel secondo caso, in cui è più facile avere un'idea precisa della misura dell'attacco nemico.

<table>
<tr><td>T1</td><td>

Prima Parte

Hora essendo tu da uno canto del stechato, e 'l tuo nimico da laltro, fa che se l'è possibile, che tu pigli dalato del ponente, perché l'è migliore che non è levante, a ben che glien'è assai che pigliano el levante per rispetto del sole che non li daga la facia, ma sappi che pigliando tu ponente tu balcerai contra el tuo nimico da la banda tua dritta, e del nimico alla sua banda manca, e a questo modo tu haverai guadagnato il sole e lì t'asetterai contra a lui con la gamba mancha inanci, e la rotella tua ben distesa per lo dritto del sopradetto, e lì ti gli accosterai sempre acconciando el piè dritto appresso del manco, hora guarda, che acostato, che tu gli serai per niente non li tirarre de botta alcuna, perché sapendo tu che di sopra te dissi, ch'io voleva, che tu fossi paciente, ma poniamo che lui sia agente, e tu patiente maxime che lui te cacciasse una ponta, o d'alto, o da basso, io voglio che in el tirarre ch'el farà la detta ponta, tu tirerai el piè mancho appresso el dritto, per modo che la ponta sua non te offenderà, e tu in uno medesimo tempo crescerai della gamba tua dritta forte inanci un poco verso le sue parti manche & si li darai a lui de una ponta con la partesana tua in la faccia, o vorrai darli in la mano della partesana, o in lo braccio suo, & per tuo reparo tu tirerai dui, o tre passi indrietro, e sì te assestarai in quella medesima guardia de prima.

</td></tr>
</table>

INTERPRETAZIONE

- Prima Guardia di partigiana e rotella (piede sx avanzato)

- Prima Guardia di partigiana e rotella (piede sx avanzato, vedi **Nota 1**)

- Piede-scaccia-piede (vedi **Nota 2**)

- Passo avanti (piede dx), colpo di punta al bersaglio alto ***Oppure*** *al* bersaglio basso (vedi **Nota 3**)

- Ritrarre il piede (sx), accrescere obliquo (piede dx), colpo di punta alla faccia ***Oppure*** alla mano che impugna l'arma ***Oppure*** al braccio (vedi **Nota 4**)

- Due o tre passi indietro, andare in

- Prima Guardia di partigiana e rotella (piede sx avanzato)

Nota 1: sebbene il testo non espliciti nulla al riguardo, è ragionevole pensare che l'avversario sia agiato nella medesima guardia.

Nota 2: si tratta del classico passeggio per avvicinarsi o incalzare l'avversario, spesso indicato dagli autori della Scuola Bolognese come *stringere*:

"...e lì ti gli accosterai sempre acconciando el piè dritto appresso del manco..."

Nota 3: il testo suggerisce che l'avversario possa attaccare sia al bersaglio alto (testa o torso) che a quella basso (gamba avanzata):

"...che lui te cacciasse una ponta, o d'alto, o da basso..."

Sebbene nel testo non se ne trovi traccia, il colpo viene sferrato avanzando con il piede destro.

La difesa che segue è efficace contro entrambi i tipi di attacco.

Nota 4: viene descritto quello che nella Scuola Bolognese si chiama *camuffo di piedi* oppure *cambiare di piedi*:

"...in el tirarre ch'el farà la detta ponta, tu tirerai el piè mancho appresso el dritto, per modo che la ponta sua non te offenderà, e tu in uno medesimo tempo crescerai della gamba tua dritta forte inanci un poco verso le sue parti manche & si li darai a lui de una ponta con la partesana tua in la faccia, o vorrai darli in la mano della partesana, o in lo braccio suo..."

Ritraendo la gamba sinistra avanzata, si esegue una *difesa di misura* mandando a vuoto il colpo avversario (che sia al bersaglio basso o alto) e, mentre si compie un accrescere obliquo con la gamba destra, si sferra un colpo di punta al volto, alla mano armata, oppure al braccio dell'avversario, in base al bersaglio offerto da quest'ultimo e alla misura.

12.2.3 SECONDA PARTE – T2

La sequenza propone un'azione di *tempo insieme*: eseguendo delle finte o delle provocazioni, si scopre il volto per attirare un attacco dell'avversario. Nel momento in cui quest'ultimo attacca, si provvede a parare il colpo con la rotella spostandolo verso la propria sinistra e, nello stesso tempo, si compie un passo obliquo verso destra, sferrando a propria volta un colpo di punta alla testa oppure alla gamba avanzata.

Rispetto alla tecnica precedente, ci si trova più protesi verso il lato da cui proviene l'avversario; se egli avrà provveduto a coprire la testa con la propria rotella, sarà più agevole colpire la gamba destra avanzata piuttosto che la mano o il braccio. Questi bersagli potrebbero infatti risultare del tutto o in parte coperti dalla rotella dell'avversario, anche se quest'ultimo avesse coperto la testa piuttosto che la mano armata.

<table>
<tr><td rowspan="3">T2</td><td>Seconda Parte

Tu sai che in la prima parte tu sei rimaso, con la gamba mancha inanci, e però tu aticerai el tuo nimico con certe ponte finte, dandogli tu un poco de discoperto con la rotella dal lato di sopra guardando bene alla ponta della partesana sua, perché tragandote lui al ditto discoperto de ponta, tu la urterai con la rotella infuora.

Ma con la partesana tua, tu li darai in la facia, o in la gamba, che lui haverà inanci con la ponta, passando in dare de tale ponta della gamba dritta forte inanci, e la mancha seguendo al luoco suo per tuo reparo tu te tirerai dui o tre passi drieto e sì te assesterai come sopra dissi.</td></tr>
</table>

	INTERPRETAZIONE
●	Prima Guardia di partigiana e rotella (piede sx avanzato)
⚔	Prima Guardia di partigiana e rotella (piede sx avanzato, vedi **Nota 1**)
✕	Stuzzicare l'avversario con *finte di punta*, abbassare leggermente la rotella per scoprire volutamente il viso (vedi **Nota 2**)
⚔	Passo avanti (piede dx), colpo di punta al volto (vedi **Nota 3**)
✕	Passo obliquo (piede dx), parata con la rotella verso il proprio lato sinistro, colpo di punta alla faccia ***Oppure*** alla gamba avanzata, seguito (piede sx, vedi **Nota 4**)
✕	Due o tre passi indietro, andare in
●	Prima Guardia di partigiana e rotella (piede sx avanzato)

Nota 1: sebbene il testo non espliciti nulla al riguardo, è ragionevole pensare che l'avversario sia agiato nella medesima guardia.

Nota 2: il testo recita quanto segue:

"...tu aticerai el tuo nimico con certe ponte finte, dandogli tu un poco de discoperto con la rotella dal lato di sopra..."

Mentre si infastidisce l'avversario con delle rapide e continue finte di punta, si abbassa leggermente la rotella in modo da scoprire volutamente il lato sinistro del volto affinché l'avversario tenti di colpirlo.

Nel far questo, l'autore suggerisce di prestare molta attenzione alla punta dell'arma avversaria:

"...guardando bene alla ponta della partesana sua..."

Nota 3: benché nel testo non se ne faccia menzione, il colpo viene sferrato avanzando con il piede destro:

"...tragandote lui al ditto discoperto de ponta..."

Nota 4: viene descritto un *tempo insieme*:

"...tu la urterai con la rotella infuora. Ma con la partesana tua, tu li darai in la facia, o in la gamba, che lui haverà inanci con la ponta, passando in dare de tale ponta della gamba dritta forte inanci, e la mancha seguendo al luoco suo..."

L'avversario esegue il colpo alla testa e, mentre si compie un passo obliquo con il piede destro, lo si andrà a parare con la rotella spostandolo verso la propria sinistra e sferrando a propria volta un colpo di punta alla faccia o alla gamba avanzata; il passeggio si conclude con un seguito del piede sinistro arretrato. Quest'ultima parte del passeggio è indicativa del fatto che il primo passo non è compiuto in avanti, come sembrerebbe indicare il testo, bensì in obliquo.

12.2.4 TERZA PARTE – T3

Tecnica di *parata e risposta* dai grandi contenuti tecnici, efficace e difficile da contrastare se ben eseguita e non intuita dall'avversario.

La sequenza inizia provocando l'avversario con un colpo di punta fuori misura, sferrato senza muovere piede. L'avversario risponde *"…o da alto, o da basso…"*; si para il colpo, spostandolo verso la propria sinistra con l'asta della partigiana, tenuta verticalmente e con la punta verso terra. Accompagnando la parata con un passo incrociato del piede destro, si crea un varco nella difesa dell'avversario tale da poter sferrare una punta roversa al petto, tra le armi di quest'ultimo; così facendo il colpo risulterà difficile da parare, mentre l'arma dell'avversario, essendo stata spostata verso sinistra, difficilmente causerà altri problemi.

Si noti che, alla fine della sequenza, il testo sottolinea di agiarsi nella guardia inziale non con il piede sinistro in posizione avanzata, bensì col destro.

T3	***Tertia Parte*** *Hora essendo rimaso tu con la gamba mancha inanci, de qui voglio che tu distendi forte la rotella tua inverso al tuo inimico, e voglio che senza passare de piede alcuno che tu gli daghi de una partesanata in la gamba, la quale haverà lui inanci, e questo facio, perché lui habia cagion de renderte risposta, o da alto, o da basso, e sappi che respondendoti de una ponta per la faza, o per la gamba, tu passarai della tua gamba dritta verso le parte drite del nimico, & urterai in tal passare con l'asta della partesana tua in la botta sua che lui tirerà inverso le tue parte manche, & si li darai de una ponta alla roversa int'el petto, tra la rotella sua, e la partesana. Ma sappi che quando tu farai tale parato bisogna che la ponta della sopraditta sia volta verso terra, e per tuo areparare tu butterai la gamba dritta de drieto dalla mancha e la mancha de drieto dalla dritta, e si aresterai con la detta dritta inanci ben polito e, galante.*

INTERPRETAZIONE
🛡 Prima Guardia di partigiana e rotella (piede sx avanzato)
⚔ Prima Guardia di partigiana e rotella (piede sx avanzato, vedi **Nota 1**)
✕ Colpo di punta alla gamba avanzata (vedi **Nota 2**)
⚔ Passo avanti (piede dx), colpo di punta al volto ***Oppure*** alla gamba avanzata (vedi **Nota 3**)
✕ Passo incrociato (piede dx), parata verso il proprio lato sinistro con l'asta della partigiana mantenendo la punta verso terra, punta roversa al petto sferrata tra rotella e partigiana dell'avversario (vedi **Nota 4**)
✕ Passo indietro (piede dx), passo indietro (piede sx), andare in
🛡 Prima Guardia di partigiana e rotella (piede dx avanzato)

Nota 1: sebbene il testo non espliciti nulla al riguardo, è ragionevole pensare che l'avversario sia agiato nella medesima guardia.

Nota 2: il testo recita quanto segue:

"...voglio che senza passare de piede alcuno che tu gli daghi de una partesanata in la gamba, la quale haverà lui inanci, e questo facio, perché lui habia cagion de renderte risposta, o da alto, o da basso..."

Nota 3: benché nel testo non se ne faccia menzione, il colpo viene sferrato avanzando con il piede destro:

"...sappi che respondendoti de una ponta per la faza, o per la gamba..."

Nota 4: viene descritta una *parata e risposta*:

"...tu passarai della tua gamba dritta verso le parte drite del nimico, & urterai in tal passare con l'asta della partesana tua in la botta sua che lui tirerà inverso le tue parte manche, & si li darai de una ponta alla roversa int'el petto, tra la rotella sua, e la partesana. Ma sappi che quando tu farai tale parato bisogna che la ponta della sopraditta sia volta verso terra..."

Mentre si compie un passo incrociato con il piede destro, il colpo avversario viene parato spostandolo verso la propria sinistra con l'asta della partigiana ed avendo cura di mantenere la punta di quest'ultima verso terra. Così facendo, si potrà colpire l'avversario con una punta roversa al petto, sferrata tra le sue armi.

12.2.5 QUARTA PARTE – T4

La sequenza principale (T4 – V1) mostra un'azione analoga ad un'*inquartata*: ai fini pratici si tratta di un *tempo insieme* composto da una schivata eseguita ruotando su se stessi verso il proprio lato destro, nel mentre della quale si para la punta avversaria con la rotella e si sferra una punta al piede avanzato.

Agiati in Prima Guardia, con il piede destro in posizione avanzata, si incalza l'avversario nel modo consueto, provocando una reazione con dei rapidi colpi di punta alla mano oppure al braccio armato. Nel momento in cui viene sferrata una punta al bersaglio alto, la si va a parare con la propria rotella; eseguendo una *pirlata* (ampia rotazione verso destra del piede sinistro intorno al destro, che fa da perno) si sferra una punta al piede avanzato dell'avversario. Si tratta di una *parata e risposta*.

Un'ulteriore interpretazione consiste nell'eseguire la sequenza a mo' di tempo *insieme*: in questo caso la *pirlata* diventa l'azione difensiva con la quale si sottrae il bersaglio (una vera e propria schivata) e la rotella viene utilizzata come protezione aggiuntiva del bersaglio alto e chiusura della linea di attacco avversaria.

Nel caso in cui il colpo dell'avversario, per violenza o casualità, fosse tale da rendere impossibile l'estrazione della partigiana (rendendola inutilizzabile, T4 – V2), sarà sufficiente abbandonare velocemente la propria rotella e, impugnando *manescamente* con entrambe le mani la partigiana, caricare l'avversario colpendolo ad libitum.

<table>
<tr><td>T4</td><td>

Quarta Parte

Tu sai che in nella parte precedente tu rimanisti con la gamba dritta inanci, de qui voglio che tu strengi el tuo nimico forte tragandoli sempre alla mano sua, o bracio dritto dalla partesana, e fa che sempre el piè mancho caci el dritto alinanci ben stretto con la partesana tua ella rotella tua insieme, ma se lui in questo tempo te tirasse de botta alcuna urtala via con la rotella tua, e dalli de una ponta de partesana int'el suo piè che lui haverà inanci pirlando in tal urtare, e dare de ponta in sul piè dritto e'l mancho andarà de drieto ma sappi che se lui cacciasse la partesana sua tanto forte in la rotella tua che lui non la potesse havere, tu alargarai la mano tua mancha, e lasserai cadere la rotella in terra, & con la detta mancha, e la dritta tu pigliarai la partesana manescamente, e allhora tu te cargerai forte adosso al tuo inimico, per modo che con poca fatica tu li darai percossa.

</td></tr>
</table>

INTERPRETAZIONE

T4 – V1

- Prima Guardia di partigiana e rotella (piede dx avanzato)

- Prima Guardia di partigiana e rotella (piede sx **Oppure** dx avanzato, vedi **Nota 1**)

- Piede-scaccia-piede, colpi di punta alla mano della partigiana **Oppure** al braccio (vedi **Nota 2**)

- Colpo di punta (vedi **Nota 3**)

- Parata con la rotella (vedi **Nota**)

- *Pirlata* (piede dx), colpo di punta al piede avanzato (vedi **Nota 4**)

T4 – V2

- Prima Guardia di partigiana e rotella (piede dx avanzato)

- Prima Guardia di partigiana e rotella (piede sx **Oppure** dx avanzato, vedi **Nota 1**)

- Piede-scaccia-piede, colpi di punta alla mano della partigiana **Oppure** al braccio (vedi **Nota 2**)

- Colpo di punta (vedi **Nota 5**)

- Parata con la rotella (vedi **Nota 5**)

- Lasciare cadere la propria rotella, impugnare la partigiana *manescamente*, caricare l'avversario e ferirlo (vedi **Nota 6**)

Nota 1: il testo non esplicita nulla relativamente alla guardia adottata dall'avversario; è ragionevole pensare che sia agiato in Prima Guardia, non ha importanza se col piede destro o il sinistro in posizione avanzata.

Nota 2: si stringe nuovamente per suscitare una reazione da parte dell'avversario; il tipico passeggio è accompagnato da dei veloci colpi di punta alla mano armata, o al braccio dell'avversario:

"...voglio che tu strengi el tuo nimico forte tragandoli sempre alla mano sua, o bracio dritto dalla partesana, e fa che sempre el piè mancho caci el dritto alinanci..."

Il testo specifica che nel fare questo la rotella debba essere usata a protezione:

"...ben stretto con la partesana tua ella rotella tua insieme...".

Nota 3: non viene esplicitata la natura completa del colpo. Il fatto che venga parato con la rotella (Nota 4), suggerisce che sia sferrato al bersaglio alto:

"...se lui in questo tempo te tirasse de botta alcuna..."

Nota 4: il testo descrive una *parata e risposta* peculiare:

"...urtala via con la rotella tua, e dalli de una ponta de partesana int'el suo piè che lui haverà inanci pirlando in tal urtare, e dare de ponta in sul piè dritto e'l mancho andarà de drieto..."

Il colpo dell'avversario viene urtato con la rotella in modo da essere spostato verso la propria sinistra. Successivamente, mentre si ruota sulla gamba destra, compiendo un movimento paragonabile ad un seguito esteso (simile al passo che accompagna un'*inquartata*), si sferra una punta al piede avanzato dell'avversario.

Nota 5: si contempla il caso in cui la punta dell'avversario sia talmente violenta da penetrare la rotella e rendergli impossibile liberare l'arma:

"...se lui cacciasse la partesana sua tanto forte in la rotella tua che lui non la potesse havere..."

Nota 6: il testo recita quanto segue:

"...tu alargarai la mano tua mancha, e lasserai cadere la rotella in terra, & con la detta mancha, e la dritta tu pigliarai la partesana manescamente, e allhora tu te cargerai forte adosso al tuo inimico, per modo che con poca fatica tu li darai percossa..."

Sarà sufficiente liberarsi della rotella ed impugnare la partigiana con entrambe le mani, *manescamente*, come dice l'autore: le nocche della mano destra rivolte verso l'alto e quelle della sinistra verso il basso (esattamente come nella disciplina di partigiana sola). In questo modo, si potrà caricare il proprio avversario ferendolo ad libitum.

12.2.6 QUINTA PARTE – T5

Altra sequenza che parte da Prima Guardia con il piede destro avanzato e dalla quale, portando la punta della propria arma in basso e verso il lato sinistro, si scopre vistosamente il fianco destro. Nel momento in cu l'avversario sferra una punta al bersaglio scoperto, si esegue una parata verso il proprio lato destro con l'asta dell'arma, mentre si compie un passo obliquo verso sinistra. In questo modo si giunge alla misura adeguata a bloccare il braccio armato con la propria rotella e sferrare un punta dritta al petto.

T5	***Quinta Parte*** *Ma sappi che se il nimicho non caciasse la detta partesana sua in la rotella, e anchora tu non lassarai cadere la sopradetta, voglio che essendo tutti e dui equale de armi tu te metterai con la tua gamba dritta inanci, e lì darai el tuo fiancho dritto descoperto al tuo nimico con la partesana tua volta con la ponta a terra, e questo facio, perché lui habia causa de tirarte al ditto fiancho dritto, sapendo tu che tragandoti lui al fiancho sopradetto, tu butterai la gamba mancha forte inanci verso le parte dritte del nimico, e si urterai in tal passare la botta sua con la partesana tua in fuora dal tuo lato dritto, e in buttare de detta gamba, e parare de tal botta che lui tirarà, in uno medesimo tempo, tu cacerai la rotella tua int'el suo braccio dritto, per modo che li darai de una ponta dretta maneseca int'el petto, in modo che lui non potrà movere la partesana sua, perché tu con la rotella, tu li harai ligata la sopradetta, e non potrà parare la tua ponta dritta, e fatto che tu haverai questo tu livarai uno balzo indrietro, e si te assetterai con il piè mancho inanci.*

INTERPRETAZIONE

⬛ Prima Guardia di partigiana e rotella (piede dx avanzato, vedi **Nota 1**)

⚔ Prima Guardia di partigiana e rotella (piede sx *Oppure* dx avanzato, vedi **Nota 2**)

✕ Passo obliquo (piede sx), parata verso il proprio lato destro con l'asta della partigiana mantenendo la punta verso terra, bloccare il braccio armato dell'avversario con la propria rotella, punta dritta al petto (vedi **Nota 3**)

✕ Salto indietro, andare in

⬛ Prima Guardia di partigiana e rotella (piede sx avanzato)

Nota 1: il testo suggerisce di scoprire vistosamente il fianco destro, affinché l'avversario tenti di colpirlo. La punta della propria arma deve essere rivolta verso terra:

"…darai el tuo fiancho dritto descoperto al tuo nimico con la partesana tua volta con la ponta a terra, e questo facio, perché lui habia causa de tirarte al ditto fiancho dritto…"

Nota 2: il testo non esplicita nulla relativamente alla guardia adottata dall'avversario; è ragionevole pensare che sia agiato in Prima Guardia, non ha importanza se col piede destro o il sinistro in posizione avanzata.

Nota 3: la sequenza abbastanza articolata:

"...tu butterai la gamba mancha forte inanci verso le parte dritte del nimico, e si urterai in tal passare la botta sua con la partesana tua in fuora dal tuo lato dritto, e in buttare de detta gamba, e parare de tal botta che lui tirarà, in uno medesimo tempo, tu cacerai la rotella tua int'el suo braccio dritto, per modo che li darai de una ponta dretta maneseca int'el petto, in modo che lui non potrà movere la partesana sua, perché tu con la rotella, tu li harai ligata la sopradetta, e non potrà parare la tua ponta dritta..."

È necessario scomporla al fine di renderla maggiormente fruibile:

1. mentre si compie un passo obliquo con il piede sinistro (spostandosi dalla traiettoria del colpo), si para la punta dell'avversario verso il proprio lato destro con l'asta della partigiana e mantenendo la punta verso terra:

   "...tu butterai la gamba mancha forte inanci verso le parte dritte del nimico, e si urterai in tal passare la botta sua con la partesana tua in fuora dal tuo lato dritto..."

2. nello stesso tempo, si blocca il braccio armato dell'avversario con la rotella, impedendogli di poter parare il colpo successivo:

   "...in modo che lui non potrà movere la partesana sua, perché tu con la rotella, tu li harai ligata la sopradetta, e non potrà parare la tua ponta dritta..."

3. nel mentre, si sferra una punta al petto con la partigiana:

   "...e parare de tal botta che lui tirarà, in uno medesimo tempo, tu cacerai la rotella tua int'el suo braccio dritto, per modo che li darai de una ponta dretta maneseca int'el petto..."

Viene specificato che quest'ultimo colpo è *"una ponta dretta maneseca"*, aspetto che lascia più di qualche dubbio sull'interpretazione. Infatti, stando al testo, questa punta andrebbe eseguita impugnando la partigiana con entrambe le mani, cosa di fatto impossibile dato che il braccio sinistro è impegnato a bloccare il braccio armato dell'avversario con la rotella.

12.2.7 SESTA PARTE – T6

Tornando alla guardia principale con la gamba sinistra avanzata, viene proposta una tecnica simile alla T3, ma effettuata non su provocazione, bensì su un invito eseguito scoprendo la gamba sinistra e al quale segue la sequenza già descritta nella T3.

In questo caso, l'autore descrive una reazione da parte dell'avversario, il che lascia intendere che quest'ultimo possa essersi difeso in qualche modo dal colpo ricevuto. La soluzione più plausibile, essendo la rotella troppo lontana e dovendo rispondere nel modo indicato, è che abbia eseguito quella che nella scherma olimpica si chiama *parata di contro:* dovrà quindi, con la massima velocità, alzare la punta della propria arma ruotandola in senso antiorario, in alto e verso la propria sinistra. Così facendo sposterà fuori il colpo ricevuto, potendo rispondere con un colpo di punta al fianco destro.

Non si tratta di un'azione facile da eseguire, soprattutto con una partigiana e in così poco tempo, ma è l'unica possibilità che l'avversario ha di parare e poter rispondere in modo efficace.

Una volta che l'avversario ha eseguito l'azione precedente, sferrando una punta al fianco destro, si para il colpo dell'avversario con l'asta della partigiana, mentre si compie un passo obliquo verso il proprio lato sinistro, e si sferra una punta dritta al petto oppure al ventre.

T6	***Sesta Parte*** *Tu che in la quarta parte di questa tu rimanesti con la gamba mancha inanci, ma de qui te darò li feriti, e li parati della partesana, e rotella, o voi essere agiente, o paciente, se tu volesse essere paciente, tu darai la detta gamba mancha descoperta forte al tuo inimico guardando bene tu sempre a la man sua che te può offendere, o vero alla ponta della sopradetta, perché tirandote lui alla detta gamba mancha, tu urterai con l'asta della partesana tua in l'asta sua verso le tue parte manche, passando in tal urtare della tua gamba dritta inanci uno poco per traverso verso le sue parte dritte, & a questo modo tu haverai parato la botta del sopradetto, e a uno tempo medesimo che tu haverai passato, e parato, tu li darai a lui de una ponta roversa int'el petto tra la rotella sua, e la partesana, non te movendo de lì, perché se lui te tirasse a quella banda dritta che tu haverai inanci, voglio che tu daghi de l'asta tua in la partesana del nimico de fuora dalle tue parte dritte, & si li darai a lui in tal tempo una ponta dritta int'el petto, o in la pancia, passando in tal parare, & ferire della tua gamba mancha inverso alle parte dritte del nimico distendendo la rotella tua forte inanci per lo dritto del sopradetto, non te muovendo, perché sel te paresse di fermar in quella guardia tu serai cossì bono come lui in parare, & anchora in ferire, perché quello sie el suo naturale de' parati, & de feriri tenendola in mano come di sopra dissi.*

INTERPRETAZIONE

- 🛡 Prima Guardia di partigiana e rotella (piede sx avanzato, vedi **Nota 1**)

- Prima Guardia di partigiana e rotella (piede sx ***Oppure*** dx avanzato, vedi **Nota 2**)

- Colpo di punta alla gamba sinistra avanzata

- ✕ Passo incrociato (piede dx), parata verso il proprio lato sinistro con l'asta della partigiana, punta roversa al petto tra partigiana e rotella (vedi **Nota 3**)

- Colpo di punta al fianco destro

- ✕ Passo obliquo (piede sx), parata verso il proprio lato destro con l'asta della partigiana, punta dritta al petto ***Oppure*** alla pancia tra partigiana e rotella (vedi **Nota 4**)

- 🛡 Prima Guardia di partigiana e rotella (piede sx avanzato)

Nota 1: prestando attenzione alla mano armata dell'avversario, oppure alla punta dell'arma, si scopre volutamente e marcatamente la gamba sinistra:

"...tu darai la detta gamba mancha descoperta forte al tuo inimico guardando bene tu sempre a la man sua che te può offendere, o vero alla ponta della sopradetta..."

Nota 2: il testo non esplicita nulla relativamente alla guardia adottata dall'avversario; è ragionevole pensare che sia agiato in Prima Guardia, non ha importanza se col piede destro o il sinistro in posizione avanzata.

Nota 3: il testo descrive quanto segue:

"...tu urterai con l'asta della partesana tua in l'asta sua verso le tue parte manche, passando in tal urtare della tua gamba dritta inanci uno poco per traverso verso le sue parte dritte, & a questo modo tu haverai parato la botta del sopradetto, e a uno tempo medesimo che tu haverai passato, e parato, tu li darai a lui de una ponta roversa int'el petto tra la rotella sua, e la partesana..."

Sebbene l'azione sembri descritta come un *tempo insieme*, difficilmente si riuscirà a parare e colpire con la partigiana nel medesimo tempo; è più sensato classificarla come una *parata e risposta*.

Nota 4: anche in questo caso, sebbene il testo sembri descrivere un *tempo insieme*, si tratta di una *parata e risposta*:

"...voglio che tu daghi de l'asta tua in la partesana del nimico de fuora dalle tue parte dritte, & si li darai a lui in tal tempo una ponta dritta int'el petto, o in la pancia, passando in tal parare, & ferire della tua gamba mancha inverso alle parte dritte del nimico distendendo la rotella tua forte inanci per lo dritto del sopradetto..."

12.2.8 SETTIMA PARTE – T7

Partendo da una sorta di *finta* di lancio della partigiana, si esegue un cambio di impugnatura, definita dall'autore come *cambiata*, in modo da passare alla Seconda Guardia di partigiana e rotella con impugnatura dell'arma *sotto mano*.

Il lancio dovrebbe far sì che per paura l'avversario alzi la rotella a difesa del capo, rendendosi così vulnerabile ad un attacco dal basso portato con un'angolazione del tutto inaspettata.

Purtroppo, il testo non fornisce alcun dettaglio riguardo al modo corretto di eseguire la *cambiata:* pratica ed esperienza suggeriscono che possa essere eseguita lasciando del tutto la presa sull'arma per una frazione di secondo, sufficiente a girare la mano, oppure grazie ad un opportuno gioco delle dita.

Dopo aver suggerito che la presa sotto mano non sia da disdegnare, l'autore descrive la Terza Guardia di partigiana e rotella. L'altra opzione è gettare la rotella e agiarsi in Prima Guardia di partigiana.

<table>
<tr><td rowspan="2">T7</td><td>Settima parte</td></tr>
<tr><td>Ma sappi, che se tu non volessi tenere la detta partesana in atto de lanciarla, tu la puoi mutare con una infinta de lanciarla per di sopra, e fare una cambiata, come te stato insegnato, per modo che tu l'averai sotto mano, e questo non è anchora lui brutto tenere, perché havendola a questo modo tu la poi pigliare con tutte due le mane: cioè tu puoi buttare la mano tua mancha alla ditta dinanci, non lassando già la rotella tua, e la mandritta tu la puoi pigliare indietro apresso el calzo, ma le ben vero che pigliandola a questo modo bisognaria, che la imbracciatura della rotella fusse inchiodata da capo, perché tu la teneresti meglio in mano la sopradetta partesana ma anchora te dico, che essendo tu alle mani pure come di sopra te ho detto, che tu non haveresse desavantaggio alcuno abuttare via la rotella tua, e pigliare la partesana con tutte e due le mane manescamente, e serrarte a questo modo addosso al tuo inimico, e sappi che io credo veramente che tu haverai uno grande vantagio, e per questo respetto tu li potresti dare a lui bono conto, sicche notarai.</td></tr>
</table>

INTERPRETAZIONE

🛡 Prima Guardia di partigiana e rotella (piede sx avanzato)

✕ Fingendo di lanciare la partigiana cambiare l'impugnatura *in atto de lanciarla* a *sottomano,* colpo di punta al bersaglio scoperto

✕ Impugnando la partigiana a due mani e continuando ad imbracciare la rotella andare in

🛡 Terza Guardia di partigiana (piede sx avanzato)

Oppure

✕ Gettando la rotella e impugnando la partigiana con entrambe le mani, andare in

🛡 Prima Guardia di partigiana (piede sx avanzato, si veda)

12.2.9 OTTAVA PARTE – T8

La sequenza finale propone una serie di indicazioni utili a fronteggiare uno o più avversari che lanciano le proprie armi. Alla parata si aggiunge sempre un'opportuna schivata, accorpando così due azioni difensive, che devono lavorare in sintonia: a una parata eseguita verso il proprio lato destro, corrisponde una schivata verso il lato sinistro e viceversa. Così facendo aumenta la protezione, minimizzando il tempo e lo spazio durante i quali si è vulnerabili.

Le parate sono eseguite con la partigiana tenuta in posizione verticale, in modo da poter intercettare sia i lanci verso la parte superiore del corpo sia quelli alle gambe; la rotella, sempre protesa in avanti, resta a protezione passiva di testa e torso.

Azioni simili, seppur con armamento diverso, sono trattate anche da Fiore dei Liberi.

<table>
<tr><td rowspan="2">T8</td><td>

Ottava parte

Hora guarda, che essendo tu con la rotella imbraciata, & con la partesana in mano, e che tu t'abatesse in scaramuza, o vero contra uno che te lanciasse partesane alcune, overo altre armi, voglio [...] che tu butterai la tua gamba dritta inanci per traverso verso le tue parti dritte, e si li darai de l'asta tua dentro la partesana sua, o in altre arme, che te fusse lanciata, e sì la butterai via verso le tue parte manche, el bracio dalla rotella tua tu el tignirai pigato un puoco inverso el petto, e fa che in tal passare che tu farai della detta gamba dritta, che la mancha li seguita per de drieto, non te movendo, perché s'el te fusse lanciato da quello parte dritta, tu butterai la gamba mancha inverso le parte dritte del nimico e, in tal passare, tu darai della partesana tua in l'arma sua che te sarà lanciata alla roversa infuora verso le tue parte dritte, & a questo modo la non t'haverà fatto dispiacere alcuno, e si serai tornato con la gamba mancha inanci, e lì serai aparato sempre a parare tutte quelle arme che te fusseno lanciate, e a questo modo acadendote per sempre mai tu tenirai questo ordine, sapendo che se tu non volesse fermarte in su la gamba dritta ogni volta che tu haverai parato la ditta partesana, che te sarà lanciata, tu tornerai de fatto la tua gamba dritta indrieto, e a questo modo la mancha sempre serà dinanci dalla dritta, [...] e imperò tu non te dimenticherai l'ordine soprascritto, e avisandote che ogni volta che tu parerai le ditte botte manesche, o lanciate tu volterai sempre la ponta della partesana tua inverso terra per parare più securamente, & per questo io farò fine, a questo abatimento sopradetto.

</td></tr>
</table>

INTERPRETAZIONE
Prima Guardia di partigiana e rotella (piede sx avanzato)
Lancio di partigiana o altre armi
Passo obliquo, (piede dx), parata verso il proprio lato sinistro con l'asta della partigiana volgendo la punta verso terra, seguito (piede sx)
Prima Guardia di partigiana e rotella (piede dx avanzato)
Lancio di partigiana o altre armi
Passo obliquo, (piede sx), parata verso il proprio lato destro con l'asta della partigiana volgendo la punta verso terra, seguito (piede dx)
Prima Guardia di partigiana e rotella (piede sx avanzato)

Capitolo 13: Antonio Manciolino – Gioco di rotella & partegiana contra alle medesime armi

13.1 TRASCRIZIONE

LIBRO SESTO

Di quanto ingannati siano quelli, che dicono la buona arte del combattere non esser nella disciplina con le ottuse & non taglienti spade appresa, quivi mostrar intendo. Et per la primiera gli dimando, se l'intelletto è quello che imprende, o gli piedi? Li quali essendo astretti a dire, che l'intelletto è lo imprendente, un'altra richiesta faccio, se l'intelletto piglia quelle medesime cose reali, che gli sono davanti parate, opur le loro similitudini? Nel vero non seranno sì stolti, che dire presumino gli miei discepoli haver imparata quella medesima arte che in me siede, ma una a lei consimile, né il peregrino da Roma ritornato, recca nella sua mente Roma propria (che le sue mura non gli entrarebbano nel capo) ma bene la sua somiglianza sopra cui piegandosi lo 'ntelletto (ben che in Bologna fosse) a suo piacere vedrebbe Roma, come se in quella fosse. Sono adunque le similitudini tanto vicine al vero et alle cose da loro rappresentate, che havute quelle, vengono insieme ancho le cose conosciute, le quali di due maniere sono, alcune entrano solamente ne l'intelletto, come le predette, & queste non da altrui che solo da quello, di cui è lo 'ntelletto veder si ponno alcuni sono in altre cose fuori de l'intelletto, & queste da tutti ad uno modo medesimo si rendono manifeste come se uno altro havesse la mia somiglianza, né questa maniera è inferiore alla soprana, che gli volanti augelli più volte veggendo ne gli muri le nativamente depinte uve stimando di quelle (rappresentanti le vere) pascersi sono ingannati, & il giovane Narciso nel mirar la fonte in cui si mostrava la sua bella imagine, quella (ignorante che sua fosse) ad amar si mise. Noi anchora nelle sacre chiese davanti gli effigiati marmi,o depinture, Il vero Iddio adoriamo sapevoli perciò quello esser marmo, o colore & non Iddio, tutto che la sua maestate ci rappresenti, onde seguita l'adoratione esser buona. Et per discender hormai a lo istituto non solamente aviene l'arte nostra havere gli suoi simolacri a guisa delle prenarrate cose, come le spade senza filo & altre armi di non molta offensione, che le offensibili rappresentano, ma fina li servitori delle mense (se perfetti esser disiano) prima che alla vera carne tagliar si diano a' loro volanti coltelli le radici e li naoni, over rapi s'opponeno, & molti hanno li agnelli, et selvaggiumi snodati di fabricato legno, dal tagliamento de li quali alle vere carni poscia si trasferiscono, cessi adunque l'ignorante volgo dire quello che non sa, perciò che colui che ferirà del rintuzzato ferro, molto meglio ferirà del tagliante, né honesto sarebbe, che gli rozzi discepoli con le offensibili arme amaestrati fossono, né ancho con tali istrumenti che nelle percossure doler non faccino acciò che li novelli defendersi imparino. Ma havendo già bastevolmente trattato delli combattimenti de le piccioli armi, in questo sesto libro comporremo l'arte delle hastate non di menore leggiadria, et utile, che le predette, il quale comprenderà duo giochi prima di rotella et partegiana, & poi di due partegiane suole, & nel terzo luoco il combattimento di spiedi, & seguentemente delle ronche & lancie.

Gioco di Rotella & Partegiana contra alle medesime Armi.

Ti agierai prima con la rotella in braccio, & con la partegiana in mano in atto di tirare contra il tuo nemico stante con le medesime armi nella predetta guisa. Et se per aventura egli ti volesse cacciar nella gamba manca una partigianata a mano tenente, tu varcando con il forte piede verso le sue deboli parti, & volgendo il ferro della tua partigiana verso terra stenderai il braccio fortemente innanzi verso le sue diritte parti, et ivi da quello colpo ti schiferai, in modo, che la gamba manca seguace sia della destra. Indi gli darai di una punta riversa nel petto, et per tuo riparo di presente ti leverai a rietro con uno salto facendo una mezza volta con la partigiana sopra la testa, & riducendoti nella maniera, che nel principio ti agiasti. Ma se tu volesti esser il feritore della predetta partigianata come sopra è detto, et che 'l nimico nel predetto modo (che tu apparisti) defender si volesse, Come li passerà con il piede destro per voler schifarsi, tu subito salterai a l'indietro, & agieraiti nella guisa di sopra con il piede manco innanzi. Tu potrai anchora accostare al nemico, & far sembiante di spignergli una punta nel volto, & com'egli per timore di quella alcierà la rotella, tu subito cangierai la partigiana dandogli di una punta nel corpo, & levandoti con uno salto a l'indietro, tornerai la partigiana sopra mano nella antidetta forma rassettandoti. Ma se amenduo voler venesse di slanciar un contra l'altro le partigiane, & ch'el nemico fosse il primo, tu passerai con il piede diritto per traverso verso le tue destre spingendo parimente il braccio della partigiana in fuori, sì che 'l ferro guardi verso terra, e 'l piede manco seguiti il destro per dietro. Il che fatto, ti havrai sicurato dalla slanciata. Et s'egli slanciasse un'altra partigianata, tu ritornerai il piede manco per traverso, verso le tue parti manche, spignerai il braccio della partigiana molto in fuori verso le tue destre parti in guisa, che 'l piede valido seguiti il debole. Et ch'el ferro guardi verso terra, & così sarai schermito da questa altra partigianata, & nella maniera detta di tirare ritornato.

Un'altro gioco delle predette Armi.

Seguentemente si comporta uno altro gioco di rotella, & partigiana, & quantunche non sia così bello che 'l predetto serà nondimeno utilissimo, nel principio di cui tu piglierai con la mano destra la partigiana nel pedale, & con la sinistra l'altro lato di quella anchora che imbracciata habbi la rotella in modo che li nodi di amendue le mani guardino a l'in su, & che la tua partigiana sia posta alquanto verso le sue destre parti con il piede manco innanzi non molto a grande passo espettando che 'l nemico tiri, & se per caso ti tirasse di una partigianata per gamba, tu quella con la tua partigiana urterai in fuori verso le sue manche parti, in guisa che la mano destra sia alquanto più alta de l'usato per potere meglio schifarti, tirandogli più subito una cotale partigianata nella gamba, & reducendoti nella soprana maniera di tirare. Et se per caso egli spignesse partigianata per faccia, tu chinerai la mano diritta verso terra, sì, che 'l ferro guardi a l'in su, & così ti havrai da quella sicurato. Indi gli cacciarai una punta di partigiana nel volto, o per gamba, come vuoi riducendoti ne l'usato agiamento.

13.2 Disamina delle Tecniche

13.2.1 Prima Parte – T1

La trattazione di Antonio Manciolino, relativa alla disciplina di partigiana e rotella, inizia con una *parata e risposta*: contro un attacco alla gamba avanzata, l'autore esegue la stessa parata utilizzata da Achille Marozzo nella T3, con la medesima risposta di punta roversa. Tuttavia, il passeggio è verso il proprio lato destro, risultando prettamente difensivo; si aggiunge un movimento evasivo alla parata, il quale però non agevola il colpo di risposta: risulta difficile raggiungere il bersaglio perché la rotella dell'avversario è di intralcio.

Rispetto alla versione di Marozzo, questa tecnica risulta più sicura nella difesa ma molto meno efficace nell'offesa.

T1	*Gioco di Rotella e Partegiana contra alle medesime Armi.* *Ti agierai prima con la rotella in braccio, & con la partegiana in mano in atto di tirare contra il tuo nemico stante con le medesime armi nella predetta guisa. Et se per aventura egli ti volesse cacciar nella gamba manca una partigianata a mano tenente, tu varcando con il forte piede verso le sue deboli parti, & volgendo il ferro della tua partigiana verso terra stenderai il braccio fortemente innanzi verso le sue diritte parti, et ivi da quello colpo ti schiferai, in modo, che la gamba manca seguace sia della destra. Indi gli darai di una punta riversa nel petto, et per tuo riparo di presente ti leverai a rietro con uno salto facendo una mezza volta con la partigiana sopra la testa, & riducendoti nella maniera, che nel principio ti agiasti.*

Interpretazione

- Prima Guardia di partigiana e rotella (piede sx avanzato, vedi **Nota 1**)
- Prima Guardia di partigiana e rotella (piede sx avanzato, vedi **Nota 1**)
- Passo avanti (piede dx) , colpo di punta alla gamba sinistra (vedi **Nota 2**)
- Passo obliquo (piede dx), parata verso il proprio lato sinistro con l'asta della partigiana volgendo la punta verso terra, seguito (piede dx, vedi **Nota 3**)
- Punta roversa nel petto
- Salto indietro, mezza volta con la partigiana sopra la testa, andare in
- Prima Guardia di partigiana e rotella (piede sx avanzato)

Nota 1: la natura completa della guardia viene esplicitata quando l'avversario sferra un colpo alla gamba sinistra, che deve essere necessariamente quella avanzata:

"…egli ti volesse cacciar nella gamba manca una partigianata…"

Viene dunque compiuto un passo intero obliquo con la gamba destra arretrata:

"…tu varcando con il forte piede verso le sue deboli parti…"

Inoltre, è ragionevole pensare che l'avversario sia agiato nella medesima guardia.

Nota 2: sebbene nel testo non si trovi alcuna indicazione relativa al passeggio dell'avversario, l'attacco viene eseguito compiendo un passo intero in avanti.

Nota 3: il colpo dell'avversario viene parato verso il proprio lato sinistro, portando la punta dell'arma verso terra ed intercettandolo con l'asta; nel far questo viene in aiuto il passo obliquo del piede destro ed il successivo seguito del sinistro:

"...tu varcando con il forte piede verso le sue deboli parti, & volgendo il ferro della tua partigiana verso terra stenderai il braccio fortemente innanzi verso le sue diritte parti, et ivi da quello colpo ti schiferai, in modo, che la gamba manca seguace sia della destra..."

Se ben eseguita, la parata è tale da aprire centralmente la linea di attacco e poter sferrare una punta roversa tra le due armi dell'avversario:

"...Indi gli darai di una punta riversa nel petto..."

Nel complesso si tratta di una *parata e risposta*.

13.2.2 SECONDA PARTE – T2, CT1

Viene descritta la contraria alla tecnica precedente: nel momento in cui l'avversario compie il passo obliquo, si para il colpo con l'asta della propria partigiana e ci si porta al sicuro tramite un rapido salto indietro.

Ai fini pratici, ciò sarà possibile solo se l'avversario risultasse estremamente lento nella risposta o se, fin dall'inizio del proprio attacco, ci si fosse aspettata la possibilità di *parata e risposta* da parte dell'avversario. Infatti, in caso contrario e teoricamente parlando, la punta roversa, sferrata in risposta dall'avversario, dovrebbe essere quasi contemporanea alla conclusione del passo avanti che accompagna l'attacco inziale alla gamba sinistra.

T2 – CT1	*Ma se tu volesti esser il feritore della predetta partigianata come sopra è detto, et che 'l nimico nel predetto modo (che tu apparisti) defender si volesse, Come li passerà con il piede destro per voler schifarsi, tu subito salterai a l'indietro, & agieraiti nella guisa di sopra con il piede manco innanzi.*

INTERPRETAZIONE
Prima Guardia di partigiana e rotella (piede sx avanzato)
Prima Guardia di partigiana e rotella (piede sx avanzato)
Passo avanti (piede dx), colpo di punta alla gamba sinistra
Esegue T1
Salto indietro (vedi Nota 1), andare in
Prima Guardia di partigiana e rotella (piede sx avanzato)

Nota 1: non appena l'avversario compie il passo obliquo con il piede destro ed esegue la parata, si esegue una rapida *difesa di misura* saltando indietro ed agiandosi nella guardia inziale:

"…Come li passerà con il piede destro per voler schifarsi, tu subito salterai a l'indietro, & agieraiti nella guisa di sopra con il piede manco innanzi…"

13.2.3 Terza Parte – T3

Sequenza simile alla T7 di Marozzo, ma in questo caso, anziché fingere di lanciare la partigiana, si esegue una finta di punta alta sopra mano; nel momento in cui l'avversario tenta di difendersi alzando la rotella, si esegue il movimento che Marozzo chiama *cambiata*, sferrando una punta dal basso, alla parte del corpo che risulta scoperta. Ci si porta al riparo togliendo misura grazie ad un salto all'indietro, per poi agiarsi nella guardia di partenza.

T3	*Tu potrai anchora accostare al nemico, & far sembiante di spignergli una punta nel volto, & com'egli per timore di quella alcierà la rotella, tu subito cangierai la partigiana dandogli di una punta nel corpo, & levandoti con uno salto a l'indietro, tornerai la partigiana sopra mano nella antidetta forma rassettandoti.*

INTERPRETAZIONE
Prima Guardia di partigiana e rotella (piede sx avanzato)
Finta di punta al volto
Parata con la rotella
Cambiare l'impugnatura da *in atto de lanciarla* a *sottomano,* colpo di punta al corpo
Salto indietro
Prima Guardia di partigiana (piede sx avanzato)

13.2.4 QUARTA PARTE – T4

La sequenza contro il lancio delle partigiane è del tutto simile alla T8 di Achille Marozzo.

T4	*Ma se amenduo voler venesse di slanciar un contra l'altro le partigiane, & ch'el nemico fosse il primo, tu passerai con il piede diritto per traverso verso le tue destre (parti) spingendo parimente il braccio della partigiana in fuori, sì che 'l ferro guardi verso terra, e 'l piede manco seguiti il destro per dietro. Il che fatto, ti havrai sicurato dalla slanciata.* *Et s'egli slanciasse un'altra partigianata, tu ritornerai il piede manco per traverso, verso le tue parti manche, spignerai il braccio della partigiana molto in fuori verso le tue destre parti in guisa, che 'l piede valido seguiti il debole. Et ch'el ferro guardi verso terra, & così sarai schermito da questa altra partigianata, & nella maniera detta di tirare ritornato.*

INTERPRETAZIONE

Prima Guardia di partigiana e rotella (piede sx avanzato)

Lancio di partigiana

Passo obliquo, (piede dx), parata verso il proprio lato sinistro con l'asta della partigiana volgendo la punta verso terra, seguito (piede sx)

Prima Guardia di partigiana e rotella (piede dx avanzato)

Lancio di partigiana

Passo obliquo, (piede sx), parata verso il proprio lato destro con l'asta della partigiana volgendo la punta verso terra, seguito (piede dx)

Prima Guardia di partigiana e rotella (piede sx avanzato)

13.2.5 QUINTA PARTE – T5

La sequenza propone semplice una *parata e risposta*, partendo dalla Terza Guardia di partigiana e rotella. Nel momento in cui l'avversario sferra un colpo di punta alla gamba avanzata, si esegue una parata con la partigiana spostando l'arma avversaria sul proprio lato destro, per poi sferrare a propria volta il medesimo colpo, continuando ad impugnare la propria arma con entrambe le mani.

Non solo per agevolare sia la parata che la risposta, ma anche per coprire adeguatamente con la rotella chi esegue l'azione, il testo specifica quanto sia importante tenere la mano destra particolarmente alta: *"...tu quella con la tua partigiana urterai in fuori verso le sue manche parti, in guisa che la mano destra sia alquanto più alta de l'usato per potere meglio schifarti..."*

Come sottolinea Achille Marozzo nella disciplina di partigiana sola (T5.1, Nota 2), è plausibile che, quando non diversamente indicato nel testo, tutti i colpi sferrati in risposta dopo una parata siano accompagnati da un accrescere del piede avanzato; in questo caso il sinistro, come di solito accade nelle armi in asta: *"...sapendo tu che ogni volta che vai a ferire, lè di bisogno che tu cresci sempre un poco della tua gamba mancha inanci..."*

T5	***Un'altro gioco delle predette Armi.*** *Seguentemente si comporta uno altro gioco di rotella, & partigiana, & quantunche non sia così bello che 'l predetto serà nondimeno utilissimo, nel principio di cui tu piglierai con la mano destra la partigiana nel pedale, & con la sinistra l'altro lato di quella anchora che imbracciata habbi la rotella in modo che li nodi di amendue le mani guardino a l'in su, & che la tua partigiana sia posta alquanto verso le sue destre parti con il piede manco innanzi non molto a grande passo espettando che 'l nemico tiri, & se per caso ti tirasse di una partigianata per gamba, tu quella con la tua partigiana urterai in fuori verso le sue manche parti, in guisa che la mano destra sia alquanto più alta de l'usato per potere meglio schifarti, tirandogli più subito una cotale partigianata nella gamba, & reducendoti nella soprana maniera di tirare.*

<table>
<tr><td colspan="2" align="center">INTERPRETAZIONE</td></tr>
<tr><td>🛡</td><td>Terza Guardia di partigiana e rotella (piede sx avanzato)</td></tr>
<tr><td>⚔</td><td>Colpo di punta alla gamba sinistra</td></tr>
<tr><td>✕</td><td>Parata verso il proprio lato destro con l'asta della partigiana (vedi Nota 1)</td></tr>
<tr><td>✕</td><td>Punta alla gamba avanzata (vedi Nota 1), andare in</td></tr>
<tr><td>🛡</td><td>Terza Guardia di partigiana e rotella (piede sx avanzato)</td></tr>
</table>

Nota 1: viene descritta una *parata e risposta*:

"...tu quella con la tua partigiana urterai in fuori verso le sue manche parti, in guisa che la mano destra sia alquanto più alta de l'usato per potere meglio schifarti, tirandogli più subito una cotale partigianata nella gamba..."

La parata viene eseguita con la partigiana, spostando il colpo avversario verso il proprio lato destro e, al fine di far risultare efficace, la mano destra deve essere più in alto rispetto alla sinistra; in questo modo si agevola anche l'esecuzione della risposta.

13.2.6 SESTA PARTE – T6

Questa sequenza conclude la trattazione della disciplina.

Essendo agiati in Terza Guardia di partigiana e rotella, ci si difende da un colpo sferrato al viso eseguendo una *parata e risposta*.

La parata è la stessa utilizzata sia da Antonio Manciolino che da Achille Marozzo nel gioco di partigiana sola (e in altre armi in asta), contro un colpo di punta sferrato al bersaglio alto.

T6	*Et se per caso egli spignesse partigianata per faccia, tu chinerai la mano diritta verso terra, sì, che 'l ferro guardi a l'in su, & così ti havrai da quella sicurato. Indi gli cacciarai una punta di partigiana nel volto, o per gamba, come vuoi riducendoti ne l'usato agiamento.*

INTERPRETAZIONE
🛡 Terza Guardia di partigiana e rotella (piede sx avanzato)
🗡 Colpo di punta alla faccia
✕ Parata verso il proprio lato destro con l'asta della partigiana (vedi **Nota 1**)
✕ Punta al volto **Oppure** alla gamba avanzata (vedi **Nota 1**), andare in
🛡 Terza Guardia di partigiana e rotella (piede sx avanzato)

Nota 1: viene descritta una *parata e risposta*:

"...tu chinerai la mano diritta verso terra, sì, che 'l ferro guardi a l'in su, & così ti havrai da quella sicurato. Indi gli cacciarai una punta di partigiana nel volto, o per gamba..."

La parata avviene intercettando con l'asta della propria arma il colpo dell'avversario, spostandolo verso il proprio lato destro; la mano sinistra funge da fulcro attorno al quale avviene lo spostamento dell'arma, eseguito abbassando repentinamente la mano destra. In questo modo si crea il varco necessario per rispondere velocemente con un colpo di punta al volto o alla gamba avanzata.

Appendice

"STORIA DELLE ARMI IN ASTA"

di Federico Bucci

Esempio di ricostruzione di lancia preistorica con punta in pietra

Parlare della storia delle armi in asta, è un po' come parlare dell'evoluzione dell'uomo, basti pensare allo scimpanzé senegalese, che costruiva lance rudimentali spezzando rami, decorticandoli dalla corteccia e dalle fronde laterali e modellando coi denti una sorta di punta.

In questo articolo verrà mostrata una panoramica delle fasi più importanti dell'evoluzione di queste armi, che non ha la pretesa di essere esaustiva, data la vastità dell'argomento trattato.

Le armi inastate hanno accompagnato soldati ed eserciti sui campi di battaglia dall'antichità fino all'affermarsi delle armi da fuoco nel XVI secolo.

Tralasciando l'omologo attrezzo ad uso venatorio (comunque ancora più antico e probabilmente ad uso promiscuo caccia/guerra come quella utilizzata dall'uomo di Neanderthal, che inastava punte di selce per la caccia ai grossi animali), la lancia risulta essere una delle prime armi costruite a scopo bellico: si ritrova già circa 300.000 anni fa, con punta lignea indurita al fuoco (lancia monolitica) o di osso, unita all'asta tramite incastro, e legatura di fibre vegetali o resine (come il catrame di betulla) o materiale d'origine animale.

Almeno fino al Rinascimento, durante il quale ci sarà una vera e propria esplosione di diverse tipologie di armi inastate, la lancia rimarrà economica e adatta alla produzione in massa.

Il primo progresso in termini di affidabilità dell'arma avviene con l'età del rame (circa 4000 A.C.) e poi con quella del bronzo (circa 3000 A.C.): lo strumento risulta essere più resistente e quindi più adatto allo scopo bellico. Con la creazione di eserciti stabili e il progredire della metallurgia, si assiste ad una sostanziale evoluzione di queste armi. Proprio durante l'età del bronzo si afferma l'Impero egizio che crea il primo esercito della storia. Nonostante la predilezione egizia per l'arco, le lance riescono ad avere un ruolo ausiliario e vengono impiegate sui carri.

Queste armi avevano una lunghezza di circa 160 cm ed era presente un calzo. Le prime punte in bronzo si presentavano a forma di foglia con doppio tagliente.

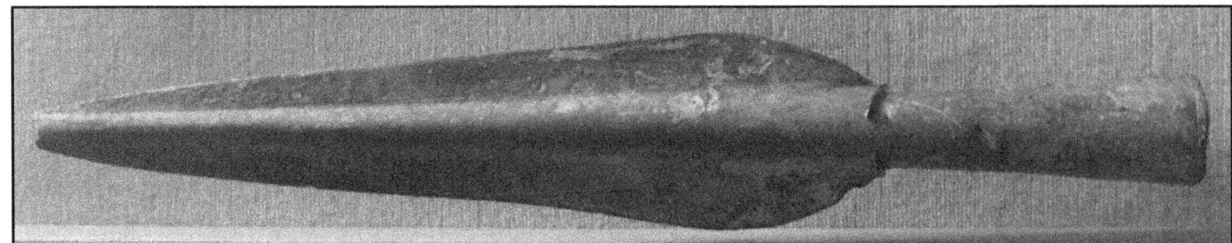

2000 A.C. circa, punta in bronzo da Leontopoli (fonte Wikipedia)

Anche la fanteria sumera di periodo coevo risulta essere armata di lance, anch'esse con punta a forma di foglia e molto simili a quelle usate dagli egizi e dai greci nel periodo arcaico.

Dalla primitiva lancia si svilupparono la **picca**, più pesante ed adatta all'uso in mischia, ed il **giavellotto**, più corto e leggero, da usare come arma da lancio. Il confine tra le due armi rimarrà sempre piuttosto vago, basti pensare ad Omero, che nell'Iliade citò l'uso della lancia sia in mischia sia come arma da lancio, nonostante si possa supporre che le armi di quel periodo fossero già troppo pesanti per un impiego da getto.

Per avere una ulteriore successiva evoluzione, bisogna arrivare all'Antica Grecia, tra la fine del periodo arcaico e l'inizio di quello ellenico. L'avvento del soldato *oplita*, armato di scudo (*hoplon*) e lancia (*dory*), dà un forte impulso alla tecnica bellica con l'avventodella formazione chiamata **falange** a partire dall' VIII – VI secolo A.C. Tale formazione viene adottata e modificata da altri popoli e in altre epoche, dando vita alla famosa falange macedone e successivamente al quadrato di picche rinascimentale. Vale la pena soffermarsi sulla descrizione della ***dory:*** una picca lunga tra i due e i tre metri, in legno di frassino o corniolo, con una punta ferrea (le più arcaiche sono in bronzo) a forma di foglia lunga circa 30 cm, controbilanciata da un calzo (*sauroter*) in bronzo. L'unione punta-asta avveniva tramite anelli di ferro e resine collanti. L'arma così composta pesava all'incirca 2 kg e, nonostante fosse tanto aerodinamica da permetterne il lancio, veniva normalmente usata per colpire di punta rimanendo nella formazione a **falange**.

Questa è stata la vera innovazione delle armi in asta: una formazione compatta di soldati addestrati ad avanzare allineati, armati di scudo sulla sinistra e picca sulla destra.

La falange greca così addestrata è formata da due file di opliti.

Opliti in battaglia. Dettaglio di un vaso corinzio, 600 A.C. circa

Una delle prime guerre che vede un massiccio uso di opliti organizzati in formazione simile ad una falange (quindi non come i guerrieri descritti nell'Iliade) è quella tra Eretria e Calcide, sul finire dell'VIII secolo A.C.

Una variante spartana, la **enomotia**, prevede 24 uomini su tre file da otto ciascuna e si afferma dal VI secolo A.C. In seguito, grazie alla colonizzazione greca, in Italia (Magna Grecia) anche etruschi e romani adotteranno la falange come formazione base per la tecnica bellica.

Nel corso del IV secolo A.C, durante la guerra di Corinto, **Ificrate**, stratega ateniese maturato militarmente in Egitto, cambia l'armamento degli opliti dotandoli di una *dory* più lunga e pesante per contrastare gli spartani. Questa nuova arma necessita di due mani per essere impugnata, per questo motivo viene abbandonato anche l'**oplos** a favore di uno scudo più piccolo, la **pelta**, e di una corazzatura minore.

Il ruolo di questi soldati (*pezeteri*) è quello di bloccare le cariche degli avversari.

La riforma di *Ificrate* è un passaggio essenziale che porterà alla creazione della **sarissa** e della **falange macedone** da parte di Filippo II.

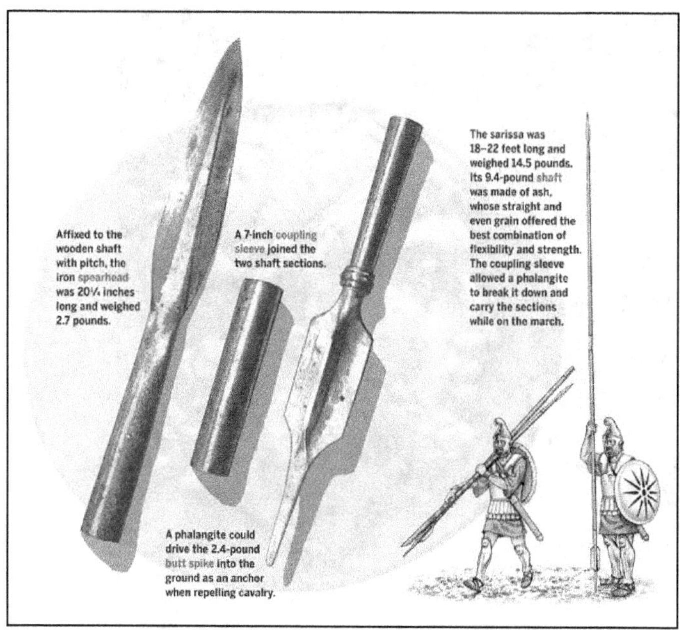

Le varie parti che compongono una sarissa, metodo di
trasporto e arma montata

La *sarissa*, la picca usata dai macedoni, è un'arma lunga fino a 6 – 7 metri, in legno di corniolo, con una punta in ferro di circa 30 cm e un calcio metallico di grandi dimensioni, che pesava 5 o 6 kg. La lunghezza era ottenuta dall'unione di due aste distinte, congiunte da un manicotto centrale di bronzo.

Quest'arma ha permesso la creazione della *falange macedone*, una formazione addestrata e compatta in cui le prime sei righe di *pezeteri* impugnavano la sarissa in modo che tutte le punte sporgessero oltre la prima riga, rendendo così il fronte difficilmente penetrabile.

Sui lati erano presenti altre formazioni di *opliti* o *giavellottisti* a protezione dei punti deboli.Un tale schieramento, particolarmente utile contro la fanteria non compatta e la cavalleria, risulterà vincente per tre secoli, fino alla *Battaglia di Pidna* **(168 A.C.),** durante la quale la fanteria romana riuscì a sfruttare il campo di battaglia ed avere la meglio: il limite delle formazioni come la falange macedone è quello di rimanere composte e compatte, ma la conformazione del terreno e altri elementi ambientali (come boschi o costruzioni) possono vanificarne la coesione.

Per osservare una ulteriore evoluzione delle armi in asta, dobbiamo aspettare il periodo repubblicano di Roma, intorno al **370 A.C.**, durante il quale venne creata una nuova arma: il *pilum*. Ne esistevano vari tipi, con una lunghezza compresa tra i 140 ed i 200 cm.

Rievocatori pezeteri con sarissa, per gentile concessione Hetaroi.de living histrory group

Rievocatori pezeteri con sarissa, per gentile concessione Hetaroi.de living histrory group

Il pilum era composto da un manico in legno ed un lungo gambo di ferro, terminante con una punta piramidale aguzza. Ogni legionario ne portava due.

Poteva anche servire come arma da lancio: in questo modo la parte di ferro avrebbe perforato lo scudo dell'avversario ferendolo, o quanto meno rendendo inutile l'impiego dello scudo.

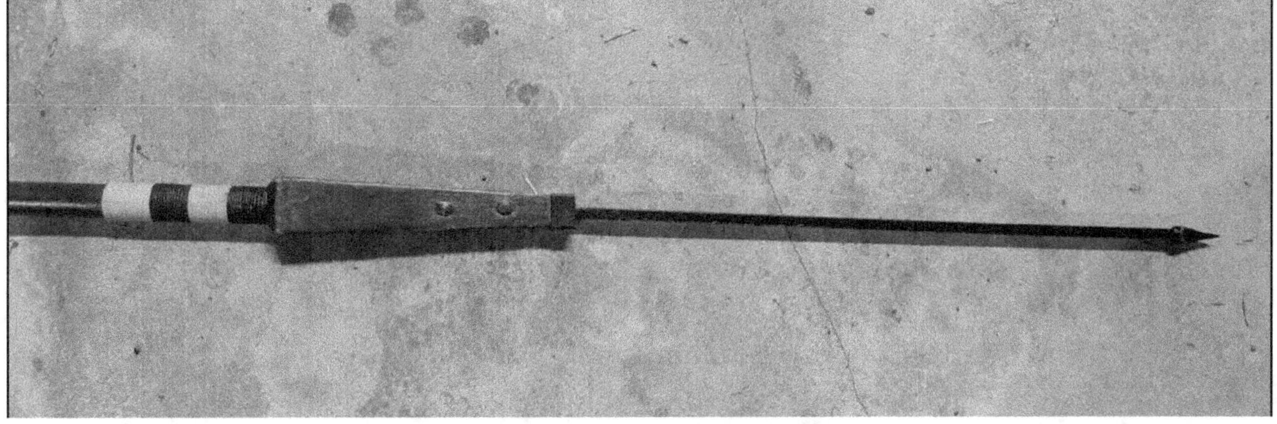

Particolare della sezione medio-anteriore del pilum, dove si notano le spine di accoppiamneto legno-ferro, la prima sezione del manico che funge da paramano, i colori della coorte, utili per ritrovare i propri pila sul campo di battaglia
(per gentile concessione Legio III Italica)

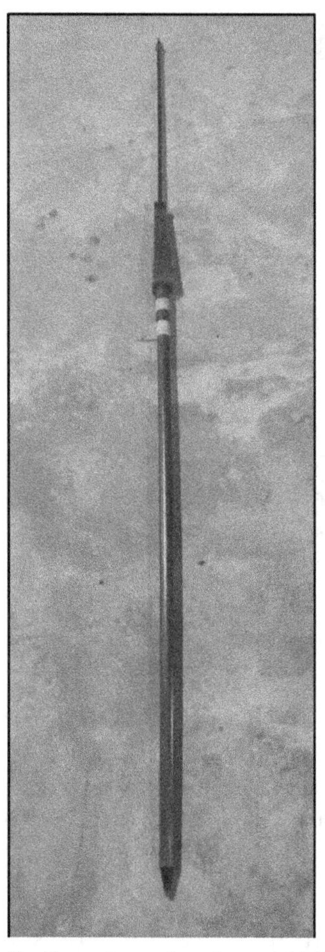

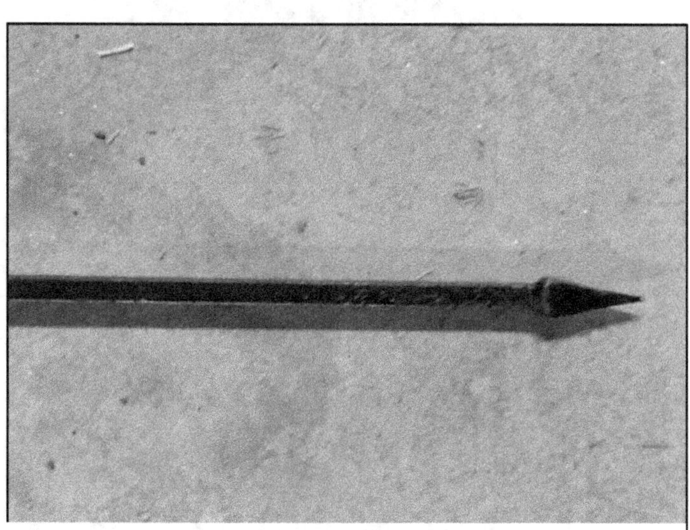

Particolare della punta di un pilum, I secolo, per gentile
concessione Legio III italica

Ricostruzione di pilum, I secolo, altezza 205 cm, peso 2,5 Kg
ca, per gentile concessione Legio III Italica

Il *pilum* rimane in uso, insieme ad altre armi inastate più classiche (picche e lance), fino alla fine dell'Impero Romano d'Occidente.

All'inizio del Medioevo, con il Sacro Romano Impero, si arriva ad un radicale mutamento dell'arte bellica e all'affermarsi della cavalleria, che deciderà per i secoli successivi l'esito delle guerre. Nel *Psalterium Aureum* (IX secolo, precedente all'883 D.C. Conservato in Svizzera nella Stiftsbibliothek, (cod. 22, illustrazione salmo 59) si trova l'immagine di un'arma in asta con punta in ferro e due alette: lo spiedo da guerra, impugnata sia da fanti che da cavalieri.

In seguito, la lancia muterà e si adatterà al nuovo scenario.

Qui si mira a disquisire principalmente sull'evoluzione dell'arma in asta in uso alle fanterie (la lancia da cavaliere esula da questa trattazione): la **picca**.

In realtà, proprio dal Medioevo, avviene un rapido incremento dei tipi di armi inastate ad uso dei fanti. Nel X secolo si trova la prima immagine di un attrezzo agricolo inastato in mano ad un soldato: la *roncola* (codice miniato 30 - LXXXV nella Biblioteca capitolare di Ivrea).

Dal XIII secolo si osserva un progressivo e deciso aumento di diverse tipologie di armi inastate, che culminerà alla fine del XV secolo. Nel XII secolo si utilizzano tredici tipi diversi di armi in asta, venti nel XIII, ventisei nel XIV, quarantatré nel corso del XV.

Dal XVI secolo non vengono create nuove armi, ma vengono modificate quelle esistenti (M. Troso *Armi in asta delle fanterie europee*).

Bisogna sottolineare che ben poche di queste armi hanno avuto un'origine come tali: la maggior parte deriva da attrezzi da lavoro o da armi precedentemente esistenti.

Il primo tipo di **roncone** deriva dalla roncola contadina, l'**alabarda** dall' ascia, il **coltello da breccia** da un coltello inastato, il **tridente da guerra** dal forcone del contadino.

Lo **spiedo da guerra**, la **corsesca**, la **partigiana**, il **pipistrello** sono invece esempi di evoluzione da altre armi.

La **picca** e la **picca lunga**, il **quadrellone**, il **puntone**, lo **spiedo** sono esempi di armi rimaste tali.

Nel corso dei secoli si nota un progressivo affinamento nella fattura delle armi, con creazione di effetti di taglio e foratura delle teste, talvolta fortemente distanti dall'attrezzo originale e nell'unione ferro – asta, fino ad arrivare alla **gorbia** saldata per bollitura, procedimento che rende più solida e affidabile l'intera arma (XV secolo).

Tutte queste armi affiancate da altre manesche, ad eccezione della picca lunga, hanno trovato impiego nelle fanterie medievali e comunali, formate da cerne e coscritti poco addestrati, il cui scopo in battaglia era quello di proteggere le ali della cavalleria pesante o al limite di "tamponare" il teatro di scontro con azioni di resistenza, coadiuvando l'uso della picca e altre armi inastate con il **pavese** (grande scudo adatto da essere fissato a terra per ulteriore protezione), oppure operare su terreni dove fosse impossibile uno schieramento compatto.

Questo è lo scenario che porta, tramite lo sviluppo di tecniche di fanteria in aiuto alla cavalleria, alla vera rivoluzione nell'arte della guerra che avviene nel corso del XV secolo.

Gli svizzeri sono i primi ad usare le picche in modo offensivo anziché difensivo. Invece di ammassarsi a coadiuvare la cavalleria, questi soldati addestrati si distribuivano in tre unità compatte (in tutto quattromila o cinquemila uomini): Vorhut di tampone sul fronte, Gewalthaufen di sfondamento e Nachhut da aggiramento sui fianchi maneggiando le armi inastate con entrambe le mani (e rendendo così inutile lo scudo). Agli inizi l'arma più usata è l'alabarda. La propensione è quella per l'attacco; si muovono sul campo a gran velocità, prendendo di sorpresa il nemico.

All'inizio sono solo gli svizzeri a combattere in questo modo. Successivamente i lanzichenecchi e gli altri mercenari vengono addestrati a combattere come loro.

Per tutto il XIV secolo i soldati vengono addestrati all'suo dell'alabarda (*Morgarten* 1315, *Laupen* 1339, *Sempach* 1389). Le picche lunghe verranno utilizzate per la prima volta ad *Arbedo* nel 1422, dove si producevano circa un terzo delle armi inastate (contro i due terzi delle alabarde). Durante le **guerre Burgundiche** (1476 – 1477) il rapporto è circa metà picche e metà alabarde.

Normalmente l'unità viene schierata su 20 righe, con le alabarde sul fronte e al centro e le picche sui fianchi (a protezione dalla cavalleria).

L'avvento della vera e propria arte della guerra avviene nell'ultimo quarto del XV secolo. Gli svizzeri dominano i campi di battaglia, le formazioni crescono fino a ottomila o diecimila uomini e, a partire dai primissimi anni del '500, adottano la formazione a quadrato.

La tattica utilizzata si può considerare una evoluzione di quella adottata durante i decenni precedenti, con le picche che diventano un numero preponderante tanto che, all'inizio delle Guerre d'Italia, alle alabarde viene assegnato un ruolo marginale a protezione dei fianchi.

Per tutto il XV secolo la picca ha una lunghezza di tre metri, ma successivamente, dagli inizi del XVI secolo, queste si allungano fino a diventare di cinque o sei metri (H. Schneider, *Der Langspiess*, pag. 16), utilizzate sia da francesi che da lanzichenecchi. Proprio questi ultimi si affermano nel XVI come veri maestri nell'uso della picca (*pinne*), superando perfino gli svizzeri. Avevano un modo particolare di impugnare l'asta: passata davanti alle spalle, con la mano destra sul calzo, a bilanciare il peso, e la sinistra poco avanzata. La presa risulta così meno precisa di quella adottata dagli svizzeri (che reggevano con la sinistra vicino al baricentro dell'arma), ma consentiva, con picche di cinque metri, di far sporgere sul fronte le punte delle prime quattro righe di picchieri.

Esempio di maneggio di picca alla svizzera, per gentile concessione Compagnia della Spada e della Veglia

Impugnatura della picca "alla Lanzichenecca". Per gentile concessione Compagnia della Spada e della Veglia

In uno schieramento classico con fronte di cento uomini, si formava così una selva di quattrocento punte dirette al collo o al torace degli avversari (M. Troso, "Le armi in asta delle fanterie europee")

Quello che ha fatto la fortuna del quadrato di picche, è la sua naturale attitudine a formare il *riccio* in modo da contrastare la cavalleria. A questo scopo ogni picchiere cambia la sua impugnatura, puntando la picca sul terreno a contrasto del piede destro e in avanti in modo da costituire quanto meno un ostacolo per i cavalieri.

Formazione a riccio, si nota la particolare impugnatura contro cavalleria. Per gentile concessione Compagnia della Spada e della Veglia

L'era delle picche si concluse con lo sviluppo delle armi da fuoco, nel momento in cui la rapidità di movimento del quadrato (sua peculiarità tattica) non fu più in grado di contrastare la crescente potenza e rapidità di ricarica delle armi moderne. A questo scopo, la formazione dei picchieri viene assottigliata, in modo da offrire minor bersaglio ai cannoni, e relegata a protezione degli *schioppettieri* prima e degli *archibugeri* in un secondo momento.

Gli ultimi veri esperti nell'uso delle picche risultano essere i soldati dei *tercios* spagnoli, almeno fino alla *battaglia di Rocroi* (1643).

Alla fine della Guerra dei Trent'anni, i picchieri all'interno di una formazione rappresenteranno solo un nono della forza totale.

Un destino diverso fu riservato ad alte armi inastate, che verranno relegate al ruolo di scorta o di identificazione di ufficiali: è il caso dei ronconi (poi evoluti in *sergentine*, a identificare proprio il soldato che ricopriva quel ruolo), dei pipistrelli e soprattutto delle partigiane, che diventarono il segno identificativo degli ufficiali; ancora oggi sono in uso nei corpi di guardia specializzati.

"La regina delle battaglie"

di Lorenzo Leoni

CENNI STORICI

La fanteria armata di lunghe lance non ha avuto, storicamente, la stessa fortuna in tutte le epoche.

Sappiamo che il combattimento oplitico è l'antesignano di questo modo di guerreggiare, trovando poi il suo apice marziale nella falange macedone.

Roma ha ripreso e potenziato il concetto, rendendolo maggiormente flessibile e pratico, fino a che non perse interesse per l'arma lunga in favore di tattiche più adattabili ad ogni scenario, specie ai terreni misti e disagevoli dove le grandi falangi non sarebbero riuscite a dislocarsi in buon ordine.

Osservando la nostra storia, però, si riesce a identificare un declino della fanteria in tutto il Medioevo in favore delle cavallerie sempre più pesanti. Tuttavia, il Rinascimento riporta in auge sia la fanteria che la picca, riaffermandone un primato che durerà per tutta l'età moderna.

Eppure, lance e scudi non mancavano nelle fanterie comunali o nelle milizie continentali di tutta Europa.

Le cause di questo altalenarsi di fortuna sono da ricercarsi non tanto nella disponibilità tecnologica (del resto una picca è uno strumento relativamente semplice da concepire e realizzare), ma nella qualità stessa dei combattenti.

I trattatisti che scrivono di arte militare nel Cinquecento insistono parecchio sulle doti che devono avere tutte le figure dell'esercito, dagli ufficiali comandanti ai semplici fanti in base al loro ruolo.

Il picchiere è descritto non solo come un uomo di grande corporatura, forza generosa e indomito coraggio, ma soprattutto come leale e fermo nel suo spirito di corpo.

L'atteggiamento morale, prima di tutto, è necessario per la collaborazione interna al quadrato di picche, che rende possibile l'esecuzione coordinata degli ordini e la vicendevole protezione degli uomini. Solo con queste doti è possibile addestrare un manipolo di uomini a reggere assieme la posizione, muoversi all'unisono e agire come un solo corpo.

Si capisce, quindi, quale sia stata la differenza tra i guerrieri-cittadini del mondo classico e le milizie raccoglitticce dell'alto Medioevo o le poco addestrate truppe comunali.

Non ultimo, tuttavia, c'è un fattore pratico: il numero.

Finché gli scontri sono circoscritti a poche decine o un paio di centinaia di uomini, non vi sono letteralmente braccia per reggere le picche in maniera efficace. Nel momento in cui i conflitti smuovono eserciti di migliaia, ecco che una metà dei soldati va a costituire quell'insieme durissimo che è il quadrato di picche.

L'economia di sussistenza che caratterizza l'alto Medioevo non consente di mobilitare per periodi prolungati grandi numeri di armati, men che meno di tenerli per mesi ad addestrarsi alle complesse manovre necessarie per far funzionare la formazione di picca.

Nel Rinascimento, si assiste alla ricomparsa di questo modo di combattere, dapprima nel mondo germanico per la scintilla degli elvetici.

Con la riforma agraria del XV secolo, in Svizzera si rendono disponibili per mesi interi le forze degli uomini, non più vincolati al lavoro nei campi; si organizzano in clan familiari, nei quali lo spirito d'appartenenza è intrinseco, e scendono ad affermare la propria forza nei confronti delle potenze limitrofe, ancora legate al modo di guerreggiare medioevale fatto di cavalieri pesanti e fanti male in arnese.

Con le prime battaglie del 1476 (Grandson e Marat), l'Europa si risveglia con la necessità di riformare rapidamente gli eserciti in chiave moderna e arginare i mercenari svizzeri.

Nascono i lanzichenecchi, combattenti di estrazione contadina arruolati e addestrati sotto licenza dei Conti, e anche in Italia si riscoprono i classici e si recepiscono gli insegnamenti dell'ellenismo.

La picca italiana viene elaborata sul modello della sarissa macedone; gli strumenti mutano grazie alla tecnologia moderna: la sarissa di legno e bronzo diventa la picca con la punta d'acciaio, la pelta diventa la rotella e la linotorax viene sostituita dal corsaletto d'acciaio temprato.

Tuttavia, la tradizione romana delle legioni manipolari entra trasversalmente nello studio degli strateghi, arricchendo la tattica macedone di flessibilità e interazione con tiratori e fanterie leggere.

LA PICCA, UN'ARMA NON INDIVIDUALE

Diversamente dalle altre armi, le quali vengono usate in maniera individuale e, all'occorrenza, coordinata con altri uomini, la picca non è impiegata nel combattimento individuale.

Essendo particolarmente lunga e pesante, munita solo di una punta e non di taglienti laterali, risulta inutile nel momento in cui l'avversario riesce a passare sotto misura.

Onde veramente la picca è una giovevole et salutifera arma, et per certo tengo, che ella habbia il primato dell'aste ferrate, attento che in campagna è il revo degli eserciti pedestri, per opporsi contra la cavalleria, [...] et per ostar l'inimico pedone alla larga, ma è ben vero che come sono ristrette le battaglie insieme, sono inutili e di niun valore [...]

Adriano Alfonso II-219

È quindi uno strumento peculiarmente utilizzato in formazione, con l'ausilio di altri armati.

Se passare sotto misura a un singolo picchiere può esser facile, far lo stesso contro una fila di picche significa doverne scansare contemporaneamente un paio, e dover affrontare più ordini diventa davvero arduo.

Il punto di forza della lunga picca sta proprio nella possibilità di combattere in formazione, protendendo contro il nemico quattro ordini di punte prima che questi possa entrare in contatto con la prima linea di fanti.

La tattica della picca italiana rinascimentale prevede una formazione aperta, con gli uomini distanti tra loro due o tre piedi, più o meno l'ingombro di ogni fante, sia sulla fila che sull'ordine.

> *[...] atteso che i picchieri vengano tanto distanti per testa, come per fianco; essendo la distanza di tre piedi da huomo à huomo così per testa, come per fianco [...] Altoni p.16*

> *[...] questa formazione sia da picchiere a picchiere piedi 2 per ciascuno de lati, bisognando, che le picche stieno tutte alberate, abbassando solamente quelle picche, che possano avanzare fuori alla fila, che è innanzi, facendo il passo largo [...] Altroni p.41*

In questa maniera, assumendo la posizione di combattimento, anche i fanti in quarto ordine arrivano a protendere la propria arma oltre il fronte della formazione, senza limitare le possibilità di movimento dei singoli uomini.

Questa spaziatura è essenziale per mettere in atto tattiche complesse sia di riposizionamento dei picchieri che di interazione con altri corpi d'armata.

[...] per questo non verrà di modo smembrata la battaglia, che non resti sempre in buona forma, possendo li soldati che hanno combattuto, ritornarli alla battaglia per ringrescarli con sdilarne degli altri [...] che possino sempre operare con la medesima virilità et valore.
Altoni p.73

La formazione di picca, il quadrato, è considerata una fortezza mobile da schierarsi sul campo di battaglia. I fanti pesanti costituiscono le mura e i baluardi, mentre al suo interno si riparano le fanterie leggere e gli ufficiali.

La funzione strategica è proprio quella di interdire lo spazio al nemico, impedire alle cavallerie il libero movimento, proteggere le artiglierie dagli attacchi e tenere il fronte mentre i genieri costruiscono trincee e casematte.

[...] formava il corpo stabile de' suoi armati, quivi era la sua fortezza, perché in vero non si può l'huomo confidare più che ne' picchieri, che resistono, e aspettano per fino a ogni ultimo sterminio, dove ne nasce molte volte la salvezza di tutti gli altri [...] essendo lo scudo, et il reggimento di tutto l'esercito.
Altroni p.38

Inoltre, visto il raggio estremamente limitato delle armi da fuoco manesche (schioppi e archibugi), il quadrato serve anche da rifugio per schioppettieri e archibugieri quando si trovino assaliti dal nemico.

[...] e quando volessino rinculare, la battaglia quadra calar loro addosso le picche [...]

Altoni p.50

Durante gli spostamenti, il quadrato si muove lento e ponderoso, facendo attenzione a non scompaginarsi e perdere il proprio ordine. In questa fase delicata è supportato da un'avanguardia e/o dalle maniche di fanteria leggera e tiratori; in caso di assalto, questi ultimi si possono rapidamente riparare tra le picche, camminando negli spazi tra file e ordini, mentre i picchieri si assettano per ricevere l'urto del nemico.

LE DOTI DEL PICCHIERE

Nei documenti viene ripetuto un concetto in maniera ridondante: il picchiere deve possedere una rosa di qualità imprescindibili.

Fisicamente deve essere grande, di robusta corporatura e resistente alla fatica. Va da sé che combattere per ore con trenta chili di equipaggiamento non sia una fatica per tutti.

La picca non deve solamente essere retta in posizione, ma occorre alzarla e calarla, trasportarla per più tratti sul campo di battaglia, manovrarla con precisione durante il combattimento.

Il picchiere deve essere coraggioso, in quanto il suo ruolo è di essere bastione umano contro gli assalti nemici. La protezione della corazza viene sfidata non solo dalle armi bianche del nemico, ma soprattutto dalle salve di archibugio. Tenere salda la posizione sotto la minaccia delle armi da fuoco necessita un grande coraggio.

[...] a voler essere buon milite, bisogna che habbia per fondamento un coraggioso cuore, con cercare di cimentarsi spesso in ciascuna fazzione; volendo essere ancora accompagnato con una buona complessione, perché l'una senza l'altra non può servire a l'arte militare; et appresso saper render ragione di molte scienze, che si appartengono agli ordini, et comandi della guerra: et almeno saper tanto, che uno sgraziato ingegnere non ti habbia a menare per il naso [...]

Altoni p.75

[...] huomini avezzi alla villa et agli essercitii di agricoltura, come assuefatti a' disagi, et a stare al sole, all'acqua, al vento, et a portare pesi gravi con mangiar male et dormir peggio: onde resistono maggiormente ad ogni fatica, riuscendo buoni et perfetti soldati.

Mora p.69

Gli conviene poi essercitarsi ne' tempi di pace in virtuose imprese, et più tosto in cose aspre et faticose, che molli et delicate, come giuvar d'arme, cavalcare, saltare, lanciare il palo, et simil cose; le quali il più delle volte sogliono fare gli huomini afili, destri et atti a durare le fatiche et i disagi che le guerre portano.

Mora p.2

La disciplina deve essere ferrea. Dopo il Medioevo, in cui il valore massimo di un combattente era il coraggio personale, l'età moderna sviluppa (e recupera) l'idea che sia l'atteggiamento disciplinato di ogni soldato a rendere un'unità militare formidabile. Questo comporta una risposta rapida e precisa ai comandi, l'ordine nella disposizione in formazione e l'esecuzione dei gesti in maniera corretta.

Ma soprattutto quello che distingue il picchiere da ogni altro fante è lo spirito di corpo. Come dicevamo prima, quale che sia la sua origine, il senso di appartenenza all'unità, la motivazione non solo per trovare coraggio e forza, ma soprattutto per supportare in ogni momento i compagni senza cedere a istinti egoistici è indispensabile per far agire la squadra di picchieri, se non l'intero quadrato, come un solo corpo.

[...] l'huomo non può essercitare l'arme sotto questo nome di soldato, et di cavaliere prima che egli non habbia vera et perfetta cognitione della legge d'honore et del mestriero dell'arme [...]
Mora p.2

POSIZIONI

Piuttosto che un sistema di guardie, come la scherma da duello, nel maneggio della picca è importante conoscere le posizioni idonee a sostenere, trasportare e tenere in combattimento l'arma.

Picca a terra

Durante il riposo statico, il picchiere è posizionato a piedi pari, con le gambe leggermente divaricate, la picca tenuta con la mano destra a braccio steso verso l'esterno, il calzo dell'arma poggiato a terra accanto al piede destro in modo che l'asta salga obliquamente; la mano sinistra al fianco.

Il peso stesso dell'arma consente di tenere il braccio destro steso senza sforzo.

Con la giusta distanza tra le file, in questa posizione e alzando il braccio sinistro in fuori all'altezza della spalla, si dovrebbe essere con il gomito all'altezza del pugno del compagno accanto.

Picca inalberata

Per esser pronto a muovere o a combattere, il picchiere regge l'arma dritta presso la spalla destra con la mano destra al calzo, vicino al fianco, e la sinistra che sostiene l'asta contro la spalla destra; i piedi sono pari ma vicini l'uno all'altro.

Picca in spalla

Per gli spostamenti più importanti, la picca si tiene bilanciata contro la spalla destra e inclinata all'indietro; la mano destra regge l'asta presso il calzo mentre la sinistra è libera. Con la giusta distanza tra gli ordini della formazione, l'inclinazione ideale della picca si ottiene puntando il calzo nella direzione ideale del cavo popliteo dell'uomo nell'ordine davanti al proprio.

Poste di combattimento

Il piede sinistro è avanzato rispetto al destro di una giusta distanza (un piede e mezzo), piuttosto in linea che aperto; la picca è impugnata con la destra presso il calzo e la sinistra avanzata; ciascuna mano guarda con il palmo verso l'interno della figura. Se si usa un brocchiero o una rotella, questi vengono impugnati nella mano sinistra assieme all'asta della picca.

Sebbene tutte le posizioni di ingaggio con la picca siano di guardia sinistra, differiscono in base all'ordine nel quale il picchiere sta combattendo.

Primo e secondo ordine

La picca è tenuta in basso, con la mano destra all'altezza della vita e la sinistra avanzata e un poco più in alto, in modo da puntare al petto o al volto dell'avversario.

L'asta del secondo ordine sfila alla destra dell'uomo sul primo ordine.

Terzo ordine

La picca è tenuta in alto, con le mani sopra le spalle in modo che la punta declini verso il basso; l'asta sfila alla destra degli ordini precedenti.

Lo scopo di questa posta è difendere dall'alto la regione mediana delle aste dagli avversari che riescano a passare sotto la misura dei primi due ordini.

Quarto ordine

La picca è in posizione di allerta, la mano destra presso il fianco, la sinistra arretrata sull'asta in modo che quest'ultima si appoggi nell'incavo del gomito tenuto un poco più basso della spalla, con la punta dell'arma che guarda verso l'alto.

Dal quinto all'ottavo ordine

Posizione di picca inalberata

Contro la cavalleria

In caso di assalto da parte di cavalieri pesanti, i picchieri assumono una posizione atta a reggerne l'urto.

Il calzo della picca è a terra, davanti al piede destro, il piede sinistro è avanzato a largo passo, la mano destra sull'elsa del falcione, la sinistra regge l'asta in modo che la punta sia nella direzione della spalla del cavallo; la figura del picchiere risulta così piegata un poco in avanti.

È controverso se il piede destro debba stare sopra, dietro o addirittura davanti alla picca. Il rischio che l'impatto del cavallo sull'arma dia un contraccolpo violento che possa rompere il piede è considerato da diversi autori.

Transizioni di posizione

È essenziale che la squadra di picchieri, se non l'intero quadrato, si muova all'unisono e che i singoli uomini cambino posizione nello stesso momento, al tempo del tamburo.

Da picca a terra a picca inalberata

1. Si esegue il movimento in tre tempi:
2. Si accosta il piede sinistro al destro raccogliendo la mano destra presso il corpo e drizzando l'asta della picca.
3. Si alza l'arma con la mano destra, stendendo il braccio in alto, e si porta la sinistra a reggere l'asta contro la spalla destra.
4. Si lascia la presa sull'asta della mano destra per portarla al calzo, presso la vita, a sorreggere la picca dal basso.

Da picca inalberata a posta di combattimento

Si effettua un passo avanti del piede sinistro, reggendo il calzo della picca con la mano destra e portando la mano sinistra nella posizione idonea secondo l'ordine di schieramento.

Da una posta di combattimento alla precedente

Durante l'ingaggio, è normale che i picchieri debbano prendere la posizione dell'ordine precedente al proprio. Questo succede ogniqualvolta l'uomo davanti a sé viene ferito e debba ritirarsi dal combattimento o al comando del sergente durante un ripiegamento o una mutazione.

Per prendere il posto del compagno davanti a sé, è necessario avanzare contrappassando e allo stesso tempo adeguare la posizione delle mani al nuovo ordine senza far uscire il ferro della picca dal punto.

Il terzo ordine volta le mani in basso per diventare secondo, il quarto alza la mano destra e stende la sinistra per diventare terzo, il quinto effettua due passi avanti e si porta in posizione di allerta.

Durante un ripiegamento, i picchieri cambiano posizione delle mani senza effettuare passi avanti.

Da picca a terra a contro la cavalleria

Si accosta il piede sinistro al destro, come per andare in picca inalberata, poi si fa un gran passo avanti del piede sinistro afferrando l'asta con la mano sinistra mentre la destra va all'elsa del falcione; si adegua la posizione del piede destro rispetto al calzo.

Tutte le transizioni possono essere effettuate all'indietro invertendo i movimenti.

PASSEGGIO

Il passeggio nel combattimento di picca è piuttosto limitato, se paragonato alla pratica del duello con le armi più corte.

Come tutti gli altri movimenti, i passi dei picchieri devono essere ben coordinati e simultanei, pena lo scompaginamento della formazione; quindi è il tamburo che comanda il tempo del camminare.

> *[...] il capitano con l'esperto suo sargente, et tamburino gli discip[l]ineranno facendogli col béllico instrumento vigilanti, et animosi; [...] facendo che il béllico suono fa il soldato coraggioso, e desto, obediente a' cenni di quello, si come il galeotto obediente a' varij ciffoli del fischietto alla bocca del nocchier di nave co' suoi navaroli [...] il capitano debba insegnare al novello soldato ad osservare il suono del tamburo, col passo militar dell'ordinanza, il far'altro, spianar le picche, inalborarle, abbassare i ferri [...]*
>
> *Adriano Alfonso II-180*

Gli spostamenti del quadrato, lontano dal nemico, si effettuano a passo di marcia, in posizione di picca in spalla. Quando il nemico è vicino, invece, si effettuano solo gli spostamenti necessari in posizione di picca inalberata, sempre di passi interi.

Durante l'ingaggio, con i picchieri in posta di combattimento, gli ordini avanzano o ripiegano di mezzi passi (piede scaccia piede).

Rotazioni

Ogni rotazione (sul posto) viene effettuata facendo perno sul piede destro.

Se così non fosse, se ogni picchiere decidesse autonomamente su quale piede fare perno, dopo una rotazione non si avrebbe la garanzia di aver mantenuto l'ordine della formazione.

Al comando di voltafaccia a destra/sinistra, ogni picchiere si volta di un quarto di giro nella direzione ordinata; al comando di voltafaccia a coda (all'indietro) ogni picchiere effettua due quarti di rotazione verso destra (in due tempi).

> *[...]suefargli a voltar la faccia da tutti i lati, con dir volta vaccia alla spada, cioé alla sinistra, volta faccia alla picca, cioé alla destra, volta alla schiena, volta in scurzo, cioé a gli angoli della battaglia per incuniarla, astretti dal subito bisogno abbassar le picche dalla insegna avanti, overo quattro, o cinque fila della testa [...]*
>
> *Adriano Alfonso II-180*

Ripiegamento.

Solo nel momento in cui il picchiere sul primo ordine deve ripiegare, effettua una rotazione verso sinistra facendo perno sul piede sinistro.

Idealmente, il ripiegamento si effettua dopo aver tirato un'ultima stoccata al nemico:

1. da posta di combattimento (primo ordine) si va in affondo tirando la stoccata per il volto del nemico;
2. si ritorna con il piede sinistro all'indietro alzando al contempo la picca in alto, assumendo la posizione di picca inalberata;
3. si effettua una rotazione sul piede sinistro e si cammina nell'interfila fino a raggiungere l'ottavo ordine;
4. si effettua un'altra rotazione sul piede sinistro e si rientra in formazione.

LA SCHERMA DI PICCA

Si hanno poche indicazioni in merito alle tecniche di maneggio della picca per portare i colpi o difendersi dal nemico. Del resto si tratta di un'arma faticosa da maneggiare e con un'unica parte letale, che non offre molte sfumature all'ingaggio.

Si tiene la picca a punto, cioè rivolta verso il bersaglio prescelto come si fa con la spada; a linea libera, si porta la stoccata con un affondo del piede sinistro, stendendo in avanti le braccia, e subito si recupera indietro nella posizione di combattimento.

Per quanto resti sempre valida la considerazione che per deviare una stoccata basti una piccola forza trasversale al moto, il colpo di un'arma pesante sei chili, maneggiata con vigore, è sufficiente a far vacillare anche gli avversari corazzati più pesantemente.

Battere le aste delle picche avversarie con la propria pare essere l'unico modo di difendersi dalle stoccate e aprirsi la via per offendere.

La miglior parte della fase difensiva è rappresentata dall'allungo della picca rispetto alle altre armi, dalla protezione della corazza e dello scudo, nonché dalla stretta collaborazione dei picchieri e degli altri fanti che integrano la formazione.

Sebbene il picchiere sia, specialmente nell'Italia di inizio '500, il più importante investimento in termini di equipaggiamento nella fanteria, si trovano pochissime note in merito al suo addestramento tecnico.

Nella fase iniziale delle Guerre d'Italia, il grosso delle compagnie di ventura, quindi i professionisti della guerra, apparteneva a quello strato sociale che si armava e addestrava in proprio, in maniera professionale. Erano uomini cresciuti nel mestiere delle armi e avevano incominciato la loro carriera in sala d'arme appena diventati ragazzini.

Il Dardi definisce i suoi allievi più giovani *"non più che da buda"*, cioé poco più che bambini (il che stava a significare dagli otto anni in su). Si trattava di un investimento da parte della famiglia per garantire un mestiere ai figli maschi, non tanto differente dal mandarli in bottega da un artigiano.

Addestrati fin dalla giovane età, questi uomini arrivavano a mettersi a ruolo con una formazione tecnica, fisica e morale, perfettamente in grado di tenere in posizione la pesante picca, tirare la stoccata con precisione, seguire i comandi e tenere unita la formazione.

In una fase successiva, dalla metà del '500 in poi, troviamo non solo una leva più ampia che va a coinvolgere altri strati della popolazione, con la conseguente necessità di addestrare sul campo uomini adulti, ma anche una diversa strategia di munizione delle truppe che passano dall'essere armate in proprio a venir fornite dell'equipaggiamento da parte della compagnia stessa.

Nelle fonti scritte compaiono le *picche secche:* picchieri privi di corazza o armati alla leggera, forse con solo petto d'arme ed elmo.

Trovandosi formazioni così raccogliticce, divenne necessario mutare il concetto stesso di schieramento, mettendo in prima linea i fanti corazzati e tenendo le picche secche negli ordini posteriori. Questo comporta non tanto un diverso approccio al gesto tecnico del maneggio individuale, quanto una limitazione tattica alle manovre possibili dell'intera formazione.

FORMAZIONI

Sebbene nella manualistica dell'epoca si trovino decine di schemi differenti, anche bizzarri, per disporre i picchieri e gli schioppettieri in formazione, le forme marzialmente utili sono limitate al *quadrato*, il *cuneo* e la *lunetta* o *corno*.

> *Si tralascerà altri modi da formare battaglie a galera, o gigli, et altri simili forme, parendomi che più presto fussero invenzioni ridicolose, che utili; perché tutti gli ornini militari vogliono esser facili et reali [...] Tenendo fermo proposito, che la battaglia quadra di huomini sia la regina delle battaglie, cioé la più forte, la più sicura, et la meglio, di che l'huomo si possa servire [...]*
>
> *Altoni p.73*

Il *quadrato* vede ordini e file perpendicolari, ordinate e spaziate.

Il *cuneo* è impiegato per concentrare gli uomini su un fronte ristretto e forzare l'impatto contro una formazione nemica; spesso l'apice del cuneo è supportato da veterani muniti di targoni.

La *lunetta* è una formazione curva, con i picchieri rivolti sia nel verso della concavità che alle due estremità, per abbracciare una zona di terreno da proteggere, come una postazione d'artiglieria.

La formazione di combattimento prende il nome di battaglia, mentre quando si parla di ordinanza si sta ragionando di formazioni per la marcia.

Gli spostamenti rapidi vengono eseguiti smembrando la battaglia per manipoli, cioè per compagnie d'arme comandate ciascuna dal proprio capitano.

Tattiche di movimento, smembratura e ricomposizione della battaglia occupano parecchie pagine dei trattati, come pure calcoli e tabelle, per avere pronti i numeri di ordini e fila necessari a comporre una certa formazione.

La difficoltà sta nel calcolare quanti uomini, spaziati come necessario, servano per coprire il terreno da occupare. Ci sono trattati come quello dell'Altoni, che dedicano spazio all'educazione matematica dell'ufficiale, mostrando come fare i conti, estrarre radici e pervenire in autonomia al risultato; altri come quelli del Vallo o del Mora forniscono schemi con i calcoli già effettuati. Un'altra fonte sono i prontuari dei serragente, veri e propri manualetti con tabelle esplicite dove si leggono a colpo sicuro gli schemi delle formazioni con numero degli uomini, ordini e fila.

TATTICHE DI PICCA SOLA

Il quadrato di picchieri è sottoposto a una catena di comando raffinata e ben articolata; è suddiviso in manipoli (squadre di venticinque uomini), compagnie (sei/otto squadre) e colonne, in modo che sergenti, capitani e colonnelli siano i nodi di comunicazione dei comandi.

Le squadre sono schierate su una profondità di otto ordini, secondo il modello macedone, o più difficilmente quattro (mezza formazione). I picchieri sono addestrati a coprire ogni posizione indifferentemente.

> *Li fanti, la prima cosa che hanno da sapere sonno queste sei sonate del tamburo, la seconda cosa portar bene la picca alborarla, calar e voltar le faccie e guardar bene il suo compagno. Perché la picca è Regina del'Arme e vuole giusto spatio nella battaglia per poterla adoperare.*
>
> *[Urb.Lat.994-4v]*

Gli uomini devono conoscere i sei comandi fondamentali e riconoscerne il segnale dato con i pifferi (flauti, ottavini, pifferi o cornamuse); i tamburi dislocati presso ogni compagnia tengono il tempo dei passi e il ritmo dell'ingaggio mentre i fischietti dei serragente scandiscono l'esecuzione dei comandi.

Così organizzata, l'intera formazione acquisisce flessibilità e duttilità. Ogni squadra può assumere una configurazione diversa, spostarsi all'interno del quadrato, modificare l'assetto di una sezione, ripiegare o avanzare in autonomia.

Calare le picche

L'ordine di assumere la posizione di combattimento viene dato il più tardi possibile (rispetto all'avvicinarsi del nemico); spostarsi con la picca in spalla o inalberata è meno faticoso che farlo di mezzi passi in posizione di combattimento.

È interessante comprendere quale sia il tempo necessario a trasmettere un ordine semplice come questo dal comandante generale alle singole squadre: si dà il comando quando il nemico in avvicinamento è lontano quaranta passi; così facendo, i picchieri caleranno le armi giusto in tempo per offrire la selva di punte al nemico quando questo sarà in misura.

Incalzare

Avanzare in maniera aggressiva verso il nemico con le picche in posizione di combattimento.

Si effettua al tempo del tamburo, avanzando di mezzi passi (piede scaccia piede) e tirando la stoccata sulla riunita, rimettendo la posizione sul secondo tempo del passo.

Arretrare

Analogamente, si arretra di mezzi passi (piede scaccia piede) tirando la stoccata sulla riunita e rimettendo la posizione sul secondo tempo del passo.

Ripiegare in buon ordine

Per cedere terreno al nemico, occorre ripiegare senza scompaginare la formazione.

Al cenno del fischietto, l'uomo sul primo ordine esegue un ripiegamento (stoccata, riunita, uscita di linea) e va a posizionarsi dietro all'ultimo ordine schierato.

Negli ordini successivi, i picchieri cambiano posizione dell'arma senza avanzare.

Mutazione

Per avvicendare gli uomini sulla linea di combattimento, si effettua una mutazione. Il ritmo di questo avvicendarsi dipende dalle condizioni d'ingaggio e può variare da poche stoccate a un minuto. Riuscire ad applicare questa tattica garantisce di avere sempre un primo ordine di uomini freschi e sostiene il coraggio dei picchieri che sanno di non dover rischiare il combattimento di fronte al nemico per più di una frazione del tempo.

Al cenno del fischietto, l'uomo sul primo ordine esegue un ripiegamento (stoccata, riunita, uscita di linea) e si va a posizionare dietro all'ultimo ordine schierato.

I picchieri negli ordini successivi cambiano posizione dell'arma e avanzano contrappassando.

L'uomo che raggiunge il primo ordine effettua una stoccata sul contrappasso, andando in posizione di affondo e recuperando all'indietro in posta di combattimento.

> *[...] l'ordine di sottentrare, con mantenere sempre i medesimi combattenti di fuori [...] chi può durare a combattere tutt'un giorno, o più con la medesima forza, cioé la medesima fronte, e quantità di soldati, possa esser giudicato di vantaggio inestimabile [...] resultando ancora, che ciascuno opera virilmente con darsi aiuto, et rinfrescarsi l'un l'altro, et a questo modo vengono tutti i soldati a combattere scambievolmente, sì gli ultimi come i primi messi in battaglia.*
>
> *Altoni p.54*

Cambio di fronte

Se necessario, è possibile far voltare una sezione del quadrato a fronteggiare una direzione differente.

Si effettua sia dalla posizione di picca inalberata che da quella di combattimento.

Al comando, gli uomini effettuano un voltafaccia e, in un ulteriore tempo, calano le picche in posta di combattimento.

Se partono dalla posizione di combattimento, devono prima passare da picca inalberata, effettuando la manovra in tre tempi (quattro se a coda).

Raddoppiare i ranghi

Per opporre al nemico una selva di picche ancora più stretta, sacrificando la possibilità di effettuare ripiegamenti e mutazioni, si sovrappongono due squadre nello stesso spazio.

Al comando, i picchieri della seconda squadra (da picca inalberata) effettuano un passo laterale verso sinistra, calano le picche in posta di combattimento e avanzano contrappassando fino ad allinearsi agli ordini della prima squadra.

> *[...] ogni volta, che faccia di bisogno di rinfrescare la testa della battaglia per haver combattuto lungamente, o pure per volere strignere il nemico, servendosi sempre di soldatesca riposata, e fresca: in questo modo facendo che l'ultime file de' picchieri della battaglia marcino per l'apriture dell'altre fila, cioé fra la distanza, che è da soldato, a soldato piedi3.*
>
> *Altoni p.58*

Avvicendamento (tra squadre)

Per far riposare una squadra, rimpiazzandola con un'altra senza cedere il terreno al nemico, si può effettuare un raddoppio di ranghi come sopra; successivamente la prima squadra arretra contrappassando fino a raggiungere la posizione originaria della seconda squadra.

TATTICHE DI PICCA MISTA

La formazione permeabile del quadrato, con due piedi di spazio tra gli ordini e le file, non solo si presta a varie tattiche di movimento dei picchieri, ma anche all'interpolazione di altre fanterie e a tattiche sinergiche.

Identifichiamo alcune specialità di fanteria con cui costruire le tattiche:

1. *Schioppettieri*: armati di schioppo/archibugio, elmo e corsaletto di cuoio; sono tiratori efficaci dalla corta distanza, imprecisi nella mira (a causa della tecnologia delle armi da fuoco) e dai lunghi tempi di ricarica.
2. *Rotellieri*: fanti da breccia muniti di corsaletto, rotella e falcione; sono rapidi ed efficaci nell'ingaggio in mischia.
3. *Uomini d'arme*: veterani in corazza armati di armi inastate come spiedi e ronche.
4. *Imbracciature*: uomini d'arme armati di grandi scudi imbracciati e falcione.

Schioppettieri sul primo ordine

Durante l'ingaggio con un'altra formazione di picche o di cavalleria, avere spazio tra un armato e l'altro permette agli schioppettieri di scorrere tra le file, sparare dalla corta distanza a fianco o appena dietro i picchieri del primo ordine e ripararsi indietro, oltre il quarto ordine per ricaricare le proprie armi.

Sebbene i primi quattro ordini in posta di combattimento non offrano spazio sulle file, gli ordini successivi in posizione di picca inalberata possono accogliere gli schioppettieri che ricaricano l'arma tra un ordine e l'altro, lasciando liberi i corridoi longitudinali.

> *[...] che si mettesse un filo di archibusieri ginocchioni sotto l'apertura del passo, che fanno i picchieri della prima fìla, atteso che il nìmico verrà offeso avanti che venghi a fiutare li picche [...] se ne potria mettere due o tre fìla di archibusieri, acciochè quando il filo dinanzi habbi scaricato l'archibusata, si possa ritirare dietro all'altro filo, e quello farsi innanzi a tirare la sua botta e così seguire scambievolmente [...] il filo delli archibusieri, che stanno ginocchioni nel vano del passo de' picchieri [...] et un altro filo stia ginocchioni da picchiere a picchiere, et l'altro sotto le picche [...]*
>
> *Altoni p.52*

Rotellieri sotto le picche

Durante l'ingaggio con un'altra formazione di picche, i rotellieri possono sfruttare la protezione degli scudi e dei propri picchieri per camminare bassi sotto le aste allo scopo di raggiungere il primo ordine nemico e colpire gli avversari alle gambe. I picchieri così minacciati dovranno ripiegare o lasciare l'arma per difendersi.

Questa è una tattica che richiede una notevole abilità e l'esporsi a un rischio considerevole.

> *[...] si cacciarono a viva forza sotto le picche de' tedeschi delle bande nere ridutti in battaglia, ove entrarono con tanta forza per virtù de' lor brocchieri, che ne fecero una crudel tagliata [...] e di ciò ne fu causa la virtù de' brocchieri, quanto maggiormente sarà quella delle rotelle, per essere più grandi, et di più coprimento del soldato.*
>
> *Adriano Alfonso II-209*

Rotellieri sul primo ordine

Un ordine di rotellieri può essere dislocato a raddoppiare gli uomini del primo ordine in modo da serrare la protezione degli scudi contro un nemico sovrannumerario o il tiro delle armi da fuoco.

Inoltre, i rotellieri possono difendere i picchieri dall'insidia di assalitori sotto le picche.

Durante un ripiegamento o una mutazione, è necessario che il rotelliere si scambi dinamicamente con il picchiere in ritirata, proteggendolo mentre si volta e lasciando subito il posto al compagno che subentra.

Uomini d'arme contro le picche

I fanti pesanti muniti di armi in asta possono scorrere tra le file fino al primo ordine e coadiuvare lo scontro agganciando e deviando (in alto o a terra) le picche nemiche con i raffi delle proprie armi, offrendo ai propri picchieri l'occasione di mettere la stoccata mentre l'avversario non può usare la propria asta per tenere il punto o rimettere il colpo.

> *[...] percioche col taglio dell'alebarda han tagliate le picche inimiche, et con la forcatura d'esse alebarde l'hanno conficcate in terra, et fatto presa di quelle.*
>
> *Adriano Alfonso II-209*

Uomini d'arme contro la cavalleria

Una cavalleria pesante ingaggiata al margine del quadrato può generare uno stallo e scompaginare la formazione. L'intervento degli uomini d'arme che raggiungono il fronte d'ingaggio camminando tra le file può risolvere la situazione. Occorre che questi veterani varchino il limite del primo ordine di picchieri, andando a raggiungere la loro misura offensiva. Le armi inastate sono in grado di minacciare i cavalieri per la loro efficacia e, soprattutto, di agganciarli per trascinarli giù dalla sella.

Imbracciature a supporto

L'uso di grandi scudi chiamati *imbracciature* era piuttosto raro. Dove la formazione è più fragile, minacciata o si vada a scompaginare, l'intervento di un pugno di veterani che formino un muro di scudi, da soli o assieme ai picchieri del primo ordine, riesce a risolvere la crisi.

In special modo agli angoli della formazione, dove per forza di cose le picche non possono coprire circolarmente tutto il perimetro, la dislocazione di questi ripari importanti consolida la robustezza del quadrato.

Si vede attuare la stessa tattica anche per rafforzare l'apice avanzato di una formazione a cuneo, della quale resterebbero (per amor di geometria) solo tre picchieri in triangolo.

Bibliografia de "La Regina delle battaglie"

- o Alfonso Adriano, Della disciplina militare del capitano, 1540
- o Altoni Giovanni, Il Soldato, 1604
- o Della Valle Gian Battista, Il Vallo, 1539
- o Mora Domenico, Il Soldato, 1570

Bibliografia

- Agrippa Camillo, Trattato di Scientia d'Arme, con un Dialogo di filosofia di Camillo Aggrippa, Milanese, Roma, 1553.
- Anglo Sydney, The Martial Arts of Renaissance Europe, Yale University Press, 2000.
- Alessandro Battistini, Rubboli Marco, Iacopo Venni, Monomachia - Trattato dell'arte della scherma di Francesco di Sandro Altoni, Il Cerchio, 2008.
- Battistini Alessandro, Iacopo Venni, Trattato di Scherma - Trattato di Scherma del XVI secolo di Anonimo Riccardiano, Il Cerchio, 2009.
- Boccia Lionello, Coelho Eduardo, Armi Bianche Italiane, Bramante Editrice, 1974.
- Cavina Marco, Il sangue dell'onore. Storia del duello, Editori Laterza, 2005.
- Fabris Salvatore, De lo Schermo ovvero Scienza d'Armi, 1606.
- Dalle Agocchie Giovanni, Dell'arte di Scrimia libri tre, di M. Giovanni dall'Agocchie, Bolognese. Nei quali brevemente si tratta: Dell'arte dello schermire, Della Giostra, Dell'ordinar battaglie. Opera necessaria a capitani, soldati e a qualsiasi voglia Gentil'huomo, Venezia, 1572.
- Di Grassi Giacomo, Ragione di adoprar sicuramente l'Arme sì da offesa, come da difesa; con un Trattato dell'inganno, et con un modo di esercitarsi da se stesso, per acquistare forza, giudizio, et prestezza, di Giacomo Grassi, Venezia, 1570.
- Docciolini Marco, Trattato in materia di scherma, Firenze, 1601.
- Gelli Jacopo, Arte dell'Armi in Italia, Bergamo, 1906.
- Lovino Giovan Antonio, Modo di cacciare mano alla spada: Ragionamento sopra la scienza dell'arme, Parigi, 1580.
- Malacarne Giancarlo, Onore Gloria Vanità. Il duello nell'Italia del Cinquecento, Il Rio 2017
- Manciolino Antonio, Di Antonio Manciolino Bolognese, opera nova dove lì sono tutti li documenti et vantaggi che si possono havere nel mestier de l'Armi d'ogni sorte novamente correcta et stampata, Venezia, 1531.
- Marozzo Achille, Opera Nova Chiamata Duello, O Vero Fiore dell'Armi de Singulari Abattimenti Offensivi, & Diffensivi, Modena, 1536.
- Marozzo Achille, Arte delle Armi, di Achille Marozzo Bolognese, Ricorretto ed ornato di nuove figure in rame, Venezia, 1568.
- Monesi Iacopo, Opposizioni et avvertimenti sopra la scherma, 1640.
- Monte Pietro, Petri Monti exercitiorum atque artis militaris collectanea In tris libros distincta, fine XV secolo.
- Morini Andrea, Rudilosso Riccardo, Giordani Federica Germana, Manoscritto I.33 – Il più antico manoscritto di scherma occidentale, Il Cerchio, 2012.
- Palladini Camillo, Discorso di Camillo Palladini Bolognese sopra l'arte della scherma come l'arte della scherma è necessaria à chi si diletta d'arme, successivo al 1553.
- Rubboli Marco, Cesari Luca, L'arte cavalleresca del combattimento - De arte gladiatoria dimicandi (Filippo Vadi, 1482-1487), Il Cerchio, 2001.
- Rubboli Marco, Cesari Luca, Flos Duellatorum - Manuale di Arte del Combattimento del XV secolo di Fiore dei Liberi (1419), Il Cerchio, 2002.

- Rubboli Marco, Cesari Luca, L'Arte della Spada - Trattato di Scherma dell'Inizio del XVI secolo di Anonimo Bolognese, Il Cerchio, 2005.
- Rubboli Marco, L'Arte perduta di combattere con lo scudo secondo la scuola italiana, Il Cerchio, 2018.
- Sala d'Arme Achille Marozzo, Scherma Storica Italiana. Nozioni e Principi Fondamentali, Youcanprint, 2019.
- Sala d'Arme Achille Marozzo, COLLANA Scherma Storica Italiana, Vol. I – Nozioni e Principi Fondamentali, Accademia Nazionale di Scherma Editore, 2021.
- Sala d'Arme Achille Marozzo: The Swordmanship of Reinassance Italy – Rules and Principles of Historical Fencing, Accademia Nazionale di Scherma Editore, 2021.
- Tassinari Paolo, Spada a due mani Rinascimentale Italiana – Scuola Bolognese, Accademia Nazionale di Scherma Editore, 2020.
- Tassinari Paolo, Spada a due mani Rinascimentale Italiana – Supplemento Altre Scuole, Accademia Nazionale di Scherma Editore, 2020.
- Tassinari Paolo, COLLANA Scherma Storica Italiana, Vol. II – La Spada e il Brocchiere secondo la tradizione della Scuola Bolognese: Antonio Manciolino, Accademia Nazionale di Scherma Editore, 2021.
- Tassinari Paolo, Rubboli Marco, COLLANA Scherma Storica Italiana, Vol. III – Combattimento e difesa col Pugnale nel Rinascimento Italiano, Accademia Nazionale di Scherma Editore, 2021.
- Viggiani Angelo, Lo schermo d'Angelo Viggiani dal Montóne da Bologna. Nel quale per via di dialogo si discorre intorno all'eccellenza dell'Armi et delle Lettere, et intorno all'offesa et difesa. Et insegna uno schermo di Spada sola sicuro, e singolare con una tavola copiosissima, Venezia, 1575.

Paolo Tassinari

Studia e insegna scherma storica dalla metà degli anni '90. Membro della Sala d'Arme Achille Marozzo, nella quale è istruttore col titolo di Maestro di Scherma Storica (III Livello SIQMA), nonché l'attuale Presidente in carica. Fa parte della Scuola Magistrale di Scherma, presso la quale tiene corsi di formazione riconosciuti dall'Accademia Nazionale di Scherma di Napoli (ANS). Con Accademia Nazionale di Scherma Editore ha già pubblicato Scherma Storica Italiana Vol.III – Combattimento e difesa col pugnale nel Rinascimento Italiano (2021), Scherma Storica Italiana Vol.II – La Spada e il Brocchiere nella tradizione della Scuola Bolognese: Antonio Manciolino (2021), Scherma Storica Italiana Vol.I – Nozioni e Principi Fondamentali (2021), Historical Fencing – Rules and Principles of Italian Swordmanship (2021), Spada a due mani Rinascimentale Italiana e il relativo supplemento (2020). Ha collaborato attivamente a molte altre pubblicazioni del settore, sia sulla scherma Medievale che Rinascimentale, oltre a diversi studi e articoli su varie discipline marziali storiche e non. Tiene seminari tecnici sia a livello nazionale che internazionale e ha al suo attivo un numero sorprendente di titoli agonistici nazionali nei circuiti UISP e FIS.

Marco Rubboli

Dal 1992 si dedica alle arti marziali storiche europee: scherma storica soprattutto medievale e rinascimentale, pugilato greco, pancrazio, gladiatura. Maestro di Scherma Storica (III Livello SIQMA e istruttore al massimo livello con numerosi titoli agonistici UISP e FIS, fra cui diverse medaglie d'oro e podi nazionali, ha fondato la più grande associazione europea di scherma storica, Sala d'Arme Achille Marozzo, diffusa nella maggior parte d'Italia e all'estero. Oltre all'insegnamento in corsi regolari tiene seminari tecnici nazionali e internazionali, anche in ambito universitario. Ha al suo attivo numerose pubblicazioni in materia, spesso in coautorato con i migliori istruttori a livello nazionale: sulla scherma medievale: L'arte cavalleresca del combattimento di Filippo Vadi, Flos Duellatorum di Fiore dei Liberi e La lancia, la spada, la daga, sulla scherma del Rinascimento: L'arte della spada di Anonimo Bolognese, Opera Nova di Antonio Manciolino, Monomachia di Francesco Altoni, L'arte perduta di combattere con lo scudo secondo la scuola italiana, tutti per ed. Il Cerchio, per Accademia Nazionale di Scherma ed. Scherma Storica Italiana anche nella versione inglese The swordmanship of Renaissance Italy, sulla scherma di coltello in Spagna nell'Ottocento Manuale del baratero ed. Planetario, oltre a diversi articoli in raccolte e atti di convegni sulla scherma storica.
In ambito letterario ha pubblicato per Watson Edizioni il romanzo fantasy storico Per la Corona d'Acciaio di cui è in uscita il seguito Contro Due Imperi, e alcuni romanzi brevi per Delos Digital: nella collana Heroic Fantasy Italia Ombre sulla Dacia e Il contagio di Meung, nella collana History Crime La danza pietrificata e nella collana Insmouth La signora delle caverne. Per Plesio ed. i racconti Da drago a samurai e Erec il samurai e Ranmaru il cavaliere nell'antologia Ramen Fantasy, oltre a molti altri racconti in antologie delle case editrici Watson, Sensoinverso, su Hyperborea.live, rivista online di Italian Sword & Sorcery e su Book Magazine.

Federico Bucci

Di origine livornese, studia dal 2011 scherma storica presso la Sala d'Arme Achille Marozzo, cominciando ad insegnare nel 2015.

Attualmente istruttore di 1° livello SIQMA riconosciuto dalla Accademia Nazionale di Scherma (ANS) e Presidente della Sala d'Arme Achille Marozzo Tirrenica, dove insegna costantemente nelle quattro Sale di competenza.

Ha tenuto e tiene seminari di armi in asta e spada a due mani, entrambe discipline da lui preferite.

Lorenzo Leoni

Studia e insegna scherma storica dal 2004 presso la Sala d'Arme Achille Marozzo della quale è Istruttore.

Partecipa all'attività di rievocazione storica e studio dell'A.C. "Compagnia Giovanni delle Bande Nere", della quale è stato presidente dal 2008 al 2020.

Ha pubblicato una serie di romanzi di carattere storico [L'ultima Impresa delle Bande Nere, L'Assedio-le Bande Nere all'assedio di Firenze (tre volumi), Invicti] e non [Cinque Metri Sotto, Firenze 2096] nel collettivo creativo Sodalizio Wordsmith; ha collaborato ne Il duello, storia e protagonisti della realtà e della fantasia, a cura di Roberto Chiavini (Odoya-2022).

Collabora in pubblicazioni tecniche in seno alla Sala D'Arme Achille Marozzo, alla didattica schermistica sia dei corsi regolari che dei seminari tecnici.

In questa collana

- o Vol. I Nozioni e Principi Fondamentali
- o Vol. II La Spada e il Brocchiere
  secondo la tradizione della Scuola Bolognese: Antonio Manciolino
- o Vol. III Combattimento e difesa col Pugnale nel Rinascimento Italiano
- o Vol. IV Dal campo di battaglia allo steccato:
  Armi in asta nella tradizione della Scuola Bolognese

Prossime uscite

- o Vol. V Spada sola Rinascimentale I
  Scuola Bolognese: Manciolino, Marozzo, Veggiani, Dalle Agocchie